노인상담

기본 기술과 과정

서혜경 · 정순둘 · 최광현 공저

학지사

머리말

2013년 현재 노인인구는 전체 인구의 11.3%인 542만 명으로, 우리 사회의 고령화에 가속이 붙기 시작했습니다. 이러한 속도는 일본이나 미국 등 선진국에 비해서도 매우 빠른 것으로 알려져 있습니다. 그럼에도 우리나라 노인의 현주소는 결코 행복하지도, 밝지도 않습니다. 우리나라는 2010년 현재 OECD 국가 중 노인자살률 1위를 기록하고 있으며, 노인의 빈곤율 역시 OECD 국가 중 1위로 나타나고 있습니다.

이렇듯 심각한 노인문제에 대한 대응은 경제적인 대책으로만 국한되고 있는 실정입니다. 노인에게 심리정서적인 도움을 제공하기 위한 노인상담의 활성화는 아직도 제자리걸음을 하고 있습니다. 특히 1981년 「노인복지법」 제정 당시 제6조에 명시되었던 노인복지상담원 관련 법규도 사문화되고 있습니다. 가장 기본적인 심리상담 제공이 중요시되지 않아 당사자인 노인들은 필요한 정서적 도움을 제대로 받지 못하고 있습니다. 노인문제 해결에서 가장 중요한 노인들의 목소리가 단절되고 있는 것입니다. 이제부터라도 그들의 이야기가 구체화되고 그들의 욕구가 충족될 수 있도록 정부를 비롯하여 노인복지 관련 전문가들이 더욱 노력해야 할 것입니다. 노인상담이 우리 생활에 깊숙이 들어와 있지는 않지만 그동안 기반을 조금씩 다져 왔기에 관련 분야 전공자들 사이에서는 그 중요성과 필요성에 인식을 같이하고 있습니다.

이러한 인식 아래, 노인상담에 대한 포괄적인 이해를 돕고, 실제 모델을 활용한 기본 기술과 상담 과정에 초점을 두고 실제로 현장에서 활용이 가능하도록 하고자 이 책을 집필하게 되었습니다. 이 책은 5부 17장으로 구성되어 있습니다. 제1부는 노인, 노인복지, 노인상담, 제2부는 노인상담의 기본 기술, 제3부는 노인상담의 과정 및 주제별 노인상담, 제4부는 6개의 주요 노인상담 모델, 마지막으로 제5부는 국내 노인상담 현황으로 구성되어 있습니다.

제4부의 6개의 주요 노인상담 모델 중 하나인 임파워먼트 상담 모델에서는 사회복지적 시각에서, 노인이 의존적인 존재가 아니라 자신의 문제를 해결할 수 있는 잠재력을 충분히 가진 존재라고 인식하고 이들의 강점을 찾아내어 문제를 해결하기 위한 상담 모델을 제시하였습니다. 또한 각 상담 모델에서 실제적인 기술의 사용과 사례를 제공함으로써 현장에서의 활용을 돕기 위해 노력하였습니다. 그 밖에 노인상담이 실제로 이루어지고 있는 기관들의 현황을 제시하고 정보를 제공하였습니다.

이 책이 현장에서 노인상담을 하고 있는 실무자는 물론 노인상담을 공부해 앞으로 노인상담 전문가로서 활동하고자 하는 전공자들에게도 도움이 되었으면 하는 마음입니다. 이후 이 책의 미진한 부분에 대해서는 보완할 것을 약속드리며, 많은 조언을 부탁드립니다.

한여름을 반납하고 이 책이 나오기까지 원고 작업을 도와준 이화여자대학교 대학원 석사과정의 오은찬 학생과 마지막 수정 과정에서 많은 도움을 주신 이화여자대학교 대학원 박사과정 성기옥 학생에게 깊은 감사를 전합니다. 또한 이 책의 출간을 맡아 주신 학지사 김진환 사장님께 진심으로 감사드립니다.

2013년 2월

서혜경, 정순둘, 최광현

차 례

제3부 노인상담의 과정 및 주제별 노인상담

제4부 노인상담 모델

제1부

노인, 노인복지, 노인상담

제1장

노인에 대한 이해

1. 노인의 개념

1) 노인에 대한 개념

노인이란 의미상 '나이 많은 자'로 평범하게 사용되는 용어이면서도 그 개념을 정확하게 정의 내리기가 매우 어렵다. 노인에 대한 정의는 노인이 처하여 있는 사회문화적 상황과 개인적 상황 등에 따라 다양하기 때문이다.

1951년 제2회 국제노년학회에서 제시한 노인에 대한 개념은 〈표 1-1〉과 같이, ① 환경 변화에 적절히 적응할 수 있는 조직 기능이 감퇴되고 있는 사람, ② 인체의 자체 통합 능력이 감퇴되고 있는 사람, ③ 인체의 기관, 조직, 기능에 쇠퇴 현상이 일어나는 시기에 있는 사람, ④ 인체의

표 1-1 국제노년학회 규정에 따른 개념

- 환경 변화에 적절히 적응하는 데 결함이 있는 사람
- 자기 통합 능력이 감퇴되어 가는 시기에 있는 사람
- 생물학적 기관 및 조직 기능상 감퇴 시기에 있는 사람
- 생활 자체의 적응이 정신적으로 결손되어 가고 있는 사람
- 인체 조직 및 기능 저장 소모로 적응력이 감퇴되는 시기에 있는 사람

적응 능력이 점차 결여되고 있는 사람, ⑤ 조직의 예비 능력이 감퇴하여 적응이 제대로 되지 않는 사람이다. 이는 노인에 대해서 공식적으로 규정한 시초가 되었다.

한편, 여러 학자의 노인에 관한 정의 중 가장 널리 쓰이고 있는 개념은 Breen(1960)의 것으로, 노화의 개념에는 적어도 생물학적 · 심리적 · 사회적 노화의 개념이 포함되어야 한다는 Birren(1990)의 주장과 맥을 같이 하여, 노인을 ① 생리적 · 생물학적인 면에서 퇴화기에 있는 사람, ② 심리적인 면에서 정신기능과 성격이 변화되고 있는 사람, ③ 사회적인 면에서 지위와 역할이 상실된 사람으로 보고 있다.

2) 노인에 대한 조작적 정의

(1) 개인의 자각(self-awareness)에 의한 노인

개인의 자각에 의한 노인은 개인 스스로 주관적으로 판단하여 노인이라고 생각하는 사람을 노인으로 규정하는 것을 의미한다. 노화의 생물학적 · 사회적 · 심리적 측면을 어느 정도 내포하고는 있지만, 개인의 주관에 따라 다르게 정의될 수 있기 때문에 객관성이 크게 결여되어 보편적으로 사용하기는 어렵다. 그러나 이 개념은 실제 생활 현장과 결부된 것으로, 노인 연구에 새로운 의미를 제공하기도 한다.

[관련 자료]

70세는 돼야 노인…시니어로 불러 주세요

우리나라 노장년층(시니어 세대)은 70세는 돼야 노인이라고 생각하는 것으로 나타났다. 또 본인 실제 나이보다 평균 7.7세 젊다고 느끼는 것으로 조사됐다.

교보생명은 지난해 시니어파트너즈와 공동으로 우리나라 40세 이상 69세 이하 남녀 1,000명을 대상으로 조사한 결과, '노인'의 기준 나이를 69.3세로 생각하고 있다고 밝혔다.

조사 결과에 따르면 70~74세는 돼야 노인세대로 진입한다고 응답한 비율은 54.4%, 75세는 넘어야 한다는 답변이 14.4%로 전체의 68.8%를 차지했다. 65~69세라는 의견은 26.5%, 60~64세라는 의견은 4.7%에 그쳤다.

또 심리적 나이와 실제 나이의 차이를 조사한 결과 조사대상의 36.9%는 본인의 실제 나이보다 6~10세 젊다고 생각하고 있었으며, 26.2%는 1~5세 차이라고 답했다. 실제 나이보다 무려 11~15세 젊다고 느끼는 응답자는 16.6%로 나타났다.

선호하는 호칭에 있어서도 응답자의 절반 이상(56.4%)이 '시니어(senior)'를 꼽았으며, '실버(silver)'는 22.1%가, '액티브 시니어(active senior)'는 13.4%가 선택했다. 고령자(5.7%), 노인(2.3%)이라는 표현은 일부만 선택했다.

회사는 사회참여 기회 확산과 평균수명 증가로 실제 나이보다 젊게 사고하고 적극적으로 행동하는 시니어 그룹이 꾸준히 늘고 있는 것으로 분석된다고 설명했다.

시니어 세대의 노후준비는 다소 미흡한 것으로 나타났다. 풍요로운 노후를 위해 평균 2억 9,000만 원의 노후생활자금이 필요하다고 응답했지만 실제로 준비된 노후생활자금은 평균 1억 원으로, 1억 9,000만 원이라는 차이가 발생했다.

교보생명은 시니어 비즈니스 전문기업인 시니어파트너즈(www.yourstage.com)와 함께 이러한 조사결과를 포함한 '대한민국 시니어 리포트'를 발간했다.

경제, 주거, 생활, 레저, 건강, 직업, 인식, 관계 등 8가지 키워드로 우리나라의 새로운 주체 세력으로 떠오르고 있는 대한민국 시니어 트렌드를 심층 분석했다.

2006, 2008, 2010년 세 차례에 걸쳐 40~60대 남녀 총 2,000여 명을 대상으로 온라인과 개별면접을 통해 조사했다.

그 결과 "우리나라 시니어 세대는 노후를 불안해하긴 하지만 독립적이고 여유 있는 생활을 위해 능동적으로 삶을 꾸리고자 하는 성향이 강한 것으로 나타났다."고 밝혔다. 또 "지금은 실버, 노인 등의 단어에 가려져 있지만 앞으로 우리나라 경제 주체로 떠오를 것"이라고 말했다.

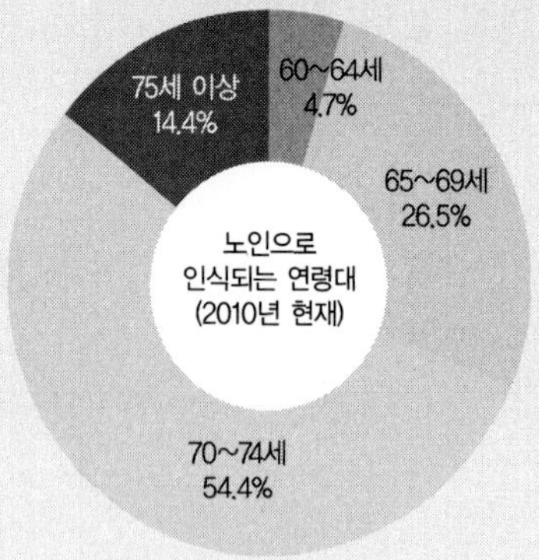

노인으로 인식되는 연령대

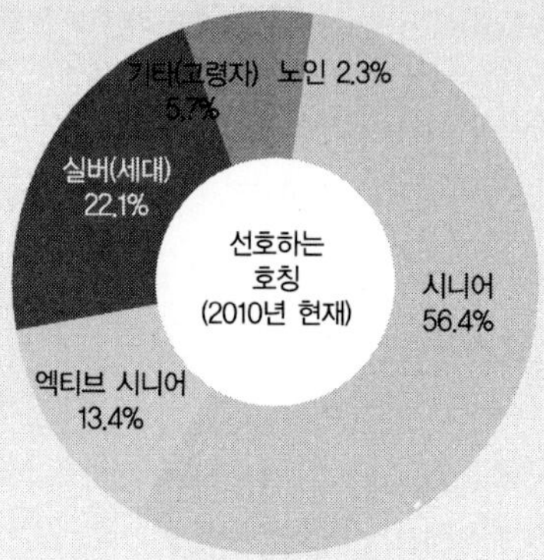

선호하는 호칭

출처: 배성민 (2011, 6, 15). 70세는 돼야 노인…시니어로 불러 주세요. 머니투데이.

(2) 사회적 역할 상실에 의한 노인

사회적 지위와 역할을 상실한 상태에 있는 사람을 노인으로 보는 것인데, 사회적 직업 활동에서 퇴직하거나 가정에서 주부의 지위와 역할을 이양한 상태에 있는 사람을 말한다. 노인을 사회적 역할 면에서만 본 것이며, 사회적 지위와 역할이 분명하지 않거나, 사회적 역할을 수행하지 않는 상태에 있는 사람(특히 여성)에게는 적용하기 힘든 정의다. 우리나라에서는 55세에 정년퇴직하는 경우가 아직도 가장 많고 그 이후에는 거의 사회적 지위와 역할이 주어지지 않는 상태이므로 사실상 55세 이후에 많은 사람들이 사회적인 노인이 된다고 볼 수 있다. 그러나 사회적 역할 상실로 판단한 노인은 퇴직 연령에 따라 다양할 수 있기 때문에 특정 연령 이상의 사람이라고 정의하기는 어렵다.

(3) 역연령(曆年齡, chronological age)에 의한 노인

시간 경과의 단위인 달력상의 시간에 의하여 일정한 연령(60세 또는 65세 등)에 도달한 사람으로 정의하며, 일반적으로 '65세 이상인 사람'을 노인으로 규정하고 있다. 역연령에 의한 노인의 개념은 관찰하고 판단하기 쉽고 입법적인 면이나 행정적인 면의 편의성 때문에 가장 보편적으로 사용되는 정의다. 그러나 이와 같은 정의는 65세를 기준으로 그 이상이 된 사람을 일괄적으로 노인으로 규정함으로써 노화의 개인 간 차이뿐 아니라 개인 내 차이를 무시하고, 노인에 대한 고정관념(stereotypes)과 편견을 갖게 만드는(Butler, 1969) 단점이 있다.

역연령에 의한 노인의 정의에서 노인과 비노인을 가르는 한계선인 65세의 규정은 임의적인 것이다. 현재 대부분 산업사회에서 65세 이상을 노인으로 규정하고 있는데, 이는 1889년 세계 최초로 제정된 독일(당시 프러시아공화국 시대)의 노령연금법에서 노령연금 수혜자격 연령을 65세로 규정한 전통을 따른 것이다(Johnson, 1995). 그러나 이 규정은 노령연금법 제정 당시 노인의 제반 특성을 고려하여 합리적이고 과학적인 근거를 가지고 정한 것이 아니라, 프러시아공화국 시대에 재상이던 비스마르크(Bismarck)가 자신이 60대 중반에 건장했던 사실을 감안하여 임의적인 판단으로 정한 것이었다.

65세부터 80~90세가 넘는 고령까지를 동일한 노인집단으로 취급함으로써 노인의 개인적·사회적 특성이 무시되는 점을 감안하여 Neugarten (1979, 1994)은 〈표 1-2〉와 같이 55~64세를 '초령노인(the young-old)', 65~74세를 '고령노인(the old-old)', 75세 이상을 '초고령노인(the oldest-old)'으로 구분하는 것이 적합하다고 주장했다. 한편 Brody는 60~64세를 '연소노인(young-old)', 65~74세를 '중고령노인(middle-old)', 75세 이상을 '고령노인(old-old)'으로 구분하는 것이 적합하다고 주장하였다(Specht & Craig, 1982).

그러나 1990년대 이후에는 평균수명이 크게 연장되는 고령화사회를 의식하여 65~69세를 '연소노인', 70~74세를 '중고령노인', 75세~84세

표 1-2 **노인의 연령별 구분**

초령노인 (the young-old) 55~64세	• 활력이 있고 유능한 집단으로서 은퇴를 하였거나 직장과 가정에 대한 시간적 투자를 줄인 노인 • 재정적으로 안정되어 있고, 상당한 교육을 받았으며, 시간을 의미 있게 활용하는 방법을 찾으며, 사회의 중요한 자원으로 인식되며, 정치적 · 경제적 요구가 활발함
고령노인 (the old-old) 65~74세	• 대부분의 퇴직자 • 신체적 · 정신적 · 사회적 상실을 경험하고 있으며, 사회적 지지와 건강에 대한 서비스를 가장 필요로 하는 집단
초고령노인 (the oldest-old) 75세 이상	• 신체적으로 노쇠하고 질병에 걸린 경우가 많고, 사회적 활동이 어려우며, 대부분 경제적인 곤란을 겪고 있으며, 가정적 · 사회적으로 고립되어 있음 • 인간은 각각 다르게 노화된다는 사실이 드러나기 때문에 생물학적 나이는 개인의 건강이나 사회적 능력 수준에 대한 충분한 지표가 되지 못한다는 것을 보여 주는 집단

출처: Neugarten (1979, 1994).

를 '고령노인', 85세 이상을 '초고령노인'으로 구분하는 경향이 나타나고 있다.

우리나라의 경우도 2010년 현재 남녀의 평균수명이 거의 80세에 이르고 있고, 60세(回甲)가 아닌 70세(古稀)를 노년에 이른 것으로 축하하는 새로운 전통이 생기고 있는 점을 고려하여 60~69세를 연소노인, 70~74세를 중고령노인, 75~84세를 고령노인, 85세 이상을 초고령노인으로 구분하는 것이 타당하다고 본다.

65세는 중년기와 노년기를 가르는 분수령적인 연령으로 산업사회에서 일반적으로 통용되고 인구통계학적으로 널리 활용되고 있지만, 우리나라의 경우에는 당분간(2030년까지는) 60세를 기준으로 노인을 규정하는 것이 타당할 것 같다. 공공 부문이나 민간 부문의 정년이 아직도 55~60세로 되어 있고, 「국민연금법」상 완전노령연금 수급 연령을 60세로 규정하고 있기 때문이다. 60세를 우리 사회의 보편적 퇴직연령으로 본다면 이에 따른 노인인구의 비율, 부양지수 등도 상당히 높아질 것이며, 이것이 갖는 의미도 클 것이다. 또한 노령인구를 통계적으로 제시하고 파악하는 데 60세 이상과 65세 이상을 병행하여 비교할 수 있도록 한다면 더 의미가 있을 것이다.

(4) 기능적 연령(functional age)에 의한 노인

기능적 연령에 의한 노인은 개인의 특수한 신체적 · 심리적 · 사회적 영역의 기능 정도에 의해서 노인을 규정하는 것이다. 이는 특히 산업노년학(industrial gerontology)에서 관심을 가지고 발전시키고 있는 노인의 정의다(Sheppard, 1976). 기능적 연령에 의한 노인은 노화로 인한 다른 능력의 감퇴에도 불구하고 어떤 특수한 신체적 · 심리적 · 사회적 영역의 업무를 수행할 수 있다는 전제 아래 '개인이 특수한 업무를 적절히 수행할 수 없는 경우'를 노인으로 규정하는 것이다. 이러한 정의는 개인 및 개인 간의 노화의 특성이 다름을 감안하였다는 장점이 있다. 그러나 실제로 이러한 판단에는 시간이 많이 걸리고, 판단 기준이 아직 명확하거나 객관화되어 있지 못하며, 편의성이 약한 것이 큰 단점이다.

일본의 야마다(山田)는 기능적 연령을 여러 가지 체력검사와 지능검사를 종합적으로 측정하여 역연령과 기능적 연령의 차이를 제시하였다. 〈표 1-3〉과 같이, 역연령이 25세인 경우 기능적 연령과의 차이는 4년 정도이지만 역연령이 증가할수록 그 차이가 점차 커져서 역연령 75세에는 18년이라는 차이가 생긴다. 역연령 25세인 사람은 기능적 연령으로는 23~27세에 해당될 수 있으며, 역연령 75세에는 66~84세의 기능적 연령이 될 수 있다는 것이다. 다시 말해서 기능적으로 보아 역연령보다 젊을 수도 있고 늙을 수도 있어 역연령에 의한 기능의 판단은 오차와 개인차가 크다. 그러므로 기능적 연령 측정 방법의 편의성만 잘 연구 · 개발되면

표 1-3 역연령과 기능적 연령의 차이

역연령	기능적 연령	차이	역연령	기능적 연령	차이
25	23~27	4	55	48~62	14
35	31~39	8	65	57~73	16
45	39~51	12	75	66~84	18

출처: 大阪府立老人總合センター (1986), p. 17.

노인을 역연령이 아닌 기능적 연령으로 판단하여 더 공평성을 기할 수 있고 개인차를 인정하게 되어 사회적으로 유용한 개념이 될 수 있을 것이다.

2. 노화의 개념

1) 노화의 개념

노화(aging)는 "시간이 흐름에 따라 유기체의 세포, 조직, 기관조직 또는 유기체 전체에 일어나는 점진적인 변화"(Beaver, 1983)라고 정의할 수 있다. 이러한 의미에서 보면 노화는 인간이 출생하여 죽음에 이르는 과정의 전반적인 변화를 말하는 것인데, 이는 미국 시인 롱펠로(Longfellow)가 〈인생찬가(A Psalm of Life)〉에서 "우리의 심장은 튼튼하고 용감하면서도 역시 무덤을 향하여 장송곡을 치고 있다."라고 읊은 것과도 일맥상통한다.

또한 노화는 인간의 정상적 성장과 발달 과정의 한 부분이며, 적어도 신체의 기관과 체계의 구조 및 기능이 시간의 경과에 따라 변화하는 생물학적 노화, 축적된 경험에 의한 행동 · 감각 · 자각 기능, 자아에 대한 인식 등이 변화하는 심리적 노화, 생활주기를 통하여 일어나는 규범, 기대, 사회적 지위와 역할의 변화를 의미하는 사회적 노화의 과정을 포함하는 넓은 뜻으로 이해되어야 한다(Birren, 1959).

노화의 세 가지 차원 중 생물학적 노화의 특징에 대해 좀 더 자세히 알아보면 다음과 같다.

- 노화는 시간의 흐름에 따라 세포나 조직, 기관 등의 유기체 전반에 걸쳐서 점진적으로 일어난다.
- 노화는 시간의 경과에 따라 생기며, 시간적 과정에 관련되거나 환경의 변화에 적절히 반응하는 조직의 기능과 관련된다.
- 노화는 본질적으로 생체에 내재하고 있는 필연적 과정에서 생기는 것으로 외상이나 질병 혹은 외적 · 환경적 인자에 의해서 발생하기보다는 내재성을 갖는다.
- 연령에 수반되는 생리적 기능의 저하, 스트레스에 의한 변화로 자기 회복력이 저하되며, 예비력의 저하로 병에 걸리기 쉽고, 죽음의 확률이 연령과 더불어 기하급수적으로 증가한다.

표 1-4 **생물학적 노화 지표**

구분	내용
제지방체중(除脂肪體重)	지방을 제외한 체중은 성장기 이후 10년에 3kg꼴로 근육을 잃는데, 45세 이후 이 속도가 증가한다.
체력	노인은 근육과 운동신경이 퇴화되므로 체력이 떨어진다. 30~70세에 평균적으로 20%의 허벅지 운동 단위를 잃으며, 신체 다른 부위의 대소 근육도 이와 비슷하게 퇴화한다.
기초대사율	신체의 대사율은 20세 이후부터 10년에 2%씩 떨어진다.
지방질	20~65세에는 근육에 비하여 지방질의 비율이 평균 2배로 늘어난다. 앉아서 지내는 생활 방식과 과식은 이 비율을 더 높일 수 있다.
산소이용효율	65세까지 신체의 산소이용효율은 30~40% 떨어진다.
혈압	나이가 들수록 꾸준히 올라간다.

(계속)

혈당내성	나이가 들수록 혈중 포도당을 이용하는 능력이 떨어져서 제2형 당뇨병에 걸릴 위험성이 높아진다.
콜레스테롤치/HDL비율	전체 콜레스테롤의 양은 50세까지 남녀가 모두 올라가는 경향을 보인다. 그리고 '좋은' HDL(High Density Lipoprotein) 콜레스테롤이 심장마비 발생률을 높이는 '나쁜' LDL(Low Density Lipoprotein) 콜레스테롤로 대치된다.
뼈의 밀도	나이가 들수록 뼈에서 칼슘이 빠져나가 뼈의 밀도가 낮아져 부러지기 쉽고, 골격이 약해진다. 이러한 경향이 심해지면 골다공증을 유발한다.
체온조절능력	나이가 들면서 체온을 36.5℃로 안정되게 유지하는 능력이 떨어지므로 노인은 더운 날씨나 추운 날씨에 모두 취약하게 된다.

표 1-5 **노화의 세 가지 차원**

생물학적 노화	신체의 기관과 체계의 구조 및 기능이 시간의 경과에 따라 변화하는 것을 의미
심리적 노화	축적된 경험에 의한 행동 · 감각 · 자각 기능, 자아에 대한 인식 등이 변화하는 것을 의미
사회적 노화	생활주기를 통하여 일어나는 규범, 기대, 사회적 지위와 역할의 변화를 의미

2) 노화의 원인

노화의 원인은 아직 정확하게 밝혀지지 않으나, 현재까지 알려진 바로는 크게 두 가지로 나눌 수 있다. 첫째, 환경적 요인으로 자연환경, 생활환경, 생활습관 등 생명체가 존재하는 환경에 의해 주어지는 요인이다. 둘째, 유전적 요인, 즉 생명체가 갖고 있는 유전정보에 의해 결정되는 요인이다.

그 밖에도 우리는 노화의 촉진과 관련된 부정적인 심리적 요인과 지연에 관련된 긍정적인 심리적 요인을 파악할 수 있다. 노화를 촉진하는 부정적인 심리적 요인으로는 좌절, 실망, 도저히 상황을 변화시킬 수 없다는 느낌, 외로움 등이 있다. 또 혼자 사는 것, 절친한 친구가 없는 것, 규칙적인 일과 일과가 없는 것, 직업에 대한 불만, 경제적인 부담, 채무, 습관적이거나 지나친 관심, 과거의 희생에 대한 한(恨), 과민함, 쉽게 노(怒)하는 성격 혹은 노여움을 표현하지 못하는 성격, 자신이나 다른 사람을 비판하려는 성격 등도 부정적인 심리적 요인이 된다.

반면에 노화를 지연하는 긍정적인 심리적 요인으로는 행복한 결혼생활, 직업에 대한 만족, 개인적인 행복감, 잘 웃는 성격, 만족스러운 성생활, 친구를 잘 사귀고 절친한 관계를 맺을 수 있는 능력, 규칙적인 일상생활이 있다. 또, 규칙적인 일, 일 년에 최소한 일주일의 휴가를 가지는 것, 자신의 삶을 뜻대로 할 수 있다는 느낌, 즐거운 여가시간, 만족스러운 취미생활, 감정을 쉽게 표현할 수 있는 능력, 미래에 대한 낙관적인 태도, 경제적 안정감, 분수에 맞게 사는 것 등도 긍정적인 요인이 된다. 또한 좋은 영양과 운동, 긍정적 사고와 적절한 사회활동 등은 노년기 노화를 예방하고 건강한 노년기를 지내도록 도움을 준다.

3) 노화이론

(1) 생물학적 노화이론

1 활성산소론 또는 유해산소론(free radical theory)

세포가 산소를 흡수하여 신진대사를 수행하는 과정에서 짝을 짓지 못한 전자(electron)를 하나 더 가진 불안정한 분자를 생성하는 경우가 많은데 이러한 불안정한 분자를 '활성산소(free radical)'라고 부른다. 활성산소는 DNA 돌연변이, 분자의 교차 연결 촉진, 단백질 기능 변화 같은 부작용을 야기한다. 이러한 부작용이 정상적 분자의 기능에 손상을 초래하고, 축적된 손상은 결국 조직의 기능 손상인 노화를 촉진하게 된다.

2 **세포복제 감소론**(cellular aging theory)

세포는 생물학적 시계의 프로그램에 따라 일정한 횟수의 복제가 이루어진 다음 복제가 정지된다. 정상세포가 분열하여 복제되는 횟수는 세포 형태에 따라 다르지만 일정 횟수의 복제가 이루어진 후에는 결국 복제가 정지된다. 세포는 일정량의 DNA를 가지고 있는데 복제가 거듭될수록 DNA가 줄어들고, 이에 따라 RNA도 생산이 줄어 결국 세포의 소멸을 가져와 노화가 촉진된다.

3 **신체적 변이 이론**(somatic mutation theory)

세포가 방사선이나 기타 원인에 의하여 상해를 받게 되면 세포의 원래 성질이 변하는데, 이렇게 변이된 세포가 축적되어 노화가 일어난다.

(2) 사회학적 노화이론: 제3기 인생론

인생을 크게 4단계로 구분하면서 노년기 또는 중년기와 노년기의 일부를 결합한 의미에서 제3기 인생론을 주장하는 이론이다. 〈표 1-6〉에서는 Laslett과 Sadler가 이야기한 제3기 인생론을 비교하여 보여 주고 있다(김경숙 역, 2006).

표 1-6 **Laslett과 Sadler의 제3기 인생론 비교**

Laslett의 제3기 인생론	Sadler의 제3기 인생론
제1기 인생(the first age): 0~25세 • 경제적으로 독립하지 못하고 부모에게 의지할 수밖에 없음. 교육과 훈련을 받아야 하는 시기 • 인생과업: 의존, 교육, 훈련	• 인생주기와 관련하여 중년기와 노년기를 결합한 시기를 제3기 인생으로 보고, 새로운 인생과업을 제2의 성장으로 봄 • 제2기 인생을 시작한 이후, 어떤 계

(계속)

제2기 인생(the second age): 25~60세 내지 65세

- 경제적으로 독립. 결혼하여 가정과 직장에 대한 의무를 다하고 퇴직할 때까지의 시기
- 인생과업: 취업, 경제적 독립, 책임, 의무 수행

제3기 인생(the third age): 60~80세 이상

- 퇴직 후 건강하게 지내는 시기로, 인생 경험을 통해 자기가 원하는 인생을 계획하여 살아 볼 수 있는 시기. 자기 성취의 특성

제4기 인생(the fourth age)*

- 신체적 · 정신적으로 쇠약, 질병으로 건강이 약해져 독립적으로 생활하기 어렵게 되는 시기로, 건강 면에서 다른 사람에게 의존하는 시기

- 노년기 전체를 제3기 인생으로 생각
- 유럽, 미국, 캐나다, 호주 등 선진국에서 제3기 인생을 중요하게 생각하고 노인을 교육하는 기관을 '제3기 인생 대학'이라 함
- 전문가가 교육 기간, 교육 내용 등에 대해 미리 계획을 세우고 노인의 상식과 교양을 높이고 학생이 원하는 특별한 관심 사항들을 위주로 함
- 테마 기획 여행, 예를 들면 실크로드 탐방여행, 화훼 산업 연구 여행 등이 있음

기가 있어 지금까지와는 다른 새로운 인생을 시작하게 되는 시기를 제3인생의 시작으로 봄

- 제3기 인생론에서 각 해당별 연령을 정확히 규정하지 않음: 중년기를 70대까지 연장한 것으로 보거나 중년기와 노년기 일부를 결합한 시기로 볼 수 있음
- 제2의 성장: 우리의 창의력을 활용하여 생활을 쇄신하고 새로운 방향으로 나가는 것, 인간 수명이 계속 연장되는 고령화사회에서는 40대 이후에 또 하나의 정점이 있을 수 있다고 봄
- 제2의 성장을 위한 6가지 원칙
  ① 습관적 생활 재검토와 생활 변화의 위험 감수
  ② 현실적 낙관주의 태도 개발
  ③ 긍정적 제3기 인생의 정체성 확립
  ④ 일에 대한 재정의와 일 · 여가의 조화
  ⑤ 개인적 자유와 친밀감의 조화
  ⑥ 자기와 타인에 대한 배려의 생활 태도 조성

* Laslett는 일반적으로 제3기 인생론을 주장하면서 더 나아가 제4기 인생까지 확대 해석하고 있다.

(3) 심리학적 노화이론

1 Jung의 심리분석이론

Jung의 심리분석론에 따르면, 자아(ego)는 청년기와 중년기에는 외부 세계에 초점을 두는 외향성(extroversion)을 보이다가 노년기에는 자신의

내부세계에 초점을 두는 내향성(introversion)을 보인다. 노년기에 들어오면 생활 범위를 축소하고 내면적 탐구와 사후세계에서 의미를 찾아야 한다. Jung은, 인간이 노화함에 따라 다른 성(性)의 성격적 특성을 취하게 되는데, 남성은 수동적이며 양육적인 태도를 취하게 되고 여성은 적극적이고 자기주장이 더욱 강해진다고 하였다.

2 영성이론(Erikson의 심리사회적 발달이론 9단계)

Erikson은 성격발달 단계를 영아기에서 노년기까지 8~9단계로 구분하였고, 각 단계마다 발달시켜야 하는 긍정적인 성격특성과 긍정적인 특성을 발달시키지 못할 때 형성되는 부정적인 성격특성이 있다고 하였다. 또한 다음 단계로의 발달은 현 단계까지 축적된 발달에 의존하는데, 특히 현 단계에서의 발달에 크게 의존하게 된다.

Erickson은 처음에 ① 영아기(0~1세), ② 초기 아동기(2~3세), ③ 놀이기(3~5세), ④ 학령기(6~12세), ⑤ 청소년기(13~18세), ⑥ 초기 성인기(19~40세), ⑦ 중년기(41~65세), ⑧ 노년기(65세 이상)의 8단계로 나누었다.

그러나 평균수명이 길어짐에 따라 노년기가 연장되어 80년 인생이 보편화되고 있기 때문에 노년기가 80대와 90대까지 연장되는 경우가 점차 증가하고 있다. 이에 따라 Erikson은 80대와 90대 초고령 노년기의 발달과업을 '노년초월(gerotranscendence)'이라 하여 9단계로 정리하였다. 사실상 아홉 번째 단계는 Erik Erikson의 생각을 정리하여 그의 부인 Joan Erikson(1997)이 주장한 것이다. Erikson이나 Joan은 제9단계에 대한 별다른 명칭을 붙이지는 않았지만, 명칭을 붙인다면 gerotranscendence라는 발달과업을 반영하여 '초노년기(超老年期)'라 하는 것이 적합할 것이다.

(4) 노년초월(gerotranscendence)이론

Tornstam(1994)이 주장한 노년초월이론은 분리이론(dosengagement

theory), 불교의 선 사상, From의 정신분석론, Peck의 중노년기 발달과업이론 Jung의 개인화 이론 등에서 개념적 기초를 얻고 있는 것으로 보인다.

Peck(1968)은 Erikson의 논의를 확장하면서 노인이 심리적으로 건강하게 기능하기 위해 해결해야만 하는 세 가지 중요한 위기를 강조하였다. Peck은 이 위기들을 성공적으로 해결하기만 하면 자신과 인생의 목적에 대한 보다 폭넓은 이해를 할 수 있게 된다고 설명하였다.

Peck이 강조한 세 가지 위기는 다음과 같다.

첫 번째 위기는 자아분화 대 직업역할 몰두다. 은퇴에 즈음해서 사람은 자신의 직업역할 이상으로 인간으로서의 자신의 가치를 재정의할 필요가 있다. 자신의 역할상실에 적응해야 하는 사람은 자기 스스로를 탐색하고 이전의 인생에서 지향하고 구조화했던 것들을 대신할 수 있는 다른 관심사를 찾아야 할 필요가 있다. 또한 이들은 자신의 자아가 직업상 자신의 과업의 총체보다 더 풍부하고 다양하다는 것을 인식할 필요가 있다.

두 번째 위기는 신체초월 대 신체몰두다. 일반적으로 노화와 함께 일어나는 신체적 쇠퇴는 두 번째 위기를 나타낸다. 신체 상태에 관한 걱정을 극복하고 이를 보상할 다른 만족스러운 과업을 찾아야 할 필요가 있는데, Peck은 이 위기를 신체초월 대 신체몰두라고 하였다. 행복한 생활의 기본으로 신체적 건강을 강조해 온 사람은 신체의 기능 저하나 고통과 아픔에 의해 쉽게 절망에 빠진다. 절망 대신에 사람과의 관계를 중시하고 완벽한 건강 상태에 좌우되지 않으며, 몰두할 수 있는 활동을 강조하는 사람은 신체적 불편을 극복할 수 있다.

마지막으로 세 번째 위기는 자아초월 대 자아몰두다. 노인이 직면하는 가장 어려운 과업은 지금의 자신과, 자신의 인생에 대한 관심을 초월하는 것이며, 다가올 죽음의 실체를 받아들이는 것이다(Peck, 1968). Peck은 이 위기를 자아초월 대 자아몰두라고 하며, 예상되는 죽음에 대한 성공적인 적응이 노년기의 가장 중요한 성취가 될 것이라고 믿었다. 이러한 자아초월의 과업이 잘 해결되지 못하면 자신의 현재 삶이 지나가는 것을 인정하지 못하고 죽음을 두려워하게 되어 불안과 초조한 태도를 가지게 된다(최성재, 장인협, 2006).

노년초월이라는 용어를 사용하게 된 이유는, 노화에 의해 생긴 변화와 위기 그리고 발달적 특성들이 현재 노인이 가진 기존의 틀을 깨고 새로운 인생 영역으로 나아가는 것을 나타내는 것이기 때문이다(Tornstam, 2005). 다시 말해서 노년초월이론은 지금까지 설명한 이론들에서 취한 개념들을 종합하여 수용하면서 노년기 후반의 퇴화되는 신체적 · 정신적 능력과 현실을 극복하고 시간과 공간을 넘어 새로운 차원으로 발전시키려는 현상을 설명하는 이론이라 할 수 있다.

결론적으로 Tornstam의 노년초월이론은 Cumming과 Henry의 분리이론, Peck과 그 외의 노화에 관한 심리발달이론들에서 설명하는 노년기에 나타나는 심리적 변화들을 긍정적인 측면으로 강조한 이론으로 볼 수 있다. 여기서는 노년초월을 노인 자신이 세상과 자신을 바라보는 물질적 · 시간적 · 공간적 시선을 재정의하며, 노인이 긍정적이고 자연스러운 노화 과정을 통해 새로운 관점을 가지게 되는 것으로 정의하고자 한다.

3. 노인문제

노인문제의 특징을 구체적으로 살펴보면 다음과 같다.

(1) 긴 여가시간

의료 · 보건 기술의 발전으로 인간의 수명이 크게 연장되었다. 이에 따라 55세의 일률정년제도가 일반적인 우리나라에서는 55세 이후부터 사회적 의미에서 노인으로 간주되어 노령기가 더욱 길어지게 되었다.

여가시간과 여가의 문제는 주로 퇴직을 하게 되어 사회적인 직업역할을 상실함으로써 생긴다. 따라서 노령기는 Burgess(1950)가 말한 것처럼, 역할 없는 역할(roleless role)에 사로잡히는 시간이 되어, 오늘날 산업사회의 많은 노인들은 고령의 축복 속에서 무엇을 하며 지낼 것인가 또는 어떻게 하면 시간을 잘 보낼 수 있을 것인가를 고민하고 있다.

여가에 대한 사회화의 부족, 여가시설의 부족, 여가 프로그램이 개발되지 않은 상황에서 오늘날 우리 사회의 많은 노인들은 여가문제로 고민을 하고 있다.

▶ 긴 여가시간을 어떻게 활용하는가는 노인의 일상생활에 많은 영향을 미친다.

(2) 역할 상실

노인인구가 많아지고 필요로 하는 노동력은 제한되어 있는 상황에서 젊은 세대와 노인세대 간에 취업과 직업역할 수행에서 경쟁이 생기게 되었다. 신체적 · 정신적 기능이 약화되는 노인은 경쟁에서 뒤처지게 되므로 연령에 제한을 두어 고령자를 생산 현장에서 물러나게 하는 퇴직이 제도화되었으며, 이에 따라 노인은 직업적 역할을 상실하게 되었다.

▲ 노년기 이전과 마찬가지로 수행 가능한 역할을 찾는 것은 노인의 긍정적 자아를 유지하는 데 있어 중요하다.

직업역할 상실과 더불어 생계유지자로서의 역할도 상실하게 되어 노인의 역할 상실은 더욱 심각해진다. 직업역할은 자아(self) 또는 사회적 자아(social self)를 지켜 주는 지지대였으므로, 직업역할의 상실은 자아의 지지 기반을 잃게 하여 부정적인 자아상을 형성할 가능성도 커진다.

(3) 수입 감소

퇴직을 함으로써 정기적인 수입원이 단절되고 연금, 퇴직금, 저축, 재산수익 등으로 수입이 대치된다. 노령연금제도가 시행되고 있는 선진 산업사회에서도 퇴직 후의 수입은 퇴직 전의 절반 이하로 줄어드는 현상을 보이는데, 노령연금제도가 아직 체계적으로 발달하지 못한 우리나라의 경우 퇴직 후의 수입 상태는 더욱 악화된다. 많은 경우 퇴직금의 혜택까지 받지 못해 수입이 완전히 단절됨으로써 노후의 경제적 사정은 더욱 악화된다. 수입의 감소는 노인을 빈곤 상태에 빠뜨리고 생활을 자녀에게 의존하게 만들기 때문에, 노인은 물질적인 어려움과 함께 자존심이 상하는 등 심리적인 고통을 겪게 된다.

(4) 건강보호

노인은 젊은이에 비하여 유병률이 2~3배 이상이다. 만성적 질병과 합

병증도 빈번하게 발생하여 잦은 의료 진료가 필요하므로 의료비가 많이 든다. 특히 노인 질병은 고액 진료가 많기 때문에 공적 의료보험(우리나라의 경우 국민건강보험)이나 의료보호의 제도적 뒷받침 없이 개인이 일시에 진료비를 부담하기란 상당히 어렵다. 또한 현재의 의료보험과 의료보호제도는 노인 질병의 특성을 별로 고려하지 않고 있어 진료비가 큰 부담이 되고 있다.

적절한 건강보호를 받기 위해서는 의료시설에 접근하는 것이 쉬워야 하는데, 대부분의 의료시설이 대도시에 편중되어 있어, 특히 농어촌 노인이 진료를 받는 데 많은 문제가 되고 있다. 또한 자녀의 동거 여부와 관계없이 건강의 약화로 자녀가 노부모를 수발해야 하는 경우가 많은데, 핵가족화와 적은 가족 수, 여성의 취업 등으로 가족 중에 부모를 보호할 수 있는 사람이 없거나 부족하기 때문에 노인 수발 문제가 심각해지고 있다. 이 같은 어려움을 해결하기 위해 우리나라는 2008년 7월부터 공적 노인장기요양보험제도를 도입하여, 신체적 · 정신적 허약이나 만성질병으로 다른 사람의 수발을 받아야 하는 경우 시설이나 재가 요양보호 서비스를 받을 수 있게 하였다. 그러나 장애 정도가 경증이거나 본인부담액을 지불할 수 없어 노인장기요양보험을 이용하기 어려운 노인의 경우

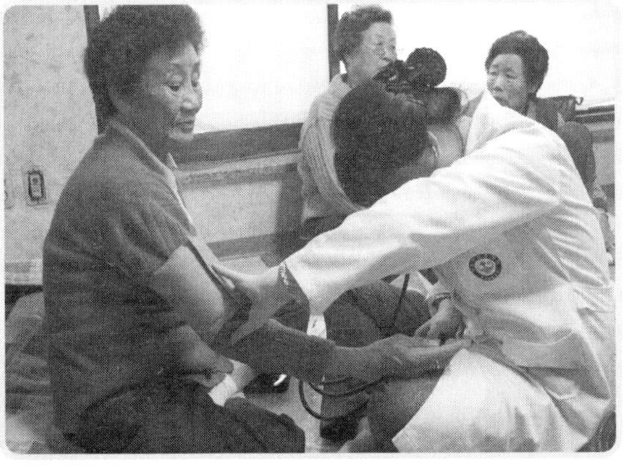

▶ 노인을 위한 건강보호 서비스를 다양한 방식으로 제공해야 한다.

는 가족이 주로 수발을 담당해야 한다. 이러한 노인이 가족으로부터 적절한 수발 서비스를 받기 어려운 경우에는 부모와 자녀 간에 갈등이 생길 가능성도 많다.

(5) 사회적 · 심리적 고립과 소외

교육의 대중화로 자녀세대의 교육 수준이 높아지면서 부모세대의 지식 수준은 상대적으로 더욱 낮아지게 되었다. 공적 교육은 강력한 사회화의 수단이 되고, 교육 수준이 다른 세대 간 사회화의 차이를 가져오며, 세대 간의 갈등과 고립을 가져오는 데 영향을 준다.

또한 현대화의 핵심 요소인 도시화는 사회적 이동과 지리적 이동을 유발하는데, 사회적 이동은 사회적 거리감을 크게 만들어 세대 간의 고립을 초래한다. 지리적 이동은 가치관 또는 사회화의 차이와 더불어 핵가족화를 촉진하고, 핵가족화는 부모와 자녀 간의 공간적 고립을 가져와 결국 사회와 노인, 자녀세대와 노인세대, 가정 내 부모와 자녀 간의 사회적 · 심리적 고립과 소외라는 노인문제를 초래한다.

표 1-7 **독거노인 수**(2005~2009년)

연령 \ 연도	2005	2006	2007	2008	2009
65~69세	234,217	242,186	248,420	252,563	254,050
70~74세	235,776	258,241	271,416	283,273	294,027
75~79세	177,206	191,235	206,935	224,178	242,437
80~84세	93,994	101,910	110,072	118,578	127,957
85세 이상	35,803	41,269	46,448	51,980	57,466
합계	776,996	834,841	883,291	930,572	975,937

출처: 통계청(2010). 2010 보건복지통계연보 「장래인구추계」.

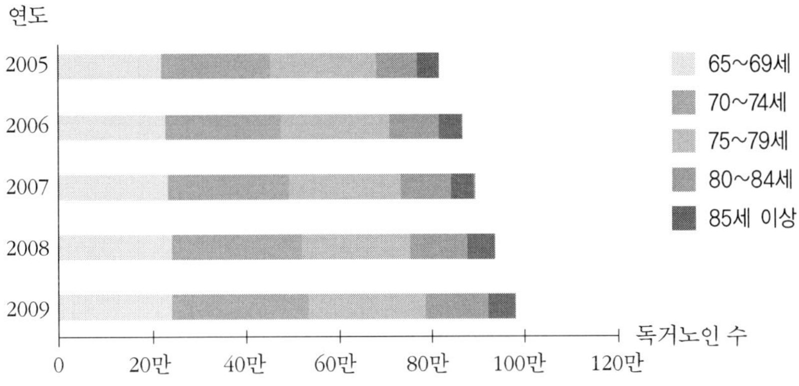

●그림 1-1● **독거노인 수(2005~2009년)**

출처: 보건복지부(2009). 보건복지가족통계연보.

(6) 생산인구 감소

인구 고령화가 진전되고 저출산 현상이 지속될 경우 유소년 인구 비율이 줄어들고, 유소년 인구가 다시 생산인구(노동력인구)가 되면 생산인구 수와 비율이 계속 줄어들게 된다. 현재 기준으로 생산인구를 15~64세로 보는 것을 전제로 하여 생산인구를 추정하면 생산인구는 크게 줄어들 것이다. 생산인구의 감소는 한 국가의 생산총량의 감소를 가져와 경제 규모를 축소시킬 가능성이 크다.

[관련 자료]

고령인구 543만 전체 인구 11.3%, 노령화지수 69.7

유소년 인구 5년간 119.9만 명↓… 모든 시 · 도 고령화사회 진입

65세 이상 인구가 543만 명으로 전체 인구의 11.3%를 기록했다. 반면 0~14세 유소년 인구의 비중은 16.2%까지 떨어져 인구분포가 전형적인 '항아리형'으로 바뀌는 등 저출산 고령화 구조가 뚜렷하게 나타났다.

통계청이 25일 발표한 '2010 인구주택 총조사 전수집계 결과'에 따르면 지난해 11월 1일 현

재 우리나라 전체 인구는 4,858만 명으로 5년 전 4,728만 명보다 2.8% 증가했다.

무엇보다 65세 이상 고령인구의 빠른 증가 추세가 두드러졌다. 고령인구는 542만 5,000명으로 전체 인구에서 차지하는 비율이 11.3%에 달했다. 5년 전 435만 5,000명에 비해 24.3% 급증한 수치다.

연도별 유소년, 생산연령 및 고령인구 추이 (단위: 천 명, 100명당)

구분	1980년	1985년	1990년	1995년	2000년	2005년	2010년
총인구	37,407	40,420	43,390	44,554	45,985	47,041	47,991
유소년인구(0~14세)	33.8	29.9	25.7	23.0	21.0	19.1	16.2
생산연령인구(15~64세)	62.3	65.8	69.4	71.1	71.7	71.6	72.5
고령인구(65세 이상)	3.9	4.3	5.0	5.9	7.3	9.3	11.3
유소년부양비	54.3	45.5	37.0	32.3	29.2	26.7	22.4
노인부양비	6.2	6.6	7.2	8.3	10.2	13.0	15.6
노령화지수	11.4	14.5	19.4	25.8	35.0	48.6	69.7

고령인구는 1990년 200만 명을 넘은 이후 300만 명을 돌파하기까지 10년이 걸렸지만 400만 명, 500만 명을 돌파하는 데는 각각 5년밖에 걸리지 않았다.

급속한 고령화는 출산율 저하가 주요인으로 꼽힌다. 실제로 0~4세 인구는 5년 전보다 16만 3,000명(6.9%) 줄어드는 등 0~14세 유소년 인구는 2005년 898만 6,000명에서 2010년 778만 7,000명으로 해마다 2.7%씩 감소했다.

이처럼 유소년 인구가 감소한 반면 고령인구는 빠른 속도로 증가하면서 15~64세 생산 가능 인구가 부담하는 유소년부양비는 22.4로 하락한 반면 노년부양비는 15.6으로 늘어났다.

고령인구를 유소년 인구로 나눈 노령화지수도 △1990년 19.4 △1995년 25.8 △2000년 35.0 △2005년 48.6 △2010년 69.7로 해마다 상승폭이 커지고 있다. 지난해의 경우 노령인구가 유소년 인구의 70%에 육박하고 있는 셈이다.

특히 이번 조사 결과, 전국의 모든 시 · 도의 고령인구 비율이 7%를 넘어 고령화사회에 진입했다.

시 · 도별로는 전남의 고령인구 비율이 20.4%로 초고령사회에 진입했고, 경북 16.7%, 전북 16.4%, 충남 · 강원 15.5% 등이 뒤를 이었다. 고령인구 비율이 가장 낮은 시 · 도는 울산 7.0%, 대전 · 인천 8.8%, 경기 8.9% 순이었다. 전국 230개 시 · 군 · 구 중 82곳(35.7%)이 초고령사회, 34곳(14.8%)이 고령사회, 10곳(44.3%)이 고령화사회에 진입한 것으로 집계됐다.

김창익 통계청 인구총조사 과장은 "저출산이 심각해지면서 항아리형 인구분포가 더욱 뚜렷해졌다."고 하며 "고령화가 빠르게 진전되고 있다."라고 말했다.

출처: 머니투데이(2011. 5. 30). 고령인구 543만 전체 인구 11.3%, 노령화지수 69.7.

표 1-8 **우리나라 노인인구의 추이**

연도별 구분	1980	1990	2000	2005	2010	2020	2025	2030	2040	2050
전체 인구	38,124	42,869	47,008	48,138	48,875	49,326	49,108	48,635	46,343	42,343
65세 이상	1,456	2,195	3,395	4,367	5,357	7,701	9,768	11,811	15,040	16,156
노인인구(%)	3.8	5.1	7.2	9.0	10.9	15.6	19.8	24.2	32.4	38.1

자료: 통계청(2010). 2010 보건복지통계연보 「장래인구추계」.

(7) 사회적 부담 증가

현재와 같은 전통적 사회복지제도나 경제제도하에 60~65세에 퇴직하여 연금으로 소득을 대체하게 된다면 노인인구 수와 비율의 증가로 연금지급액의 비율이 높아지고 연금기금의 축적이 어려워져 결국은 연금의 지속성이 크게 위협받을 것이다. 연금의 지급 속성을 높이기 위해 연금보험료를 인상할 가능성이 높아지고, 그렇게 되면 생산인구의 조세 부담 외에 사회보장 부담은 더욱 커질 것이다. 그리고 공적 의료보험과 장기요양보험 비용도 노인의 급성 · 만성 질병 관련 비용의 증가에 따른 보험료 인상으로 더욱 커질 것이다. 또한 노인의 기본적인 욕구수준이 높아지고 다양해지면서 국가가 보편적으로 지출해야 할 조세부담액도 증가하여 결국 사회적 부담이 크게 늘어나는 결과를 초래하게 될 것이다.

(8) 국가 재정 적자

OECD 국가의 경우를 보면 1970년대부터 국가 재정에 적자가 나타나기 시작했고 GDP 대비 국가 부채비율도 증가하기 시작했는데, 특히 인구 고령화에 따른 국가 부채의 증가는 심각해질 전망이다. 대부분의 선진국에서는 당해 연도에 거두어들인 연금보험료로 연금을 지급하는 방식(부과 방식)을 채택하고 있는데, 노인인구가 증가할수록 연금보험료를 계속 인상할 수 없기 때문에 국가 재정으로 상당한 부분을 보충해 나갈 수밖에 없다.

따라서 국가는 연금 재정을 보충하기 위해 적자예산을 편성하게 되므로, 노인인구 비율이 증가하고 생산인구 비율이 감소할수록 국가 재정의 적자는 계속 증가할 것이다. 공적연금뿐만 아니라 공적 의료보험이나 장기요양보험도 노인인구가 증가할수록 보험재정을 보충하기 위해 국가가 적자예산을 편성하는 경우가 많다.

제2장

노인복지에 대한 이해

노인복지는 다양한 사회복지 실천 분야 중에서 앞으로 가장 주목받는 사회복지의 대상이 될 것으로 보인다. 이는 절대적인 노인인구의 증가와 더불어 그들의 권익 향상에 대한 욕구가 높아지기 때문이다. 이 장에서는 노인복지에 대한 기초적인 이해를 돕고, 현재 우리나라에서 실시되고 있는 노인복지정책 중 최근 도입된 기초노령연금(소득보장)과 노인장기요양보험(의료보장)에 대해 살펴보도록 한다.

1. 노인복지의 개념

노인복지의 개념은 넓은 의미와 좁은 의미로 구분할 수 있다. 광의의 노인복지란 전체 노인의 생활상의 안정, 의료, 직업의 보장, 주택, 여가의 보장, 그 외의 사회정책 전체를 의미한다. 협의의 노인복지란 퇴직, 빈곤, 질병, 사별, 상실 등 여러 가지 요인으로 발생하는 생활곤란, 고독과 욕구불만 등을 겪고 있는 노인을 대상으로 개별적인 부조나 지원과 보호, 육성, 갱생을 위한 사업을 전개하기 위해 사회적으로 조직된 서비스를 의미한다(김계삼, 1982).

또한 노인복지란 빈곤, 노쇠, 고독, 무료함의 해결은 물론 노인 스스로 자신이 이 사회에서 꼭 필요한 존재라고 느끼며 긍정적이고 우호적인 자세로 여생을 살아갈 수 있는 사회적 여건을 마련하는 것이며(이인수, 1999), 노인이 복리적인 상태를 유지할 수 있도록 하는 사회적 활동이자 사회복지 실천의 한 분야로서, 노인이 인간다운 생활을 영위하면서 자기가 속한 가족과 사회에 적응하고 통합하는 데 필요한 자원과 서비스의 제공과 관련된 공적 · 사적 차원에서의 조직적 제반 활동이라 할 수 있다(최성재, 장인협, 2002).

이와 같은 정의에 따라 노인복지의 범위는 활동의 주체와 방법, 욕구나 문제의 영역으로 분류하여 살펴볼 수 있다. 활동의 주체는 사적 · 공적 조직이 포함되며, 욕구나 문제의 영역은 생물학적, 생리적, 경제적, 건강, 심리적, 사회적, 활동, 여가, 문화적, 정치적, 영적인 면으로 구분되며, 활동의 방법은 정책 및 계획, 사회복지 전문기술적 개입 방법이 포함된다(최성재, 장인협, 2002).

또한 노인복지의 기능은 크게 예방적 기능과 치료적 기능으로 나뉘며, 노인문제를 치료 · 해결하는 기능은 다시 보호적 기능, 조정적 기능, 개발적 기능으로 분류된다(임춘식, 1991). 노인복지의 개념은 보충적 성격에서 제도적으로, 선별적 서비스에서 점차 보편적 서비스로, 개인적 차원에서 사회적 차원으로 확산되고, 자발성에서 공공적인 성격으로 변화하고 있다고 할 수 있다(박차상 외, 2002).

2. 노인복지의 목표

노인복지의 목표는 일반적인 사회복지의 목표와 일치하며, 다음과 같이 세 가지로 함축할 수 있다(최성재, 장인협, 2002).

1 최저 수준의 생활 유지

노인은 국민의 한 사람으로서 국가의 경제적 · 사회적 여건에 맞는 인간다운 생활을 유지할 수 있도록 최소한의 경제적 보장을 받아야 한다. 따라서 적어도 건강하고 문화적인 생활을 영위할 수 있는 정도에서 기준이 설정되어야 하며, 이러한 최저 생활수준은 빈곤선이라는 개념으로 함축된다.

2 사회적 통합의 유지

사회적 통합은 가족, 이웃, 집단, 조직, 지역사회 및 국가에 심리 · 사회적으로 유대감을 갖고 적응하는 것을 말한다. 노인이 가정과 이웃 및 사회에서 소외되어 있다는 느낌을 줄이고 사회체계에 연결되어 주류에 포함되어 있다는 느낌을 가질 수 있어야 한다.

3 개인적인 성장 욕구 충족

한 개인의 생애 발달 과정은 신체적 · 심리적 · 사회적 측면에서 각 단계별로 독특한 특성을 나타낸다. 노년기에는 성공적인 노화를 위해 요구되는 발달과업을 지니게 된다. 개인으로서의 노인이 자신만의 고유하고 특수한 욕구를 충족할 뿐만 아니라 노령기의 발달과업을 잘 영위할 수 있도록 하여야 한다.

▲노인이 사회와 연결되어 있다는 느낌을 가질 수 있어야 한다.

▲노인은 다양한 교육에 참여함으로써 자기 개발과 성장의 욕구를 충족할 수 있다.

3. 노인복지의 원칙

노인복지의 목표를 달성하기 위해서 지켜야 할 바람직한 원칙으로 유엔은 '노인을 위한 유엔원칙(United Nations Principles for Older Persons)'을 1991년 총회에서 채택하였다. 유엔은 각 국가가 노인복지 관련 사업에 이 원칙들을 최대한 반영하도록 권고하고 있는데, 이는 다음과 같다.

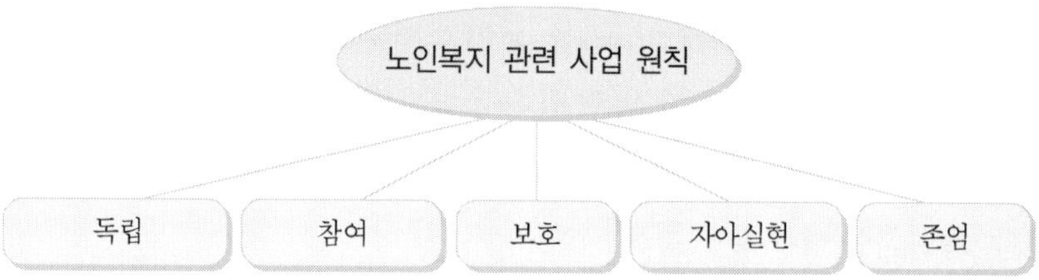

●그림 2-1● **노인복지 관련 사업 원칙**

1 **독립**(independence)

- 소득, 가족과 지역사회의 지원 및 자조를 통하여 적절한 식량, 주거, 의복 및 건강보호에 접근할 수 있어야 한다.
- 일을 할 수 있는 기회를 제공받거나, 소득을 얻을 수 있는 기회에 접

근할 수 있어야 한다.

- 직장에서 언제 어떻게 그만둘 것인지에 대한 결정에 참여할 수 있어야 한다.
- 적절한 교육과 훈련 프로그램에 접근할 수 있어야 한다.
- 개인의 선호와 변화하는 능력에 맞추어 안전하게 적응할 수 있는 환경에서 살 수 있어야 한다.
- 가능한 오랫동안 가정에서 살 수 있어야 한다.

2 참여(participation)

- 사회에 통합되어야 하며, 그들의 복지에 직접 영향을 미치는 정책의 형성과 이행에 적극적으로 참여하고, 그들의 지식과 기술을 젊은 세대와 함께 공유하여야 한다.
- 지역사회 봉사를 위한 기회를 찾고 개발하여야 하며, 그들의 흥미와 능력에 알맞는 자원봉사를 할 수 있어야 한다.
- 노인을 위한 사회운동과 단체를 형성할 수 있어야 한다.

▶ 봉사활동을 통한 사회참여는 노인의 역할 찾기와 사회통합에도 기여할 수 있다.

3 보호(care)

- 각 사회의 문화적 가치체계에 따라 가족과 지역사회의 보살핌과 보호를 받아야 한다.
- 신체적 · 정신적 · 정서적 안녕의 최적 수준을 유지하거나 되찾도록 도와주고 질병을 예방하거나 그 시작을 지연하는 건강보호에 접근할 수 있어야 한다.
- 그들의 자율과 보호를 고양하는 사회적 · 법률적 서비스에 접근할 수 있어야 한다.
- 인간적이고 안전한 환경에서 보호, 재활, 사회적 · 정신적 격려를 제공하는 적정 수준의 시설보호 서비스를 이용할 수 있어야 한다.
- 그들이 보호시설이나 치료시설에서 거주할 때도 그들의 존엄, 신념, 욕구와 사생활을 존중받으며, 자신의 건강보호와 삶의 질을 결정하는 권리도 존중받는 것을 포함하는 인간의 권리와 기본적인 자유를 향유할 수 있어야 한다.

▶ 노인의 신체적 · 정신적 · 정서적 보호를 위한 서비스의 다양화가 노인의 삶의 질 향상에 기여할 수 있다.

4 자아실현(self-fulfillment)

• 자신들의 잠재력을 완전히 개발하기 위한 기회를 추구하여야 한다.
• 사회의 교육적 · 문화적 · 정신적 그리고 여가에 관한 자원에 접근할 수 있어야 한다.

▶ 다양한 자아실현의 기회는 노년기에도 제한되어서는 안 된다.

5 존엄(dignity)

• 존엄과 안전 속에서 살 수 있어야 하며, 착취와 육체적 · 정신적 학대로부터 자유로워야 한다.
• 나이, 성별, 인종이나 민족적 배경, 장애나 여타 지위에 상관없이 공정하게 대우받아야 하며, 그들의 경제적인 기여와 관계없이 평가되어야 한다.

4. 노인복지정책: 기초노령연금과 노인장기요양보험을 중심으로

1) 기초노령연금

기초노령연금은 생활이 어려운 노인에게 생활안정을 지원하고 노후 소득보장의 사각지대를 해소하고자 마련되었다. 또한 우리나라 만 65세 이상 전체 노인의 70%에게 매월 일정액의 연금을 제공하여 국가 발전과 자녀 양육에 헌신해 온 노고에 보답하고자 하는 목적을 가지고 있다. 2003년부터 정부는 「국민연금법」 소득대체율 인하 방향을 논의하면서 그 보완책으로 「기초노령연금법」을 제정하였다. 제정 취지는 국민연금의 소득대체율 인하에 대한 보완책으로 기존의 경로연금 급여 대상자를 크게 확대하고 액수도 인상하여 노인 대부분에게 지급하는 기초적 연금으로 확대 발전시키자는 것이었다. 이 「기초노령연금법」의 제정으로 경로연금제도는 폐지되고 2008년 1월부터 기초노령연금제도가 도입되었다.

(1) 급여수급자격

만 65세 이상인 자로서 소득인정액이 대통령령으로 정하는 금액(선정기준액)의 이하인 자에게 주며, 선정기준액은 2012년 기준으로 단독가구 78만원, 부부가구 124.8만 원이다. 소득인정액 산출 방식은 〈표 2-1〉과 같다.

표 2-1 **소득인정액 산출 방식**

소득인정액	소득평가액 + 재산의 소득환산액
산출 방식	• 소득평가액 = 소득 항목별 합계 – 상시근로소득 공제, • 재산의 소득환산액 = [{(일반재산 – 기본재산액) + (금융재산 – 2,000만 원) – 부채} × 재산의 소득환산율(연 5%) ÷ 12개월] * 상시근로소득 공제: 1인당 월 43만 원 * 기본재산액 공제: 대도시(1억 8백만 원), 중소도시(6천 8백만 원), 농어촌(5천 8백만 원) * 공제액이 해당 소득 · 재산을 초과하는 경우 해당 항목은 0원으로 처리

(2) 급여의 수준

현금으로 지급, 국민연금제도의 기본연금액 계산에서 연금수급 3년부터 가입자 전체 3년간 평균소득월액 평균의 5%에 해당하는 금액으로 한다. 계산된 실제 연금 액수는 2010년 현재 대체로 20,000~87,000원 정도가 된다. 노인부부가 같이 기초노령연금을 받는 경우는 노인 개인 연금액에서 20%를 감하여 받게 된다. 단독 가구 및 부부 가구의 연금 수급액은 〈표 2-2〉〈표 2-3〉〈표 2-4〉와 같다.

표 2-2 **단독 가구 연금 수급액**

소득인정액		70만 원 미만	70만 원 이상~72만 원 미만	72만 원 이상~74만 원 미만	74만 원 이상~76만 원 미만	76만 원 이상~78만 원 이하
선정기준액 차액		8만 원 초과	6만 원 초과~8만 원 이하	4만 원 초과~6만 원 이하	2만 원 초과~4만 원 이하	0원 이상~2만 원 이하
연금액	2012. 1.~2012. 3.	91,200원	80,000원	60,000원	40,000원	20,000원
	2012. 4.~2013. 3.	94,600원	80,000원	60,000원	40,000원	20,000원

표 2-3 부부 가구 1인 연금 수급액

<table>
<tr><td colspan="2">소득인정액</td><td>116.8만 원</td><td>116.8만 원 이상~118.8 만 원 미만</td><td>118.8만 원 이상~120.8 만 원 미만</td><td>120.8만 원 이상~122.8 만 원 미만</td><td>122.8만 원 이상~124.8 만 원 이하</td></tr>
<tr><td colspan="2">선정기준액 차액</td><td>8만 원 초과</td><td>6만 원 초과~ 8만 원 이하</td><td>4만 원 초과~ 6만 원 이하</td><td>2만 원 초과~ 4만 원 이하</td><td>0원 이상~ 2만 원 이하</td></tr>
<tr><td rowspan="2">연금액</td><td>2012. 1.~ 2012. 3.</td><td>91,200원</td><td>80,000원</td><td>60,000원</td><td>40,000원</td><td>20,000원</td></tr>
<tr><td>2012. 4.~ 2013. 3.</td><td>94,600원</td><td>80,000원</td><td>60,000원</td><td>40,000원</td><td>20,000원</td></tr>
</table>

표 2-4 부부 가구 2인 연금 수급액

<table>
<tr><td colspan="2">소득인정액</td><td>112.8만 원</td><td>112.8만 원 이상~ 116.8만 원 미만</td><td>116.8만 원 이상~ 120.8만 원 미만</td><td>120.8만 원 이상~ 124.8만 원 미만</td></tr>
<tr><td colspan="2">선정기준액 차액</td><td>12만 원 초과</td><td>8만 원 초과~ 12만 원 이하</td><td>4만 원 초과~ 8만 원 이하</td><td>0원 이상~ 4만 원 이하</td></tr>
<tr><td rowspan="2">연금액</td><td>2012. 1.~ 2012. 3.</td><td>145,900원</td><td>120,000원</td><td>80,000원</td><td>40,000원</td></tr>
<tr><td>2012. 4.~ 2013. 3.</td><td>151,400원</td><td>120,000원</td><td>80,000원</td><td>40,000원</td></tr>
</table>

(3) 전달체계

연금지급 신청은 보건복지부장관이나 지방자치단체장에게 할 수 있으며, 각 단체의 장은 신청을 받은 후 연금신청인에 대해 조사하여 수급 여부를 결정한다.

(4) 재정 방법

국가와 지방자치단체가 연금기금을 분담하며, 국가는 기금의 40~90% 범위에서 대통령령이 정하는 비율을 부담한다.

2) 노인장기요양보험

2007년 4월에 제정된 「노인장기요양보험법」에 따라 2008년 7월부터 노인장기요양보험제도가 시행되었다. 노인장기요양보험제도는 65세 이상 노인 또는 65세 미만이라도 노인성질환으로 장기요양보호가 필요한 사람에게 재가 및 시설(그룹홈 포함) 장기요양보호 서비스를 제공하는 제도다.

(1) 급여수급자격

장기요양보험에 가입한 자로서 요양 인정 신청을 하면 국민건강보험공단의 직원이 노인 가정을 방문하여 신체적 · 정신적 상태를 조사한 후 장애가 어느 정도인지를 판정하여 장애등급이 1~3등급에 해당되면 서비스를 받을 수 있다. 의료급여 수급자는 무료로 수급을 받을 수 있는데, 수급자격은 〈표 2-5〉와 같으며, 장애등급 판정은 〈표 2-6〉의 내용에 따른다.

표 2-5 **노인장기요양보험 수급자격**

- 65세 이상 노인 또는 65세 미만으로 치매, 뇌혈관성 질환 등 대통령이 정하는 노인성 질환을 가진 자
- 6개월 이상 혼자서 생활하기 어렵다고 인정되는 자
- 장애등급(요양등급) 3등급 이상인 자

표 2-6 **노인장기요양보험의 장애등급(요양등급)과 등급판정 점수**

구분	요양1등급(최중증)	요양2등급(중증)	요양3등급(중등증)	요양4등급(경증)
상태	• 하루 종일 침대 위에서 생활하는 자로, 스스로 움직일 수 없는 와병 상태 • 일상생활 행동의 식사, 배설, 옷 벗고 입기 등의 모든 활동에서 전적으로 다른 사람의 도움이 필요	• 식사, 배설, 옷 벗고 입기 등에서 부분적으로 다른 사람의 도움이 필요 • 휠체어를 이용, 일상생활 유지함 • 낮에도 주로 침대에서 생활하는 경우가 많음	• 보행보조기 등을 통해 이동 • 다른 사람의 도움을 받아야만 외출 가능	• 식사, 배설, 옷 벗고 입기 모두가 대체로 자립이나, 생활관리 능력이 떨어져 가끔 지원 필요
조사표	• 체위 변경, 식사하기, 일어나 앉기 등 ADL에서 6개 이상 완전 도움 필요	• 식사하기, 일어나 앉기, 세수하기, 양치질하기 등 ADL에서 5개 이상 부분 도움 필요	• 양치하기, 세수하기 등 ADL에서 3개 정도 부분 도움 필요	• 목욕, 옷 벗고 입기 등 ADL에서 1~2개 부분 도움 필요
등급점수	95점 이상	75~95점 미만	55~75점 미만	55점 미만

(2) 급여의 형태 및 종류

노인장기요양보험 급여 및 종류는 다음과 같다.

표 2-7 **노인장기요양보험 급여 및 종류**

종류		내용
재가급여	방문요양	수급자의 가정 등을 방문하여 신체활동과 가사활동 등을 지원하는 장기요양급여
	방문목욕	목욕 설비를 갖춘 장비를 이용하여 수급자의 가정 등을 방문하여 목욕을 제공하는 장기요양급여

(계속)

<table>
<tr><td rowspan="4">재가급여</td><td>방문간호</td><td>간호사 등이 의사 · 한의사 · 치과의사의 방문간호 지시서에 따라 수급자의 가정 등을 방문하여 간호, 진료 보조, 요양에 관한 상담 또는 구강위생 등을 제공하는 장기요양급여</td></tr>
<tr><td>주간 · 야간 보호</td><td>수급자를 하루 중 일정 시간 동안 장기요양기관에 보호하여 신체활동지원 등을 제공하는 장기요양급여</td></tr>
<tr><td>단기보호</td><td>수급자를 일정 기간 동안 장기요양기관에 보호하여 신체활동지원 등을 제공하는 장기요양급여</td></tr>
<tr><td>기타 재가급여</td><td>수급자의 일상생활 · 신체활동지원에 필요한 용구를 제공하는 등의 장기요양급여</td></tr>
<tr><td colspan="2">시설급여</td><td>요양에 필요한 시설 · 설비 · 전문인력을 갖추고 있는 노인요양시설에 장기간 입소하여 신체활동지원 등을 제공하는 장기요양급여</td></tr>
<tr><td colspan="2">특별현금급여</td><td>도서 · 벽지 지역 등 요양시설이 없어 불가피하게 가족 등으로부터 요양을 받는 경우에 지원되는 현금급여 등</td></tr>
</table>

(3) 전달체계: 장기요양기관

재가 장기요양기관 「노인복지법」이나 「노인장기요양보험법」에 의해 지정된다. 「노인복지법」상의 재가노인복지시설은 재가 장기요양기관의 시설과 인력 기준을 갖추어 시 · 군 · 구청장의 지정을 받아 장기요양기

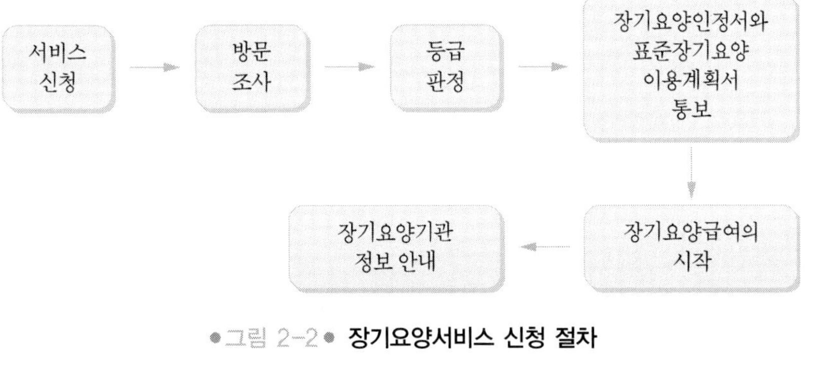

● 그림 2-2 ● **장기요양서비스 신청 절차**

관이 된다. 「노인장기요양보험법」상의 재가 장기요양기관은 시 · 군 · 구청장에 설치 · 신고를 하면 장기요양기관으로 지정된다.

시설 장기요양기관 시설 장기요양기관은 「노인복지법」으로 규정하고 있는데, 노인요양시설과 노인요양공동생활가정은 시 · 군 · 구청장의 지정을 받아 장기요양기관이 된다.

(4) 재정 방법

노인장기요양보험제도의 재정은 가입자의 보험료(가입자 및 피용자의 분담금), 본인부담금 및 국고 지원으로 이루어진다. 현재 지방자치단체는 보험제도 운영에 재정 부담을 하지 않지만 시설 설치에는 30~50% 정도 분담하고 있다.

2008년 7월 시작 당시 노인장기요양보험 보험료율은 국민건강보험료의 4.05%였으나 2009년에는 4.78%로, 2010년에는 6.55%로 인상되었다. 장기요양보험료는 처음부터 너무 낮게 정해졌기 때문에 서비스 종류와 서비스 수준을 향상하기에 여러 가지 어려움이 예상된다. 따라서 매년 인상이 불가피할 것으로 보인다.

노인장기요양보험에서 본인부담금은 재가 장기요양서비스의 경우 15%, 시설 장기요양서비스의 경우는 20%가 된다. 법에 규정된 서비스에 한하여 그리고 월 이용한도액의 범위 내에서만 보험금으로 지급된다. 따라서 법에 지정된 서비스 이외 서비스비용과 한도액이 초과된 이후 받은 서비스는 전액 본인이 부담해야 한다.

제3장

노인상담의 이해

노인상담은 종래에 가족과 친척, 가까운 친구들에 의해 이루어지던 정서적 지지와 지원 및 문제 해결과 예방의 역할을 객관적으로 대행하여 현대사회에서 고립되고 소외된 많은 노인들에게 1차적 사회관계망의 역할을 해 준다. 그리고 노인상담은 노인으로 하여금 변화하는 현대사회에 기능적으로 잘 대처할 수 있도록 새로운 정보를 제공하여 복잡한 현대인의 생활양식에 잘 적응할 수 있도록 해 주는 정보 제공의 역할을 한다. 또한 노인뿐 아니라 노인을 부양하는 가족원으로 하여금 노인에 대한 이해를 돕고 더불어 잘 지낼 수 있도록 하는 정서적 지지와 정보를 제공한다. 즉, 가족이 노인의 성공적인 노후생활을 돕는 사회관계망의 역할을 잘 감당할 수 있도록 가족원을 돕는 역할을 한다. 뿐만 아니라 노인상담은 노인의 숨은 욕구와 필요에 대한 실증적 탐색을 가능하게 하는 데 그 의의가 있다.

한편 노인상담은 노인 클라이언트(내담자)의 문제를 해결하고 만족스러운 노년기를 보내도록 돕는 것을 주요 목적으로 한다(이호선, 2005). 이장호와 김영경(2006)은 노인상담의 목적을 노년기의 발달과업인 '자아통합'을 이루기 위한 조력(원조)이며, 성공적인 노화와 즐거움이 있는 노년기 삶을 위한 것이라고 하였다. 덧붙여서 말하면, 결코 노년이 인생의 하향길이 아니라 무의식 속에 잠재되어 있는 가능성을 발견하고 새로운 인생의 통합을 이룰 수 있는 시기임을 느끼게 하며 정서적인 안정감을 찾을 수 있도록 하는 데 노인상담의 궁극적인 목적이 있다.

1. 노인상담의 목적

노인상담은 클라이언트로서의 노인과 상담자와의 관계에서 일어나는 의도적이고 조직화된 대화다. 이는 항상 구체적인 목적을 갖고 있기 때문에 잡담이나 단순한 대화와는 구별되며, 특별한 형태를 띠고 초기 · 중기 · 종결단계로 구성된다.

또한 노인상담은 여러 가지 이유로 이루어지는데, 노인상담에서 가장 중요한 원리는 왜 상담이 이루어지는가를 아는 것이다. 목적 없는 상담은 클라이언트의 시간뿐만 아니라 노인상담자의 시간도 쓸데없이 허비하는 것이다. 노인상담자가 노인을 상담하는 일반적인 목적은 다음과 같다(Harbert & Ginsberg, 1979).

▲ 노인상담에서 가장 중요한 것은 왜 상담이 이루어지는지 아는 것이다.

첫째, 정보를 제공하기 위한 것이다. 노인상담자는 가끔 노인 클라이언트에게 소속하고 있는 복지관의 조직을 설명한다. 예를 들면, 노인복지관의 노인집단 프로그램에 참여하는 데 관심 있는 노인은 입회 비용, 활동 내용, 활동 방법, 회원들의 이름과 관심 사항 등과 같은 프로그램에 관련된 사실들을 알기를 원한다. 이때 노인상담자는 노인집단 프로그램에 대해서 노인에게 설명해 주고 아울러 노인복지관에 대해서도 설명을 해 준다.

둘째, 정보를 파악하기 위한 것이다. 노인복지관은 노인에게 효과적으로 서비스하기 위해서 정보를 갖추고 있어야 한다. 예를 들면, 생활보호 프로그램에서 노인상담자는 노인이 가진 재정적 자원과 사회적 · 경제적 요구 조건에 대해서 알 필요가 있다. 정신건강 프로그램에서 상담은 노인이 직면한 정서적인 문제를 찾아내기 위해 이루어지며, 상담자는 '노인의 정서적인 문제는 무엇인가?' '그들 문제는 얼마나 지속되었는가?' '조직은 어떤 방법으로 노인이 정서적 문제를 극복하도록 도움을 줄 수 있는가?'와 같은 질문에 해답을 찾기를 원한다.

셋째, 문제를 해결하기 위한 것이다. 노인상담의 또 다른 목적은 노인으로 하여금 그들의 사회적 · 정서적 문제들을 해결하도록 돕기 위한 것이다. 노인상담자는 노인이 배우자를 잃거나, 거주환경이 바뀐 후에 새로운 생활환경에 적응하도록 돕기 위해 노력한다. 때로 노인상담은 클라이언트의 생활을 돕거나 양로원이나 요양원에 입소 또는 노인집단 프로그램에 참여하는 것과 같은 생활대책을 찾도록 돕기 위해 이루어진다.

치료상담 및 기타 변화지향적 상담이 문제 해결 범주에 속한다. 대부분의 상담은 정보를 제공하고, 정보를 파악하며, 문제를 해결하는 목적 중의 하나 또는 조합으로 이루어진다. 노인상담자는 자신의 상담 목적, 노인 클라이언트가 상담에 참여하려는 목적, 그리고 상담에 대한 기관의 목적과 상담의 기대 효과를 이해하는 것이 중요하다.

2. 노인상담의 필요성

전통사회에서의 가족관계는 긴밀하였고, 친지들과의 친밀한 관계에 의한 물리적 지지와 정신적 지원으로 모든 문제들이 해결되었으나, 가족 간의 유대관계가 약화되고 친족관계망이 축소되면서 다양한 노인문제가 발생하고 있다(양경순, 2004). 또한 가족과 친구, 친척, 이웃과 같은 1차 집단의 비공식적 관계망으로는 다양하게 발생하는 노인문제에 적절히 대응하는 것이 이제 불가능하게 됨으로써, 노인문제에 대한 전문적 지식이나 기술 그리고 공식적인 관계망을 통한 지지와 지원이 요구되고 있다(권육상, 2002).

따라서 노인상담은 산업화 · 도시화 · 핵가족화와 같은 사회 변화 속에서 소외와 가치 갈등, 세대차이, 욕구 좌절감 등을 느끼면서 불안하게 살아갈 수밖에 없는 노인과의 적절한 공적 관계를 모색하는 것으로, 가족과 사회의 변화에 따라 그 필요성이 점점 증대되고 있다. 노인상담의 다음과 같은 역할을 통하여 그 필요성을 이해할 수 있다.

첫째, 표출되지 못한 욕구를 표현하게 하여 문제의 근원을 파악할 수 있고, 이러한 상담 과정은 고립되고 소외된 노인에게 1차적 사회관계망 역할을 해 준다.

둘째, 노인의 욕구를 사실에 근거하여 정확하게 파악함으로써 노인을 이해할 수 있고, 노인 욕구 충족을 위한 가족적 · 사회적 노력을 기울이게 되는데, 이는 상담 과정을 통하여 실천될 수 있다.

셋째, 문화적 정체감을 느끼는 노인에게 변화하는 사회에 적극적으로 대처할 수 있도록 정보를 제공할 수 있다.

넷째, 문제를 가지고 있는 가족과 노인을 상담함으로써 욕구를 파악할 수 있고, 적절한 대처를 해 줌으로써 정서적 지지를 해 줄 수 있다.

한편, 노인복지적 관점에서 노인상담의 필요성을 살펴보면 다음과 같다.

첫째, 인간은 나이를 먹음에 따라 생물학적 노화를 겪게 된다. 이에 따른 노인의 신체적 기능의 변화와 상실은 노인의 활동성을 저하시키고, 이는 노인의 심리와 성격의 변화에 영향을 미치게 된다. 즉, 신체적 기능이 저하되고, 외모가 변화하며, 만성질환 등의 질병에 걸릴 확률이 증가함에 따라 노인은 질병과 죽음에 대한 두려움, 젊음을 잃었다는 구체적인 현실로 인한 상실감, 의존성 증가 등의 심리적·사회적 변화를 경험하게 된다. 그리고 노화에 따른 감각기관의 기능 쇠퇴는 노인으로 하여금 일상생활에 자신감을 잃게 하거나, 대인관계를 어렵게 하는 원인이 되기도 한다. 이때 노인상담을 통하여 노인 스스로가 이러한 사실에 대한 이해를 증진함으로써 노인의 가족과 사회에 대한 적응과 통합에 도움을 줄 수 있다.

둘째, 생산과정이 기계화됨에 따라 생산 등에 필요한 노동력이 감소하고, 젊은 세대와의 경쟁에서 뒤처진 노인세대는 직업적 역할을 상실하게 된다. 이러한 역할 상실에 따른 노인의 사회적 고립 문제가 발생하게 되는데, 이때 노인의 은퇴 전·후의 정신적 준비를 위해서도 상담이 필요하며, 은퇴 후의 휴식과 여가를 가장 잘 활용할 수 있는 방법과 경제적 문제 등 퇴직에 따른 다양한 변화에 대한 상담이 필요하다.

셋째, 상담을 통하여 노년기에 직면할 수 있는 다양한 문제에 대한 예방과 이에 대한 효과적인 해결을 원조하여 노인의 적응력을 향상시키고 노인복지의 향상을 도모할 수 있다(현외성 외, 2001).

따라서 노화와 더불어 발생하는 경제적 문제, 심리적·사회적 문제, 신체적 문제, 역할 및 기능 감소에 따른 문제, 성 문제 등 다양한 문제 영역에서 노인상담이 필요하다고 볼 수 있다.

3. 노인상담 평가척도

1) 상담자를 위한 평가척도

(1) 공감적 이해의 척도

1 척도 소개

상담 과정에서의 공감적인 의사소통을 객관적으로 측정하는 척도다.

2 척도 개발 과정

Roach(1976)의 연구를 참고로 하여 홍경자(1983)가 의사소통기술의 척도를 번안하여 개발하였다. 상담의 사전·사후 검사에 대해서는 '공감이해반응 수준 평가 질문지 I'을 그리고 사전·사후·추수 검사에 대해서는 '공감이해반응 수준 평가 질문지 II'를 사용한다. 사전·사후·추수 검사별로 5개의 진술문으로 되어 있다. 검사 내용은 클라이언트의 입장에서 반응할 수 있는 내용을 적도록 했으며, 이 내용을 두 평가자가 Carkhuff(1969)의 대인관계 기능척도(이장호, 1986)의 공감적 이해의 척도(1~5수준)로 평가하게 했다.

3 척도 내용 및 채점 방법

검사는 사전·사후·추수 각각 5개의 진술문으로 되어 있다.

소척도 공감 이해의 인지 정도를 평가하는 차원(상담자가 클라이언트의 감정이나 언어를 잘 알아듣고 이해했음을 평가하는 차원), 참조적 공감의 정도를 평가(클라이언트의 참조의 틀)하는 두 차원으로 구성되어 있다. 피험자가 작성한 반응은 두 평가자에 의해 각각 Carkhuff의 공감적 이해도 척도 1~5수준으로 평가하며, 구체적인 내용은 다음과 같다.

수준 1: 상대방의 언어 및 행동 표현의 내용으로부터 벗어나거나 주의를 기울이지 않기 때문에 감정, 의사소통에 있어서 상대방이 표현한 것에 훨씬 못 미치게 의사소통하는 수준

수준 2: 상대방이 표현한 감정에 반응은 하지만 표현한 것 중에서 주목할 만한 감정을 제외하고 의사소통하는 수준

수준 3: 상대방이 표현한 것과 본질적으로 같은 정서와 의미를 나타내어 상호 교류적인 의사소통을 하는 수준

수준 4: 상대방이 스스로 표현할 수 있는 것보다 더 내면적인 감정을 표현하면서 의사소통하는 수준

수준 5: 상대방이 표현할 수 있는 감정의 내면적 의미들을 정확하게 표현하거나, 상대방의 내면적 자기탐색과 완전히 같은 몰입 수준에서 상대방이 표현한 감정과 의미에 첨가하여 의사소통하는 수준

④ **신뢰도**

2명의 여성 평가자 간의 일치도는 사전 .88, 사후 .90, 추수 .87이다.

⑤ **본 척도의 출처**

강순화(1994). 집단상담에서의 언어반응 유형과 관련 변인과의 관계 및 효과에 관한 연구: 상담자 교육에서 마라톤 형태의 집단을 중심으로. 이화여자대학교 박사학위 논문.

⑥ **원판의 출처**

Carkhuff, R. R. (1969). *Helping and human relations, Vols. I and*

II. N. Y.: Holt, Rinehart & Winston.

Roach, W. L. (1976). A comparative study of the two models of communication skills training. Doctoral dissertation. University of Mississippi.

7 본 척도를 사용한 국내 연구 목록

이은순(1991). 상담실습자 교육에서의 공감훈련 효과의 분석: 잠재력 개발 집단상담, 심리극 집단 상담과의 비교. 이화여자대학교 박사학위 논문.

이장호(1986). 상담심리학 입문 제2판. 박영사.

홍경자(1983). 의사소통 기술 훈련의 효과에 관한 연구. 전남대학교 학생생활연구, 제15집, 97-11. 전남대학교 학생생활연구소.

공감적 이해의 척도

공감이해반응 수준 평가 질문지 I (사전)

어떤 사람이 당신을 찾아와서 다음과 같은 호소를 한다면 당신은 어떻게 반응할 것인지를 써 주십시오.

1. 다른 사람들은 시시한 얘기들도 참 잘하고 잘 어울리는데 저는 왜 그런 얘깃거리가 없는지 모르겠어요. 저는 친구도 없고 항상 외톨이예요. 어떻게 친구를 사귀어야 좋을지 모르겠어요.
2. 항상 나한테 '이렇게 하라.' '이렇게 하지 말라.' 하고 간섭하는 것이 지겨워 죽겠어요. 모든 사람들이 다 그래요. 엄마도, 아빠도, 선생님도, 친구도 다 명령만 해요. 내 맘대로 내버려 두었으면 제발 좋겠어요.
3. 오늘은 정말 신이 납니다. 내가 대의원에 출마했는데 당선되었거든요. 우리과 친구들이 나를 좋아하나 봐요. 지도교수님도 제가 발표력이 좋았다고 칭찬했어요. 이번 주말에는

고향에 내려가 식구들과 시골 친구들을 만나기로 했어요. 기분이 정말 최고예요.

4. 이제 나는 학교를 그만둘까 봐요. 아무리 열심히 노력해도 공부가 안 돼요. 부모님은 점수에 신경을 쓰는데, 나도 성적이 좋기를 원하지만 정말 별 도리가 없어요. 나는 가망이 없는 것 같아요.
5. 도서관에 매일 나가다 보니까 항상 만나는 학생이 있어요. 거의 매일 만나다 보니까 나도 모르게 정이 들었나 봐요. 이제는 단 하루라도 그 학생이 안 보이면 안절부절못할 정도예요. 그런데 그 사람은 욕심도 많고 야심을 가지고 있어요. 저는 아주 소박하고 단순하고 성실하게 살고 싶은데요. 서로가 이런 차이가 있으니 장래를 약속한다는 것이 힘들고 고민이에요. 게다가 우리 부모는 이성교제를 아주 반대하거든요. 나이도 동갑이고 인물도 평범하니까 그런 것도 부모님에게 말하기 힘든 조건이지요. 막상 만나지 않으려고 하면 웬일인지 손에 책이 잡히지 않아요. 저는 어떻게 해야 할지, 하루는 기분이 좋다가도 또 다음날은 울적하고 답답해요.

공감이해반응 수준 평가 질문지 Ⅱ(사후 · 추수)

어떤 사람이 당신을 찾아와서 다음과 같은 호소를 한다면 당신은 어떻게 반응할 것인지 써 주십시오.

1. 학교에서 다른 아이들은 서로 웃고 얘기하는 걸 보면 모두들 친구가 많은 것 같아요. 서클이다, 무슨 반이다 하고 모두들 야단인데, 나는 항상 외톨이예요. 어쩌다가 교실에서 다른 애들에게 말을 걸고 싶어도 무슨 말을 해야 좋을지 모르겠어요. 아이들이 아예 저는 말도 않고 있는 사람으로 취급해 버려서 내가 말을 걸려고 하면 어색하고 쑥스러워지거든요. 정말 어쩌면 좋을지 울고 싶은 때가 많아요.
2. 우리 부모님은 너무 완고해요. 조금만 집에 늦게 와도 불호령이고, 꼭 학교가 끝난 다음에 돌아와야지, 그렇지 않고 허락 없이 나가거나 늦으면 난리가 나요. 제가 마치 초등학생인 것처럼 취급해요. 나도 다 컸는데 제발 믿어 주었으면 좋겠어요.
3. 오늘은 기분이 참 좋아요. 나는 꼭 아침 일찍 일어나 마당에 나가서 간단한 체조를 하고, 공부를 30분 하고서 밥을 먹거든요. 남들은 그때야 일어나는 것 같아요. 이러고 나면 하루 종일 공부도 잘되고 기분이 참 좋아요.
4. 이제 나는 학교를 그만둘까 봐요. 아무리 열심히 노력해도 공부가 안 돼요. 부모님은 점

수에 신경을 쓰는데, 나도 성적이 좋기를 원하지만 정말 별 도리가 없어요. 나는 가망이 없는 것 같아요.

5. 도서관에 매일 나가다 보니까 항상 만나는 학생이 있어요. 거의 매일 만나다 보니까 나도 모르게 정이 들었나 봐요. 이제는 단 하루라도 그 학생이 안 보이면 안절부절못할 정도예요. 그런데 그 사람은 욕심도 많고 야심을 가지고 있어요. 저는 아주 소박하고 단순하고 성실하게 살고 싶은데요. 서로가 이런 차이가 있으니 장래를 약속한다는 것이 힘들고 고민이에요. 게다가 우리 부모는 이성교제를 아주 반대하거든요. 나이도 동갑이고 인물도 평범하니까 그런 것도 부모님에게 말하기 힘든 조건이지요. 막상 만나지 않으려고 하면 웬일인지 손에 책이 잡히지 않아요. 저는 어떻게 해야 할지, 하루는 기분이 좋다가도 또 다음날은 울적하고 답답해요.

공감적 이해의 척도의 대인관계기능 평가척도

● 수준 1

상대방의 언어 및 행동 표현의 내용으로부터 벗어나거나 주의를 기울이지 않기 때문에 감정, 의사소통에 있어서 상대방이 표현한 것에 훨씬 못 미치게 의사소통하는 수준

[실제] 상대방이 명백하게 표현한 표면감정조차도 제대로 인식하지 못한 의사소통을 한다. 지루함을 느끼거나 무관심해지거나, 상대방의 참조틀(또는 판단기준)을 완전히 배제한 경우다. 요컨대, 상대방의 이야기를 전혀 듣지 않거나 명백한 감정을 전혀 이해하지 못하고 민감하게 받아들이지도 못하며, 상대방과의 의사소통이 손실된 경우다(상대방의 감정 및 의미의 초점에서 완전히 이탈).

● 수준 2

상대방이 표현한 감정에 반응은 하지만 상대방이 표현한 것 중에서 주목할 만한 감정을 제외하고 의사소통하는 수준

[실제] 상대방의 명백한 표면감정을 어느 정도 인식하지만, 정서의 올바른 수준은 흘려 버리거나 의미수준을 왜곡하여서 의사소통을 하는 수준이다. 본인은 자기의 의사를 전달할 수 있으나 상대방의 표현수준과 일치하지 않는다. 요컨대, 상대방이 표현하거나 의도하는 것과는 거리가 있는 감정 및 의미에 반응하는 수준이다.

● 수준 3

상대방이 표현하는 것과 본질적으로 같은 정서와 의미를 나타내어 상호 교류적인 의사소통을 하는 수준

[실제] 상대방의 표면감정을 정확히 이해하여 반응하기보다 내면감정에는 반응하지 않거나 어긋나게 해석하고 있다. 요컨대, 상대방이 표현한 표면감정에 대해서는 같은 수준으로 반응한다. 그러나 상대방이 실제로 느끼는 내면감정에는 정확히 반응하지 못하고 있다. 수준 3은 대인관계기능을 촉진할 수 있는 기초다.

● 수준 4

상대방이 스스로 표현할 수 있는 것보다 더 내면적인 감정을 표현하면서 의사소통하는 수준(수준 4부터는 의사소통이 촉진됨)

[실제] 상대방이 표현한 것보다 좀 더 깊은 수준까지 이해하여 의사소통한다. 이렇게 함으로써 상대방으로 하여금 이전에는 표현할 수 없었던 감정을 표현하거나 경험하게 한다. 요컨대, 촉진자(상담자)는 상대방의 표현에다 좀 더 깊은 감정과 의미를 첨가하여 의사소통하는 수준이다.

● 수준 5

상대방이 표현할 수 있는 감정의 내면적 의미들을 정확히 표현하거나, 상대방의 내면적 자기탐색과 완전히 같은 몰입수준에서 상대방이 표현할 감정과 의미에 첨가하여 의사소통하는 수준

[실제] 상대방의 표면감정뿐만 아니라 내면감정에 대해서도 정확하게 반응하는 경우다. 상대방과 함께 경험하거나 상대방의 말을 깊이 이해한다. 이렇게 함으로써 상대방이 이전에는 불가능했던 인간 존재의 의미 등을 함께 탐색하게 된다. 요컨대, 상대방이 누구인가를 충분히 인식하고 상대방의 가장 깊은 감정까지 포용하여 정확한 공감각적 이해를 통하여 의사소통하는 수준이다.

출처: 고려대학교 부설 행동과학연구소(1999).

(2) 상담기록지

<table>
<tr><th colspan="3">전화상담기록지(1차 상담)</th></tr>
<tr><td colspan="3">상담일지: 20 년 월 일 요일 시간:</td></tr>
<tr><td>내담자:</td><td>나이: 세</td><td>성:</td></tr>
<tr><td colspan="3">연락처:</td></tr>
<tr><td colspan="3">상담의 주된 내용:</td></tr>
<tr><td colspan="3">상담 내용:</td></tr>
<tr><td colspan="3">관련 정보
–가족관계:
–경제적 상태:
–건강 상태:
–심적 상태:
–개인사:
–기타:</td></tr>
<tr><td colspan="3">사정:</td></tr>
<tr><td colspan="3">개입:</td></tr>
<tr><td colspan="3">후속 조치:</td></tr>
<tr><td colspan="3">분류:</td></tr>
<tr><td colspan="3">상담자 의견
1)
2)
3)</td></tr>
<tr><td>담당자:</td><td colspan="2">슈퍼바이저:</td></tr>
</table>

<table>
<tr><th colspan="3">전화상담기록지(2차 상담)</th></tr>
<tr><td colspan="3">상담일지: 20 년 월 일 요일 시간:</td></tr>
<tr><td>내담자:</td><td>나이: 세</td><td>성:</td></tr>
<tr><td colspan="3">연락처:</td></tr>
<tr><td colspan="3">이전 상담의 주된 내용:</td></tr>
<tr><td colspan="3">담당자(최초 사례접수자):</td></tr>
<tr><td colspan="3">후속 조치 확인:</td></tr>
<tr><td colspan="3">추가로 필요한 후속 조치:</td></tr>
<tr><td colspan="3">사례 판정: 종결/미결/보류</td></tr>
<tr><td colspan="3">상담자 의견:</td></tr>
<tr><td>담당자:</td><td colspan="2"></td></tr>
</table>

2) 클라이언트를 위한 평가척도

(1) 공감적 이해도 평가척도

[1] 척도 소개

상담에서의 공감적 이해를 주관적으로 평가하는 도구다.

[2] 척도 개발 과정

Barrett-Lennard(1962)는 공감적 이해의 주관적 평가를 위하여 상담관계 질문지인 'Barrett-Lennard Relationship Inventory'을 개발하였다. 이 척도의 항목표는 5가지 차원, 즉 존중과 공감적 이해, 일치성, 존중의 무조건성, 개방성으로 구성되어 있는데, 이 중에서 공감적 이해에 관한 12개 문항을 이은경(1989)이 한국어로 번안하여 제작하였다. 모의 클라이언트와 30분 동안 상담을 한 상담실습자들을 상대로 클라이언트가 지각하는 공감적 이해도를 평가한다.

[3] 척도 내용 및 채점 방법

총 12문항에 대해 Likert식 7점 척도로 반응한다.

소척도의 내용은 다음과 같다. 공감이해의 인지평가 차원은 상담자가 클라이언트의 감정이나 언어를 잘 알아듣고 이해했음을 평가하는 척도로서 공감이해의 인지 정도를 평가한다. 참조적 공감 정도의 평가 차원은 클라이언트의 참조틀을 수용할 수 있는 능력을 평가하는 차원이다.

[4] 신뢰도

내적 합치도 α는 .78~.82다.

5 본 척도의 출처

이은순(1991). 상담실습자 교육에서의 공감훈련 효과의 분석: 잠재력 개발 집단상담, 심리극 집단상담의 비교. 이화여자대학교 박사학위 논문.

6 원판의 출처

Barrett-Lennard, G. T. (1962). Dimensions of therapist response as causal factors in therapeutic change. Psychological Monographs, 76(43), Whole No. 562, 1-36.

7 본 척도를 사용한 국내 연구 목록

이은경(1989). 공감적 이해(emphathy)와 상담 효율성 간의 관계 분석을 위한 모의 상담 연구. 이화여자대학교 석사학위 논문.

공감적 이해도 평가척도

이 질문지는 상담 직후 상담자에 대하여 어떻게 느끼고 있는지를 알아보기 위한 것입니다. 각 문항에 대한 당신의 의견을 다음의 요령과 같이 답해 주시기 바랍니다.

〈보기〉

	전혀 그렇지 않다			그저 그렇다			매우 그렇다
상담자는 나를 잘 이해하고 있다.	1	2	3	4	5	6	7

1. 상담자는 나의 말뜻을 정확하게 파악한다.
2. 상담자는 내가 경험 속에서 느낀 감정을 함께 느낀다.
3. 상담자의 반응이 대체로 상투적이어서 상담자와 친해지고 싶지 않다.
4. 상담자는 나의 감정을 쉽게 알아차린다.

5. 상담자는 나를 잘 이해하고 있다.
6. 상담자는 자기 시각으로 나의 행동을 해석한다.
7. 어떤 부분에 있어서 상담자는 나와 견해가 달라 나를 이해하는 데 한계가 있다.
8. 표현이 부족해도 상담자는 내가 전달하고자 하는 바를 정확히 파악한다.
9. 상담자는 나의 감정을 자기식으로 이해해 버린다.
10. 특정 문제에 관한 한 내가 얼마나 예민한지 상담자는 제대로 알지 못한다.
11. 상담자는 나의 이야기의 핵심을 잘 이해한다.
12. 상담자는 나의 말만 이해할 뿐 말 속에 담긴 감정은 헤아리지 못한다.

출처: 고려대학교 부설 행동과학연구소(1999).

(2) 자기표현 분류척도

1 척도 소개

클라이언트의 감정표현의 변화 양상을 알아보기 위한 분류척도다.

2 척도 개발 과정

Raimy(1948)와 Ingram(1977)의 이론을 근거로 하여 정방자(1968)가 자기표현 분류척도를 작성하였다.

3 척도 내용 및 채점 방법

상담이 진행됨에 따라 감정 경험은 부정적인 것에서 긍정적인 것으로 질적인 변화를 한다. 이러한 변화를 분석하기 위한 척도다.

4 신뢰도

각 사례에서 발췌한 10회분 축어록 사본에서 클라이언트의 모든 반응을 자기표현 문장과 무관 문장으로 분류하였다. 이 중 자기를 표현하는 문장으로 분류된 모든 반응들을 여섯 명의 임상·상담을 전공하는 대학원 학생들이 세 명이 한 조가 되어 자기표현 분류척도에 따라 하위 범주로 분류했다. 평정자 간의 일치도는 유관계수 .81~.90을 보이고 평정자 내 일치도는 .84~.88을 보였다. 평정자 내 일치도는 다음과 같다.

	K	H	S
χ^2	279.49	796.63	595.92
유관계수(C)	.84	.88	
df	16	36	36

5 타당도

다섯 평정자들의 평정자 간 타당도는 .85~.95로 높은 상관을 보였다.

평정자	A	B	C	D	E
A	–	.93	.93	.93	.85
B		–	.93	.89	.95
C			–	.86	.91
D				–	.91
E					–

6 본 척도의 출처

정방자(1986). 정신역동적 상담과정에서의 상담자와 내담자의 언어반응 변화분석. 서울대학교 박사학위 논문.

7 원판의 출처

Ingram, B. L. (1977). Defensive style and affective sensitivitiy. Doctoral Dissertation. University of Southern California, Ann Arbor, Michigan University Micorfilms, No. 2499DM.

Raimy, V. C. (1948). Self-reference in counselling interviews. Journal of Consulting Psychology, 12, 153-163.

자기표현 분류척도

이 분류척도는 상담기간 동안 내담자가 자기 자신에 관해 표현한 반응들을 6가지 기준에 따라 분류한 것이다.

6가지 분류기준

1. 긍정적 자기 표현: PS

- 자신에 대한 긍정적 표현: 행복, 생기발랄, 의기양양, 즐거움, 안도감, 자신감, 희망, 감사, 만족
- 자신의 감정을 수용하는 반응
- 간접적인 자기긍정적 표현: 괜찮다, 덜하다, 좋아진다

2. 긍정적 타인 표현: PO

- 타인에 대한 긍정적인 표현: 관심, 연민, 감사, 존경, 돌봄, 애정 등
- 타인이 한 일을 격려하고 높이는 말을 하거나, 남들과 잘 지내고자 하는 행동
- 타인을 (무비판적인 태도로) 수용하고 이해하는 말

3. 부정적 자기표현: NS

- 자신에 대한 적대적 비판적 반응: 자기비난, 무가치감, 실수, 잘못에 대한 자책, 후회, 부끄러움
- 자신에 대한 부정적 표현: 분노, 우울, 신경질, 답답함, 지침, 피로, 초조, 짜증, 불안, 실망, 슬픔, 고독, 낙망, 좌절, 죄의식, 두려움
- 신체적 불편감, 질병, 기타 병에 대한 호소

4. 부정적 타인표현: NO

- 타인에 대한 직접적 공격표현: 비판, 분노, 반대, 무시, 미움, 질투, 경쟁, 회의, 불신

• 타인에 대한 간접적 공격표현: 신경 쓰임, 두려움, 부담스러움, 눈치 보임, 폐가 됨, 죄송함, 초조, 짜증, 지침, 피로, 좌절
• 타인의 공격과 수모에 대해 회피하는 반응들
• 상황(사람 이외)에 대한 적대적 표현: 초조, 짜증, 분노, 좌절, 피로 등

5. 양가감정적 표현: AM
• 자신이나 타인에 대한 양가감정적 표현: 밉기도 하고 좋기도 함

6. 애매한 자기표현: A
• 긍정적 표현과 부정적 표현 중 어느 것에 넣어야 할지 애매한 반응들
• 자기표현이기는 하나 간단한 대답 형식이거나, 너무 단순하여 다른 분류기준에 넣기 어려운 반응들(이 A 반응에 넣기 전에 반응부터 먼저 참조할 것)

출처: 고려대학교 부설 행동과학연구소(1999).

3) 상담관계 평가척도

(1) 상담관계 질문지

[1] 척도 소개

상담 과정 동안 상담자에 대해 클라이언트가 느끼는 느낌을 평가하는 것으로 상담 관계를 알아보는 유용한 검사다.

[2] 척도 개발 과정

Barrett-Lennard(1962)가 작성한 질문지로서 총 85개 문항으로 되어 있다. 이를 정방자(1986)가 번안하여 사용하였다.

[3] 척도 내용 및 채점 방법

총 85문항으로 6점 척도(−3에서 +3까지)로 반응한다. 상담자의 상담

태도를 클라이언트중심상담이론에 입각하여 존중 수준, 공감적 이해, 일치성, 존중의 무조건성 및 개방성의 5가지 차원으로 구분한다.

④ **신뢰도**

상관계수 .78~.95(Barrett-Lennard, 1962)

⑤ **타당도**

상관계수 .82~.93(Barrett-Lennard, 1962)

⑥ **본 척도의 출처**

정방자(1986). 정신역동적 상담과정에서의 상담자와 내담자의 언어반응 변화 분석. 서울대학교 박사학위 논문.

⑦ **원판의 출처**

Barrett-Lennard, G. T.(1962). Dimensions of therapist response as causal factors in therapeutic change. Psychological Monographs, 76(43), Whole No. 562, 1-36.

상담관계 질문지

이 질문지는 사람과 사람의 관계에서 흔히 일어날 수 있는 느낌이나 행동들을 열거한 것입니다. 다음 문항들을 잘 읽고 당신이 상담 시간에 상담자에게 느꼈던 것을 표해 주십시오.

전혀 없다	거의 없다	비교적 없다	약간 있다	많이 있다	아주 많다
−3	−2	−1	+1	+2	+3

1. 상담자는 나를 존중한다.

2. 상담자는 나를 공감적으로 이해하려고 애쓴다.
3. 상담자는 실제 이상으로 나를 좋아하고 이해하는 체한다.
4. 내가 상담자에게 어떤 말을 하는지에 따라서 나에 대한 관심이 조금씩 달라진다.
5. 상담자의 생각과 느낌에 대하여 정말로 알고 싶어하면 그는 기꺼이 말해 준다.
6. 상담자는 나를 못마땅하게 여긴다.
7. 상담자는 나의 말 내용은 이해하나 나의 느낌과 감정은 이해하지 못한다.
8. 상담자의 말은 그의 생각이나 느낌과 결코 모순되지 않는다.
9. 상담자는 나를 항상 따뜻하고 관심 있게 대한다(또는 항상 냉정하고 무관심하게 대한다).
10. 상담자는 내가 알고 싶어 하지 않는데도 자기의 의견이나 느낌을 말해 준다.
11. 상담자는 나의 말과 행동에는 관심을 가지지만 한 인간으로서의 나에게는 진정한 관심이 없다.
12. 상담자는 나의 경험이 내게 어떤 의미를 지니는지 알고 싶어 한다.
13. 내가 어떤 일에 대하여 이야기하거나 질문하면 상담자는 언제나 불안해한다.
14. 나에 대한 상담자의 느낌은 내가 그에게 갖는 느낌에 따라 좌우되지 않는다.
15. 상담자는 나에 관해서만 말하려 하고 자기 자신에 대해서는 전혀 이야기하기를 꺼린다.
16. 상담자는 나와 만나기를 좋아한다.
17. 상담자는 거의 항상 나의 의도를 정확히 알아준다.
18. 상담자는 우리의 관계를 방해하는 느낌이나 관심사에 대해서는 말하지 않는 것 같다.
19. 내가 나 자신을 어떻게 느끼는가에 따라 나에 대한 상담자의 태도도 조금씩 달라진다.
20. 상담자는 내가 알고 싶어 할 때는 언제나 자신의 생각과 느낌을 자유롭게 말해 준다.
21. 상담자는 나에게 무관심하다.
22. 상담자는 때때로 내가 어떤 일에 대하여 실제로 느끼는 것보다 더 강한 느낌과 관심을 가지고 있으리라고 속단해 버린다.
23. 상담자는 나와의 상담관계에서 꾸밈없이 있는 그대로 행동한다.
24. 상담자는 어떤 때는 다른 때보다 나에게 한층 더 긍정적이고 친절하게 대한다.
25. 상담자는 내가 실제로 듣고 싶어 하는 것보다 더 많이 자신에 대하여 이야기한다.
26. 상담자는 나의 장점을 인정한다.
27. 상담자는 가끔 자기가 그렇게 느끼고 있기 때문에 나도 그렇게 느끼리라고 생각한다.

28. 나에 대한 어떤 느낌을 상담자가 자신에게 숨기고 있다고는 생각지 않는다.
29. 상담자는 어떤 때는 나를 좋아하고 어떤 때에는 좋아하지 않는다.
30. 상담자는 나를 직업적으로 대하기 때문에 나는 그를 한 인간으로서 이해하고 받아들이기가 어렵다.
31. 상담자는 나에게 친절하고 자상하다.
32. 상담자는 나를 이해한다.
33. 내가 상담자를 마땅치 않게 여기면 그도 나에게 그런 식으로 대한다.
34. 상담자는 내가 알고 싶어 하든 그렇지 않든 나에 대한 자기의 생각을 말한다.
35. 상담자는 나에게 관심을 가지고 있다.
36. 나의 어떤 말과 행동에 대해서 상담자가 갖는 선입관 때문에 나를 올바로 이해하지 못한다.
37. 상담자는 나와의 상담 관계 발전에 도움이 되는 것이라면 어떠한 일도 회피하지 않는다.
38. 내가 좋은 느낌을 표현하든 나쁜 느낌을 표현하든 나에 대한 상담자의 긍정적 반응에는 아무런 변화를 주지 않는 것 같다(또는 부정적 반응에는 아무런 변화를 주지 않는 것 같다).
39. 내가 상담자의 신상에 대하여 질문을 하면 그는 난처해한다.
40. 상담자는 나를 우둔하고 흥미 없는 존재라고 느낀다.
41. 상담자는 내 말을 별 관심 없이 객관적인 입장에서 이해한다.
42. 나는 상담자를 정직하고 신뢰할 수 있는 사람으로 여긴다.
43. 상담자는 때로는 나에게 다정하게 대하나 어떤 때는 냉담하고 마땅치 않게 대한다.
44. 상담자는 내가 정말로 흥미 없어 하는 경우에는 자신의 생각과 느낌을 말한다.
45. 상담자는 나에게 관심이 있다.
46. 나의 경험들이 나에게 어떤 느낌을 주는지 상담자는 정확히 알고 있다.
47. 상담자는 나와 만날 때 안정되고 편안한 마음을 갖는다.
48. 상담자는 자신의 기분에 따라 어떤 때는 유별나게 더 온화하고 관심 있게 나를 대한다.
49. 상담자는 자신의 생각이나 느낌에 대해서는 가능한 한 말을 하지 않으려고 한다.
50. 상담자는 억지로 마지못해 나를 만난다.
51. 나를 만날 때 인간적으로 대하기보다는 상담자로서의 역할만 할 뿐이다.

52. 내가 나 자신에 관하여 무슨 말을 하든 상담자는 변함없이 나의 진가를 인정한다(또는 변함없이 나를 인정하지 않는다).
53. 내가 원하는 경우 상담자는 언제든지 자기의 느낌과 생각을 말해 주지만 결코 그것들을 나에게 강요하지는 않는다.
54. 상담자는 나에게 무슨 일이 일어나더라도 정말로 관심이 없다.
55. 우리가 얘기하고 있는 내용에 대하여 내가 얼마나 강렬하게 느끼는지 상담자는 알지 못한다.
56. 상담자가 나에게 겉으로 보이는 반응과 실제로 갖는 느낌이 전혀 다르다는 사실을 가끔 느낄 때가 있다.
57. 상담자가 전체적으로 나에게 갖는 느낌은 경우에 따라 상당히 달라진다.
58. 내가 원하기만 하면 상담자는 언제든지 나를 잘 알 수 있도록 상담 시간을 기꺼이 활용하려 한다.
59. 상담자는 나를 진정으로 가치 있는 존재로 인정하는 것 같다.
60. 상담자는 나에게 기계적으로 대한다.
61. 나에 대한 상담자의 느낌은 정직하지 못한 것 같다.
62. 내가 나 스스로를 좋아하든 싫어하든 상담자가 나에 대하여 갖고 있는 느낌에는 아무런 차이가 없다.
63. 나를 알고 이해하려는 것보다 상담자 자신을 알리는 데에 더 큰 관심을 가진다.
64. 상담자는 나를 좋아하지 않는다.
65. 내게는 상담자가 진실한 존재로 느껴진다.
66. 상담자는 어떤 때는 나에게 매우 긍정적으로 반응하거나 때로는 무관심한 것 같다.
67. 나에 대해 상담자가 갖는 느낌을 이야기하기 꺼린다.
68. 상담자는 나에 대해 참을성이 없다.
69. 상담자는 가끔 마음이 전혀 편치 않으면서도 겉으로는 아무렇지도 않은 듯이 나와 계속 대화를 한다.
70. 내가 행동하는 방식에 따라서 상담자는 나를 더 좋아하기도 하고, 덜 좋아하기도 한다.
71. 나의 말이나 행동에 대한 상담자의 솔직한 반응을 자진해서 보여 주려고 한다.
72. 상담자는 나에게 깊은 애정을 느낀다.

73. 내가 상담자에게 말하는 모든 것을 대개는 이해한다.
74. 상담자는 자신의 생각이나 느낌에 대하여 나를 오도하려고 하지는 않는다.
75. 내가 기분 좋게 느끼건 기분 나쁘게 느끼건 간에 상담자는 변함없이 따뜻하게 대한다 (또는 변함없이 차갑게 대한다).
76. 내가 상담자를 좀 더 잘 알려고 애쓰면 회피하는 경향이 있다.
77. 상담자는 나를 비위에 거슬리는 사람으로 간주한다.
78. 말하는 내용으로 보아 나에 대한 상담자의 전체적 반응이 잘못되어 있다는 인상을 준다.
79. 상담자를 심하게 비판할 때나 고맙게 여길 때도 나에 대한 상담자의 느낌은 변하지 않는다.
80. 상담자는 가끔 나를 경멸한다.
81. 내가 의도하는 바를 분명히 말하지 않는 경우에도 상담자는 나를 이해한다.
82. 상담자는 나를 당황하게 만들 말은 하지 않으려고 애쓴다.
83. 내가 상담자에게 갖는 느낌에 따라, 나에 대한 그의 일반적 느낌(좋아함, 존중함, 싫어함, 신뢰함, 화를 냄 등)도 달라진다.
84. 나의 입장에서가 아니고 상담자 자신의 입장에서 나를 이해하려고 노력한다.
85. 상담자는 괴로워하지도 부담스러워하지도 않으면서, 나의 가장 고통스러운 느낌들을 깊고도 충분히 알아차린다.

출처: 고려대학교 부설 행동과학연구소(1999).

4) 상담의 효율성 평가척도

(1) 상담회기평가 질문지(Session Evaluation Questionnaire)

1 척도 소개

한 회기의 상담이 끝난 직후 상담 회기의 즉각적 결과인 효율성을 평가하는 질문지다. 상담의 효율성은 상담의 어떤 결과를 중심으로 평가하는지에 따라 다양하게 평가될 수 있다. 본 척도는 상담의 즉각적 결과를 측정하고자 하는 것으로서, 즉각적 결과란 특정 상담 후에 나타나는 회기 자체의 직접적인 효과를 뜻하며, 이는 상담 과정이나 상담 목표의 달성을 뜻하는 궁극적인 결과와는 구분된다.

[2] 척도 개발 과정

Stiles(1980)는 상담자와 클라이언트가 함께 회기를 평가할 수 있는 평가 차원을 찾아서 초기의 상담회기평가 질문지를 개발하였다. 이 질문지는 11개의 양극 형용사쌍으로 구성되었는데, 이들은 상담자와 클라이언트에게 각각 상담 회기를 평가하도록 하여 그 결과를 요인분석하였다. 요인분석 결과 양자에게서 공통적으로 추출된 상담의 효율성 평가 차원은 회기의 깊이(depth)와 순조로움(smoothness)이라는 회기 차원에 대한 평가 두 요인과 상담 후의 긍정적 정서(positivity)라는 상담 후 정서 차원에 대한 평가 요인 등 세 가지였다. 그 후 후속연구에서 Stiles와 Snow(1984)는 Russell(1978, 1979)의 연구에서 정서평정에 쾌-불쾌의 긍정적 정서 차원과 또 다른 각성된 정도에 해당하는 2개의 정서 차원의 의미론적 공간이 존재한다는 결과에 따라 질문지를 개정하였다. 개정된 질문지에는 상담 직후 정서 차원에 각성 요인이 첨가되었다. 최종적으로 척도는 회기의 ① 깊이, ② 순조로움, ③ 상담 직후의 긍정적 정서, ④ 각성도를 평정할 수 있는 양극 형용사쌍 6개씩 총 24쌍의 양극 형용사로 구성되었다.

[3] 한국판 수정질문지 제작 과정

최윤미(1987)는 질문지 제작 과정의 예비연구에서 각 요인에 대하여 6개 문항씩 총 24개 문항을 초안하고, 이를 64회기의 개인상담 사례에서 실제 클라이언트와 상담자에게 평정하도록 의뢰하였다. 213명의 대학생에게 상담 사례 중 일부를 들려준 후 이 상담 회기의 효율성을 상담회기평가 질문지로 평가하도록 하였다. 이러한 경로를 거친 자료를 요인분석하여 요인부하량이 .60보다 큰 문항을 선택하여 각 요인에 5개 문항씩을 최종적으로 선정하였다.

반응 양식: 7점 척도의 양극 형용사 체크 양식

전체 문항 수: 각 요인당 5개 문항으로 총 20문항

소척도

① 깊이: 상담 회기가 얼마나 가치 있는 것으로 평가되는지를 의미

② 순조로움: 각 요인당 5개 문항으로 총 20문항

③ 상담 직후의 긍정적 정서: 상담 후 얼마나 기분이 좋고 자신감이 들며, 불안하지 않은지 그 정서 상태를 평가

④ 각성도: 상담 회기 중 주의 집중하고 있는 상태를 평가

4 신뢰도

각 요인의 내적 합치도는 .90~.95이며, 소척도별로는 깊이 요인 .93, 순조로움 요인 .94, 긍정적 정서 요인 .95로 제시되어 있다. 네 번째 요인인 각성도의 내적 합치도는 제시되지 않았다.

5 타당도

본 척도의 타당도를 검증하기 위해 100회기의 실제 상담 사례에서 클라이언트와 상담자가 각각 평가한 상담회기평가 질문지의 20개 문항에 대해 요인분석을 실시하였다. 요인분석 결과 각 요인의 고유치는 .71~.92로 산출되었다. 또한 요인분석 결과 순조로움이라는 별개의 요인이 존재하며, 이는 클라이언트와 상담자가 함께 평정할 수 있는 공통 요인으로 나타났다. 그리고 이 질문지에 포함되어 있는 10개 양극 형용사쌍은 회기의 깊이와 순조로움을 평가하기에 적절한 문항으로 입증되었다. 그러나 각성도를 측정하기 위해 사용된 3개 형용사쌍은 클라이언트와 상담자가 공

통적으로 같은 요인을 평정하지 못하는 것으로 나타났다.

6 본 척도의 출처

최윤미(1987). 상담자의 반응의도와 상담 회기의 효율성에 관한 분석적 연구. 이화여자대학교 박사학위 논문.

7 원판의 출처

Stiles, W. B., & Snow, J. S. (1984). Dimensions of psychotherapy session impact across clients. British Journal of Clinical Psychology, 23, 59-63.

Russell, J. A. (1978). Evidence of convergent validity on dimensions of affect. Journal of Personality and Social Psychology, 36, 1152-1168.

Russell, J. A. (1979). Affective space is bipola. Journal of Personality and Social Psychology, 37, 345-356.

8 본 척도를 사용한 국내 연구 목록

강순화(1994). 집단상담에서의 언어반응 유형과 관련 변인과의 관계 및 효과에 관한 연구: 상담자 교육에서 마라톤 형태의 집단을 중심으로. 이화여자대학교 박사학위 논문.

금명자(1994). 상담관계와 내담자 체험수준에 따른 상담자 개입패턴의 즉시적 성과. 서울대학교 박사학위 논문.

문형춘(1993). 초기상담에서 내담자의 주관적 반응에 따른 상담자 반응양식의 연계 단위와 즉시적 성과와의 관계. 서울대학교 석사학위 논문.

방기연(1991). 상담 초기 작업 동맹과 상담자 반응간의 관계. 서울대학교 석사학위 논문.

오경희(1986). 초기상담에서 상담자의 반응의도 전달이 내담자의 의도 지각 및 상담의 효율성 평가에 미치는 영향. 서울대학교 석사학위 논문.

유성경(1986). 상담자와 내담자의 언어적 상호작용과 상담효율성과의 관계. 상담 및 심리치료 학회지. 상담과 심리치료, 1(1), 79-92. 한국심리학회.

이동귀(1992). 초기 상담 면접에서 상담자 반응의도/내담자 주관적 반응간의 연계단위와 상담회기 효율성 지각 간의 관계. 서울대학교 석사학위 논문.

이상희(1993). 상담회기평가 질문지(Session Evaluation Questionnaire)의 타당화 연구. 서울대학교 석사학위 논문.

최윤미(1988). 상담자의 반응의도와 상담회기의 효율성에 관한 분석적 연구. 상담 및 심리치료 학회지. 상담과 심리치료, 1(1), 47-78. 한국심리학회.

상담회기평가 질문지

이 질문지는 상담 직후 그 상담에 대하여 어떻게 느끼고 있는지를 알아보려는 것입니다. 아래에는 단어가 쌍으로 제시되어 있습니다. 각 쌍에 대하여 당신에게 이번 상담이 어떻다고 느껴지는지 그 정도를 가장 잘 나타내는 칸 위에 ∨표 하십시오.

이번 상담 시간은 ______________ 것이었다.

수월한								힘겨운
깊이 있는								깊이 없는
안정된								위태로운
의미 있는								무의미한
좋은								형편없는
밀도 있는								미약한

뿌듯한								공허한
순조로운								어색한
푸근한								거북한
편안한								긴장된

상담 후의 지금 내 기분은 ______________ 상태다.

희망적인								절망적인
자신 있는								답답한
몰입된								겉도는
다정한								화나는
활기찬								울적한
행복한								슬픈
신선한								덤덤한
예민한								둔한
상기된								침착한
분명한								혼란스러운

출처: 고려대학교 부설 행동과학연구소(1999).

(2) 상담효과 질문지

1 척도 소개

10회기의 상담이 끝난 후 그 상담의 효과를 전체적으로 평가하기 위해 만든 것이다. 상담 초기에 정했던 상담 목표들이 얼마나 긍정적으로 이루어졌는지를 클라이언트가 평정하는 질문지다.

2 척도 내용 및 채점 방법

2개 이상의 상담 목표를 상담자와 클라이언트가 함께 의논하여 적고,

그 목표에 대한 변화를 클라이언트가 5점 척도상에 평정한다(1점은 악화되었다, 5점은 매우 좋아졌다).

3 신뢰도

해당 자료 없음

4 본 척도의 출처

금명자(1994). 상담관계와 내담자 체험수준에 따른 상담자 개입패턴의 즉시적 성과. 서울대학교 박사학위 논문.

상담효과 질문지

아래에는 상담을 받기 전과 비교해 볼 때 해결하려던 문제나 어려움이 상담을 통하여 어느 정도로 나아졌는지 쓰는 곳입니다. 각각의 문제 영역은 상담자와 의논하여 정하십시오. 솔직하게 답하는 것이 중요합니다. 자신의 나아진 정도를 표시하는 숫자에 ○표를 해 주십시오.

1. 대인관계문제: ________________와의 ________________문제(구체적으로)

악화되었다	변화가 없다	조금 좋아졌다	꽤 좋아졌다	매우 좋아졌다
1	2	3	4	5

2. ____

악화되었다	변화가 없다	조금 좋아졌다	꽤 좋아졌다	매우 좋아졌다
1	2	3	4	5

3. ______________________________

악화되었다	변화가 없다	조금 좋아졌다	꽤 좋아졌다	매우 좋아졌다
1	2	3	4	5

4. ______________________________

악화되었다	변화가 없다	조금 좋아졌다	꽤 좋아졌다	매우 좋아졌다
1	2	3	4	5

출처: 고려대학교 부설 행동과학연구소(1999).

5) 집단상담 평가척도

(1) 집단응집력 척도

1 척도 소개

개인상담에서 직업동맹과 관련된 것을 측정한다.

2 척도 개발 과정

Horvath와 Greenberg(1986, 1989)가 만든 36문항의 자기보고식 질문지 중에서 유대 차원의 문항 12개 중 11문항을 수정 · 보완하고, 이형득(1979)의 집단활동 체크목록 12문항 중 7문항을 선택하여 강순화(1994)가 모두 18문항으로 구성된 5점 척도를 개발하였다.

무선표집한 남녀 대학생 각각 119명인 총 238명을 대상으로 한 예비연구 결과, 이 척도는 크게 집단원 간의 수용성(상호 수용 정도: 문항 1, 4, 7, 10, 11, 14, 15), 집단 분위기(집단 분위기에 대한 느낌: 문항 3, 6, 9, 13, 17), 집단 관여(집단에의 관여 정도: 문항 2, 5, 8, 12, 16) 등 3요인으로 분석되었다. 결국 1차 예비연구에서 사용된 문항 중 1문항을 제외한 17문항을 사용하였다.

③ 척도 내용 및 채점 방법

총 17문항에 대해 Likert 5점 척도로 반응한다.

④ 신뢰도

내적 합치도는 $\alpha = .84$로 관찰되었다.

⑤ 본 척도의 출처

강순화(1994). 집단상담에서의 언어반응 유형과 관련 변인과의 관계 및 효과에 관한 연구: 상담자 교육에서 마라톤 형태의 집단을 중심으로. 이화여자대학교 박사학위 논문.

⑥ 원판의 출처

이형득(1979). 집단상담의 실제. 중앙적성출판사.

Horvath, A. O., & Greenberg, L. (1986). The development of the working alliance inventory. In Greenberg & Pinsof (Eds.), The Psychotherapeutic Process: A resource handbook. New York, Guilford.

Horvath, A. O., & Greenberg, L. (1989). Development and validation of working alliance inventory. Journal of Counseling Psychology, 36, 223-232.

집단응집력 척도

지금 이 시간의 집단경험 속에서 집단상담자를 포함한 집단원이나 집단에 대해서 느끼는 자신의 솔직한 감정이나 생각을 성의 있게 표시해 주시면 대단히 감사하겠습니다.

전혀 그렇지 않다		보통이다		매우 그렇다
1	2	3	4	5

1. 집단원들과 나는 서로 이해한다고 생각했다.
2. 나는 집단원들에게 내 자신의 생각과 감정을 솔직하게 나타냈다고 생각한다.
3. 나는 집단원들과 있는 것이 불편했다.
4. 집단원들이 나에 대해 호감을 갖고 있는 것 같다.
5. 나는 집단활동에 적극 참여하였으며 집단 요구에 민감하게 반응했다.
6. 집단원들이 나에 대한 솔직한 느낌을 잘 나타내지 않는 것 같았다.
7. 집단원들과 나는 서로 존중하고 있다고 느꼈다.
8. 나는 경청하려 애썼으며 집단원의 이야기를 받아들이고 또 내 의견도 제시하려고 애썼다.
9. 집단원들과 나는 서로 신뢰하고 있다고 느꼈다.
10. 나에게는 집단원들이 매우 중요하다고 생각한다.
11. 나는 나의 이야기를 하지 않았고 다른 집단원의 느낌에도 관심이 없다.
12. 나는 집단원들에게 나의 참된 모습을 노출하지 못했다.
13. 집단원들이 나를 도울 능력이 있다고 확신했다.
14. 내가 집단원들의 마음에 들지 않는 행동을 할지라도 집단원들은 나를 감싸고 이해해 줄 것이다.
15. 나는 집단원 각자의 개성을 존중하고 받아들이려 노력했다.
16. 집단 분위기가 다소 적대적이고 약간의 불신과 불안이 감돌며 피상적이었다고 느꼈다.

출처: 고려대학교 부설 행동과학연구소(1999).

제 2 부

노인상담의 기본 기술

제4장

비언어적 · 언어적 의사소통의 기본 기술

상담의 기술은 비언어적 의사소통기술, 언어적 의사소통기술 그리고 전문 상담기술 등으로 나눌 수 있다. 이 장에서는 비언어적 · 언어적 의사소통기술에 대해 알아보고, 전문 상담기술은 5장에서 자세히 살펴본다.

표 4-1 다양한 상담의 기술

비언어적 의사소통기술	언어적 의사소통기술	전문 상담기술
• 공감적 일치와 존중	• 대화를 유도하는 기술	• 긍정적 피드백
• 적극적 경청	• 개방적 질문과 폐쇄적 질문	• 생태도
• 관찰	• 공감적 이해의 대화기술	• 순환적 질문기법
• 침묵	• 반영	• 가족조각
	• 명료화	• 문제 해결을 위한 척도질문
	• 직면	• 과거 성공 경험 찾기
		• 기존의 대처 방식 찾기

상담을 효과적으로 진행하기 위해 상담자는 다음의 두 가지 기술을 갖추어야 한다. 먼저 클라이언트가 자유롭게 말할 수 있도록 수용적이며 지지적인 분위기를 만들어 가는 기술이며, 다음으로 클라이언트의 문제(증상)를 정확하게 파악하기 위한 정보 수집과 상담 계획을 수립할 수 있는 기술이다(이장호, 1995). 전자는 비언어적 의사소통기술로, 후자는 언어적 의사소통기술로 표현할 수 있다. 상담은 의사소통이라는 도구를 통해서 이루어진다. Rogers(1942)는 상담은 효과적인 의사소통을 통해 가능하다고 보았다. 그에 따르면, 상담은 상담자와 클라이언트 사이에 일어나는 효과적인 의사소통이며, 클라이언트는 상담자와의 관계를 통해 자기 내부에서 의사소통을 이루게 된다. 여기서 말하는 의사소통이란 일방적인 지시와 훈계, 설교가 아닌 상담자와 클라이언트가 함께 만들어 가는 대화다. Sanford는 상담 과정의 의사소통이 캐치볼 놀이와 같다고 말한다. 캐치볼 놀이에서는 상대방이 공을 잘 받아서 다시 던져 줄 수 있게끔 올바르게 공을 던져야 한다. 캐치볼 놀이를 할 때는 상대방이 공을 받을 수 있는 거리로 충분히, 쉽게 받아 처리할 수 있도록 부드럽게 던져야 한다. 상담 과정에서 이루어지는 의사소통 역시 이와 같은 규칙을 적용할 수 있다(김중원 역, 1994).

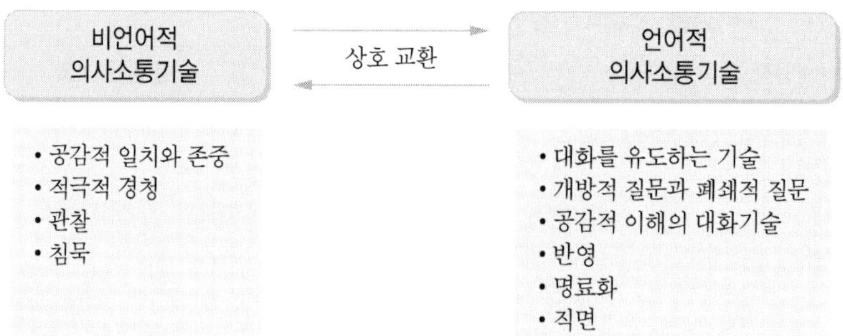

● 그림 4-1 ● 상담 과정에서의 의사소통

상담 과정의 의사소통은 상담자와 클라이언트 모두가 상호작용을 통해 만들어 가는 과정이다. 이러한 언어적 · 비언어적인 노인상담의 기술은 상호 교환적인 것으로서 노인의 위기에 대한 개입 기술로 적용된다. Egan(1994)은 효율적인 상담을 위해 상담자는 비언어적 · 언어적 의사소통기술을 익히고 또한 능숙하게 활용할 수 있어야 한다고 언급하면서, 이러한 의사소통기술이 상담자에게 '제2의 천성'처럼 되어야 할 기본적 기술이라고 했다.

1. 비언어적 의사소통기술

문제 상황에 직면한 노인 클라이언트를 돕기 위한 상담은 의사소통의 과정 속에 놓여 있다. 상담자와 클라이언트는 의사소통이라는 도구를 통해 위기를 밝히고 이것에 대한 개입을 시도할 수 있다. 의사소통은 일반적으로 언어적 의사소통과 비언어적 의사소통으로 나누어서 살펴볼 수 있다. 먼저, 언어적 의사소통은 문자 그대로 언어적으로 이루어지는 의사소통을 의미한다. 두 번째로 비언어적 의사소통은 언어가 아닌 다양한 몸동작, 분위기 등으로 전달되는 것을 말한다. 비언어적 의사소통에는 얼굴표정, 자세, 눈 맞춤, 접촉, 제스처, 음조, 목소리의 높낮이, 공간적 거리감 등을 포함한다. Watzlawick(1966)와 그의 동료들에 따르면, 인간은 의사소통을 하지 않을 수 없으며, 인간의 모든 행위 자체가 나름대로의 의미를 갖는다. 일반적으로 대화라고 생각하지 않는 침묵 역시 하나의 의미를 가진 의사소통으로 볼 수 있다. 상담 속에서 상담자나 클라이언트가 상담 중간에 침묵한다면 이것은 더 이상 단순한 침묵이 아닌 무언가 의미를 가지는 의사소통이라 할 수 있다. 따라서 인간의 언어적 · 비언어적 모든 행동은 일정한 의미를 갖고 있다. Mehrabian(1972)은 클라이언트가 나타내는 정서의 93%(목소리의 음조로 38%, 얼굴표정으로 55%)가 비언어적 의사소통을 통해서 전달되는 반면, 언어적 의사소통을 통해서는 7%만이 표현된다고 하였다.

특히 비언어적 의사소통은 한국인의 독특한 의사소통 방식인 '눈치'를 통해 더욱 분명히 설명될 수 있다. 예를 들어, 상담을 요청한 클라이언트가 어둡고 무거운 표정으로 문을 열고 들어왔다. 상담자와의 대화를 통해 자신의 문제를 이야기하면서 정작, 상담자의 "지금, 심정이 어떠십니까?" 라는 질문에 어두운 얼굴과 힘없는 목소리로 "예, 뭐 괜찮습니다." "언제나 저는 그렇게 살아왔죠." 라고 대답하였다. 언어적 의사소통은 별로 힘들지 않다는 것이었지만, 클라이언트가 표현한 비언어적 의사소통은, 자신이 결코 쉽지 않은 어려운 상황에 놓여 있음을 표현하였다. 여기서 상담자는 언어적 의사소통보다는 비언어적 의사소통에 초점을 맞추어서 상담을 진행하는 것이 적절하다. 만일 상담자가 클라이언트의 언어적 의사소통을 액면 그대로 수용한다면 상담이 더 이상 진행되기 어렵다.

노인상담에서 비언어적 의사소통은 종종 언어적 의사소통보다 더 큰 효과를 가진다. 인생의 풍부한 경험과 나름대로의 관계 방식을 알고 있는 노인 클라이언트에게 상담자가 살짝 미소를 짓거나 악수하는 손에 힘을 약간 더 주는 것만으로도 클라이언트는 상담자가 얼마나 자신에게 도움을 주고 싶어 하는지를 파악할 수 있다. 또한 언어적 의사소통의 능력이 감소된 노인 클라이언트의 경우 언어적 의사소통만으로는 효과적인 상담을 진행하기 어렵다. 따라서 상담자의 비언어적 의사소통기술의 활용과 관찰은 상담을 보다 효율적으로 진행하도록 도울 수 있다.

1) 공감적 일치와 존중

McDonald와 Haney는 공감, 존중, 일치의 기술을 노인상담에서 가장 핵심적인 기술이라고 하였다(현외성, 하정미 역, 2003). 먼저, 일치성은 상담자가 클라이언트를 향해 보이는 솔직하고 일관된 모습이다. 상담자는 자신을 과장하거나 은폐하지 않고 클라이언트에게 솔직하게 내보인다. 이러한 일치성은 상담자에게 일관성을 요구하며(Rogers, 1942) 또한 언어적 · 비언어적 의사소통의 일치를 요구한다. 물론 적극적 경청은 일치성과 무조건적인 긍정적 존중의 개념과 밀접한 관련이 있다. 그러나 위와 같은 총체적인 내용을 고려하여 상담자는 클라이언트를 수용하고 공감해 주는 언어적 표현뿐 아니라 비언어적인 목소리, 얼굴 표정, 자세, 시선 등도 함께 일치시켜야 한다. 공감과 일치 그리고 무조건적인 존중은 단지 언어적 의사소통의 과정을 통해서만 가능한 것은 아니며 상담자의 비언어적 의사소통 요소의 역할도 중요하다.

다음으로 공감적 일치와 연결되는 무조건적인 긍정적 존중은, Rogers (1942)에 따르면, 클라이언트를 따뜻하게 대해 주는 것이다. 상담자가 딱딱하고 사무적인 인상으로 클라이언트를 만나기보다 클라이언트를 존중하고 가치 있는 존재로 여긴다면 앞으로 진행될 상담은 보다 성공적일 것이다. 여기서 무조건적인 긍정이라는 것은 클라이언트의 모든 말과 행동을 그저 받아들인다는 것이 아니라 클라이언트에 대한 부정적이고 비판적인 선입견과 인식에서 벗어나 클라이언트를 근본적으로 마음으로 존중하고 인정하는 것을 의미한다.

이러한 공감적 이해를 바탕으로 한 일치와 무조건적인 긍정적 존중은 삶의 위기 속에서 문제와 증상으로 인해 고통받고 자기 자신에 대한 가치감을 상실한 노인 클라이언트에게 보다 효과적인 상담이 되도록 촉진한다.

표 4-2 **존중의 척도**

다음의 존중 척도 중에서 자신에게 해당된다고 생각되는 번호에 ○ 표를 하라.

1. 상담자가 못마땅해하는, 무관심한, 냉정한 얼굴표정, 신경에 거슬리는 버릇을 갖고 있고, 눈을 마주치지 않는다.
2. 상담자가 차갑고, 무관심하며, 사무적이며, 딱딱하다.
3. 상담자가 비언어적인 자세에 관심을 기울이며 흥미, 존중을 어느 정도 보여 준다.
4. 상담자가 관심과 존중을 매우 많이 보여 준다.
5. 상담자가 클라이언트를 깊이 존중하고, 잘 집중하고, 적절히 클라이언트와 접촉하거나 잡아 주며 깊은 관심을 보여 준다.

표 4-3 **존중의 비언어적 자세**

SOLER의 기본 자세를 사용한다.

S-Square(상대방을 정면으로 바라본다)
O-Open(열린 자세)
L-Lean forward(앞으로 약간 숙이되 지나치게 숙이지 않는다)
E-Eye contact(편안한 정도로 눈을 바라본다)
R-Relax(몸과 마음이 긴장으로 경직되지 않도록 한다)

2) 적극적 경청

대부분의 노인은 자신의 말을 들어 줄 사람이 별로 없으며, 문제에 빠져 있는 노인의 경우 이러한 현실을 더욱 절실하게 느끼게 된다. 노인의 말을 들어 주는 공감적 경청의 기법과 같이 수용적이며 지지적인 분위기를 만들어 가는 기술은 노인상담의 기술 중 비언어적인 의사소통의 능력에 속한다. 노인상담은 클라이언트에게 개방된 자세에서 모든 주의를 집중하여 경청하는 것에서 시작된다. 공감적인 경청은 공감적 일치와 존중을 바탕으로 하며, 상담자가 클라이언트가 말하는 것에 대해 진심으로 자기 관심을 나타낼 때 일어난다. Fromm(1972)은 정신분석의 유일한 기술이 경청이라고 하였다. Fromm(1972)은 정신분석이 치료를 위한 어떤 특별한 기법도 없으며 단지 클라이언트로 하여금 많은 이야기를 할 수 있게 유도하는 자유연상기법 하나만이 있다고 말한다. 정신분석은 경청함으로써 클라이언트의 내면 세계에 함께 들어갈 수 있고 그렇게 하여 클라이언트를 치료한다. Sanford(1994)에 따르면, 공감적인 경청은 스스로 치료하는 힘이 있다. 상담자의 적극적인 경청은 클라이언트의 자연치유력을 활성화하여 치료할 수 있는 것이다. 반면에 만일 상담자가 상담과정 속에서 클라이언트를 향해 주의를 집중하지 않는다면 상담은 처음부터 어려움에 직면할 것이다.

적극적 경청을 사용해야 하는 경우는 다음과 같다.

- 최초 면담에서 클라이언트가 자신의 문제를 말할 때
- 매번 상담을 시작하기 전에 어떻게 지냈는지를 나눌 때
- 클라이언트가 새로운 정보를 말해 줄 때
- 클라이언트와 의견 차이를 느낄 때
- 클라이언트가 화가 나 있거나 짜증을 낼 때

▶ 노인상담은 개방된 자세로 경청하는 것에서부터 시작된다.

적극적 경청의 방법은 〈표 4-4〉와 같다.

표 4-4 적극적 경청의 방법

1. 클라이언트를 정면으로 바라보라.
이를 통해 상담자는 대화를 할 의사가 있음을 전달한다.

2. 클라이언트를 향해 개방적인 자세를 취하라.
상담자는 얼굴과 몸을 부드럽게 펴고 앉으며, 마음을 열어 놓고 있다는 사실을 자세로 보인다. 그러나 팔짱을 끼거나 다리를 꼬고 앉지 않는다.

3. 가끔 클라이언트를 향해 몸을 기울여라.
상담자가 클라이언트의 말을 열심히 듣고 있다는 사실을 몸의 자세로 전달하며 또한 클라이언트의 이야기에 깊이 들어가고 있다는 것을 몸으로 표현한다.

4. 클라이언트와 시선을 접촉하라.
상담자가 지나치게 클라이언트의 눈을 바라보면 오히려 어색해질 수 있으나 적절한 시선 접촉은 클라이언트에게 관심을 가지고 있다는 표시로 작용한다.

5. 클라이언트를 향해 편안한 자세를 취하라.
무엇보다 상담자는 불안하거나 긴장된 모습을 보이기보다 여유 있는 자세를 보임으로써 전문가로서의 자기 확신의 자세를 보여야 한다.

적극적 경청을 방해하는 것들이 있는데 이는 〈표 4-5〉와 같다.

표 4-5 적극적 경청의 방해물

- 서두름과 인내심의 부족
- 성급한 충고
- 선입견과 편견
- 역전이
- 집중력 부족과 누적된 피로감
- 클라이언트의 문제의 크기에 압도당했을 때
- 경험과 인식의 차이를 느낄 때

다음의 방법으로 적극적 경청을 연습해 볼 수 있다.

표 4-6 **적극적 경청 연습**

1. 3명씩 짝을 지어 모인다.
2. 상담자, 클라이언트, 관찰자를 결정한다.
3. 클라이언트가 자신의 문제를 10분 정도 말한다.
4. 상담자는 주의를 집중해서 경청하며 공감을 나타낸다.
5. 관찰자는 대화가 끝난 후 상담자의 경청에 대한 피드백을 해 준다.
6. 돌아가면서 서로 다른 역할을 맡는다.
7. 연습이 끝난 후 서로에게 피드백을 준다.

3) 관찰

관찰은 모든 상담 모델에서 활용하고 있는 방법으로, 상담자는 클라이언트에 대한 관찰을 통해 클라이언트의 문제에 대한 자료와 개입 방법을 설정하게 된다. 이러한 관찰기법은 상담 모델 중에서도 특히 체계론적 모델에서 클라이언트와 그 가족의 역동성을 파악하는 데 중요시되고 있다. 노인상담 역시 젊은 성인을 대상으로 한 상담에서와 마찬가지로 주로 언어를 통해 이루어진다. 그러나 노인 클라이언트는 젊은 클라이언트와는 달리 언어능력과 인지능력이 감소하여 적절하게 자신의 문제를 표현하지 못할 수 있다. 클라이언트의 설명을 보다 명확히 파악하기 위해 사용될 수 있는 비언어적 의사소통의 기술이 관찰이다(Tomm & Leahey, 1980).

클라이언트는 상담에서 때로는 의도적이든 아니든 간에 상담자에게 과장되거나 왜곡된 정보를 주며, 이것은 상담을 진행하는 데 어려움이 된다. McDonald와 Haney는 클라이언트가 자신에게나 상담자에게 거짓말을 할 수 있지만 그의 비언어적 요소인 몸은 결코 거짓말을 하지 않는다고 하였다. 이러한 맥락에서 클라이언트의 비언어적 의사소통을 관찰하는 것은 노인상담에서 의미가 있다(현외성, 하정미 역, 2003).

상담자는 클라이언트의 비언어적 의사소통의 의미를 이해해야 하며, 이를 바탕으로 그동안의 다른 정보와 통합할 수 있어야 한다. 상담 현장에서 이러한 관찰기법을 보다 효율적으로 사용하기 위해 활용하는 것이 녹화다. 녹화는 상담 과정에서 클라이언트의 모습을 보다 정확하게 관찰하게 하며, 상담자뿐 아니라 협력 상담자가 녹화 장면을 관찰하여 피드백을 제공할 수 있게 한다. 이러한 관찰에서 중요한 부분이 클라이언트가 보이는 비언어적 의사소통이다. 클라이언트의 얼굴 표정, 몸짓, 앉는 자세 등과 같은 비언어적 의사소통에는 나름대로의 의미가 있다는 것을 인식하고 주의 깊게 관찰해야 한다.

상담에서 관찰할 수 있는 비언어적인 표현과 자세에는 〈표 4-7〉과 같은 것이 있다.

표 4-7 비언어적 표현과 자세

- 전체적인 인상과 외모: 옷차림
- 신체적인 특징: 키, 체격, 외모 등
- 신체적 행동: 제스처, 자세, 몸의 위치와 방향
- 얼굴표정: 미소, 눈을 치켜뜨기, 입술의 움직임, 인상 찡그리기
- 목소리의 형태: 억양, 말의 높낮이, 단어 간의 간격, 빠르기
- 생리적 변화: 얼굴 붉힘, 창백해짐, 조급해짐, 당황스러워함, 호흡의 세기
- 자기 징벌적 행동: 손톱 깨물기, 몸 긁기, 몸을 문지르거나 비비기
- 격려나 관심 보이기: 어깨를 토닥거림, 애정의 악수, 애정 어린 시선, 포옹

클라이언트는 상담자에게 언어를 통해서뿐 아니라 다양한 비언어적 의사소통을 통해 자신의 목소리를 전달한다. 클라이언트는 비언어적 의사소통의 도구를 통해, 예를 들어 무의식적으로 손을 돌리거나 드는 것

으로, 상담자에게 자신도 모르게 무의식적으로 자신의 분노나 좌절 또는 긴장 등의 메시지를 전달하는 것이다. 클라이언트가 상담실 문을 열고 들어올 때 허리를 몹시 구부정하게 굽히거나 천천히 음울하게 걷는 모습은 실망과 정신적 피곤을 나타내는 것이다. 상담자는 이러한 클라이언트의 비언어적 의사소통의 메시지를 잘 관찰해야 한다. 상담 현장에서 클라이언트의 일거수일투족은 상담자의 관찰 대상이 된다. 이러한 비언어적 의사소통의 표현들은 관찰을 통해 클라이언트를 알 수 있는 일종의 열린 책이다(Sanford, 1994).

심층심리학에서는 심각한 문제로 인해 정서적 장애를 경험하고 있는 사람들은 정서와 감정체계에 손상을 입는다고 본다. 사실, 가족 안에서 심각한 폭력과 억압을 경험하였던 클라이언트들을 보면 자신의 감정을 표현하는 데 어려움을 경험한다. 감정이란 정서와 구분되는 것으로 쾌-불쾌 차원의 미분화된 흥분 상태이며, 정서란 분노, 공포, 환희와 같은 보다 분화된 상태를 말한다. 정서는 행동의 방향성을 결정하고 활성화할 뿐 아니라, 특정한 정서 상태에 도달하게 한다. 보편적으로 정서는 일정한 행동을 유도하고 촉진한다. 예를 들어, 불쾌, 불만 등과 같은 행동을 낳는다. 주로 정서와 감정은 얼굴에 나타난 표정이나 몸짓 등으로 알 수 있다. 상담 과정 안에서 상담자는 클라이언트의 정서와 감정 상태를 비언어적인 의사소통에 대한 관찰을 통해 파악할 수 있다. 예를 들어, 수치심이라는 감정은 의사소통하지 않고 눈을 마주치지 않는 행동으로 나타난다.

클라이언트가 무의식적으로 표현하는 감정과 정서 상태는 클라이언트의 문제를 파악하고 진단하는 데 중요한 정보를 제공해 준다. 클라이언트가 보이는 정서와 감정은 클라이언트가 갖고 있는 의식과 무의식을 보여 주며, 동기유발을 위한 원초적인 행동적 기능, 즉 긴장 상태의 신호로서 작용하며, 또한 내면 상태의 정보를 표현해 준다. 따라서 클라이언트의 정서와 감정 상태에 대한 상담자의 관찰은 상담 과정에서 매우 중요한 작업이다.

4) 침묵

상담 과정 중에 일어난 침묵은 대화의 참여자 모두에게 불편함을 느끼게 한다. 때로는 이 침묵에서 빨리 벗어나기 위해 조급하게 반응하여 대화를 오히려 망치는 경우가 있다. 먼저, 상담자가 대화 속에서 침묵을 불편해하며 침묵을 자신의 실수로 받아들이고 클라이언트의 침묵을 일종의 저항으로 생각하는 것이다. 다음으로, 클라이언트 역시 침묵을 일종의 경고나 위협으로 느끼고 불편해하는 것이다. 사실 이러한 침묵에 대한 선입견은 상담 과정에서 상담자와 클라이언트에게 때로는 불안을 가중시킬 수 있으나 적절한 침묵의 사용은 오히려 강력한 효과를 나타낸다. 상담자는 침묵기법의 사용을 통해 클라이언트로 하여금 그가 말할 내용을 거리를 두고 그 의미를 찾는 기회를 제공해 줄 수 있다. 상담자는 이러한 침묵을 사용할 때 적절한 시기와 단계를 고려하여 비언어적 의사소통을 사용해야 한다.

2. 언어적 의사소통기술

상담기법에는 비언어적 의사소통의 기법과 더불어 언어적 의사소통의 기법이 있다. 언어적 의사소통기법은 상담 과정에서 사용되는 대부분의 상담기술들을 말한다. 상담자는 언어적 의사소통기술을 통해 클라이언트가 보다 활발하게 말을 많이 할 수 있도록 한다.

〈표 4-8〉은 언어적 의사소통의 다섯 가지 수준을 보여 준다.

표 4-8 **언어적 의사소통의 5가지 수준**

1. 피상적 수준
"오늘 날씨가 좋네요." "반갑습니다."와 같이 표면적이지만 필요한 말을 의미한다.

2. 사실과 정보를 알리는 수준
자신의 개인적 문제에 대해 말하기보다 객관적인 사실이나 정보에 대해서 말하는 것이기 때문에 덜 부담스럽다.

3. 의견과 생각을 말하는 수준
자신의 개인적 문제에 대해 말한다는 점에서 좀 더 깊은 대화이지만 여기에는 감정이 누락되어 있다. 상담 과정에서 상담자가 클라이언트와 대화를 나눌 때 이 수준을 벗어나야 한다.

4. 감정을 나누는 수준
자신의 개인적 정보와 여기에 있는 감정을 노출하기 때문에 대화가 깊어지고 진정성을 갖는다.

5. 절정의 대화경험 수준
가장 높은 수준의 대화로 신뢰 관계를 바탕으로 서로의 감정이 개방된다. 상담자가 매 회기 절정의 대화를 나눌 수는 없지만 이 수준에 도달하면 할수록 상담 과정은 성공적인 결과를 얻을 수 있다.

1) 대화를 유도하는 기본 기술

클라이언트의 말을 유도하는 기본적 기술에는 다음과 같은 것이 있다.

표 4-9 **클라이언트의 대화를 유도하는 기본 기술**

'음……' '아……' '아유……' '네……' '예……' '그래요' '맞아요' '정말 그렇군요' '알겠습니다'

표 4-10 **대화기술 적용 사례**

클라이언트: 애들 앞에서 언제나 잔소리를 하는 아내 때문에 힘들어요.
상담자: 네, 어르신 힘드시겠어요.

클라이언트: 아들 사업이 자꾸 힘들어져서 너무 걱정이 되어 집에만 있었어요.
상담자: 아이고, 그러셨군요.

[연습]
클라이언트: 선생님, 미국 간 딸이 얼마 후에 와요.
상담자: 네, 어르신 너무 좋으시겠어요.

클라이언트: 통장에 돈 떨어지면 하늘나라에 가야지.
상담자: 어유, 어르신 또, 그 이야기는 안 하시기로 하셔 놓고 하셔요.

클라이언트가 문제를 이야기할 때 상담자가 이야기를 잘 듣고 있다는 것을 이와 같은 신호를 통해서 반응해 주면 클라이언트에게 계속 말을 할 수 있게 하는 격려가 된다. 상담자는 상담을 이끌어가기 위해 클라이언트에게 질문할 경우 조급하게 충고나 건의하는 식의 질문을 하려는 충동을 자제해야 한다. 상담자는 좀 더 문제를 이해하기 위해 여유를 가지고 질문을 해야 한다. 그리고 무엇보다 중요한 것은 경청하는 자세다.

2) 개방적 질문과 폐쇄적 질문

상담 과정에서 상담자에게 요구되는 능력 중 하나는 상황에 따라 적절하게 질문하는 것이다. 상담 과정에서 클라이언트에게 질문할 수 있는 권한은 상담자가 가진 최고의 상담 도구다. 상담자의 질문기법은 대체로 두 가지 형태로 구분할 수 있다. 즉, 개방적 질문과 폐쇄적 질문이다.

(1) 개방적 질문

클라이언트는 분명히 혼자서 감당하기 어려운 문제 때문에 상담을 요청했지만 자신의 문제와 증상에 대해 분명하게 설명하는 데 어려움을 갖는다. 특히 노인과 같이 인지능력이 쇠퇴하고 있는 클라이언트는 자신의 어려움이나 문제를 상담자에게 구체적으로 설명하기 어렵다. 만일 노인 클라이언트가 직면해 있는 문제(증상)에 대해 고통을 느끼고, 긴장하고 있으며 감정적으로 격앙되어 있다면, 상담자는 클라이언트의 문제와 현재 상황에 대해 더욱 파악하기 어렵다.

개방적 질문은 클라이언트가 자신의 문제를 좀 더 명확하게 설명할 수 있도록 돕는다. 다시 말해서 상담자의 개방적 질문은 클라이언트의 진술이 보다 구체화되며 문제와 증상에 대해 정확한 의미를 제공하도록 돕는

표 4-11 개방적 질문을 위한 사항

구분		질문
정보 수집	질문	"~에 대해 좀 더 말씀해 주시겠어요." "~을 보여 주세요." "~이 어떻게 된 것인지 이야기해 주세요."
	사례	클라이언트: 요즘 우울하고 답답합니다. 상담자: 어떤 문제로 가장 우울하다고 느끼시는지를 이야기해 주시겠어요? / 자녀 문제 때문에 우울하다고 하셨는데, 좀, 우울한 마음에 대해 말씀해 주시겠어요? 클라이언트: 매사에 화가 나고 슬퍼집니다. 특히, 집에 있을 때 화가 납니다.
계획	질문	"당신은 ~을 어떻게 할 것입니까?" "그것이 당신에게 어떤 도움이 될 것 같습니까?"
	사례	클라이언트: 이제 저는 좀 더 변했으면 합니다. 상담자: 구체적으로 앞으로 어떻게 변하기를 원하십니까?

다. 상담 현장에서 개방적 질문은 폐쇄적 질문보다 더 긍정적인 결과를 가져온다(Evans et al., 1998).

〈표 4-11〉은 개방적 질문을 위한 사항이다(James & Gilliland, 2002).

그러나 이러한 개방적 질문 방법 역시 클라이언트로 하여금 적절한 대답을 끌어내지 못하는 경우도 있다(〈표 4-12〉 참고).

클라이언트의 예상치 못한 부정적이거나 수동적인 대답에 상담자는 실망해서는 안 된다. 상담자가 클라이언트의 부정적인 반응에 대해 인내심을 갖고 친절을 잃지 않고 부드럽게 또는 천천히 클라이언트에게 반복해서 질문을 한다면, 클라이언트는 내심 긍정적으로 느끼며 상담자를 '괜찮은 사람'이라고 여기게 된다. 이때 상담자와 클라이언트 간에 촉진적인 관계가 형성된다.

표 4-12 계획에 초점을 둔 개방적 질문의 실패 사례

상담자: 어르신, 이제 그동안의 생활을 바꾸기를 원하신다고 하셨는데 어르신은 과연 무엇을 바꾸셔야 하지요? 클라이언트: 모르겠어요.

(2) 폐쇄적 질문

"어르신, 더 이상 이곳에 오고 싶지 않으시지요?"라는 상담자의 질문에 대해 클라이언트는 답을 할 때 사실 부담이 전혀 없다. 단지 '예/아니요'라고 대답을 하면 되기 때문이다. 그러나 이러한 질문은 상담을 더욱 어렵고 힘들게 만든다. 폐쇄적 질문을 통한 클라이언트의 '예/아니요' 식의 답변은 결국 상담자가 이야기를 끌고 나가기 위해 쉴 새 없이 계속 질문을 하게 만들며, 이로 인해 지루하고 힘든 상담이 된다.

3) 공감적 이해의 대화기술

노인상담은 만남에서 시작된다. 상담자와 클라이언트의 만남은 상담을 위한 가장 기본적인 조건이다. 만남은 두 사람 사이에 인간관계를 형성한다. 노인상담에서 이루어지는 인간관계는 의사와 환자의 관계, 판매자과 구매자의 관계, 윗사람과 아랫사람의 관계와는 다른 것이다.

Buber의 관점을 통해서 보면, 상담자와 클라이언트의 관계는 상호적인 '나와 너'의 관계가 되어야 한다. Buber가 말하는 '나와 너'의 관계는 서로 대등한 위치에 있으며, 서로에 대한 관심과 대화로 영향을 주고받으며, 변화와 성장하는 관계다. Buber는 이러한 상호적인 나와 너의 관계가 참된 만남이라고 하였다. 노인상담에서 Buber가 말한 참된 만남을 가능하게 해 주는 것은 공감적 이해에 바탕을 둔 상담 관계다(표재명 역, 1990).

상담자가 클라이언트의 입장에서 그의 경험을 이해하고 함께 느끼며 클라이언트의 시각에서 그의 문제를 보는 것을 공감이라고 한다. 더 나아가 공감적 이해는 감정, 신념, 욕구, 바람, 가치관 등을 포함한 클라이

표 4-13 **공감적 이해의 수준**

1단계 수준	상담 과정에서 상담자는 클라이언트의 견해나 감정적 상태에 대해 전혀 이해하지 못하고 자신의 생각만을 이야기한다.
2단계 수준	상담자는 클라이언트가 무엇을 말하고자 하는지를 인식하지만 자신의 생각과 견해를 설명하는 데 집중하고 있다. 이러한 수준은 클라이언트에게 권위적이며 지시적으로 보인다.
3단계 수준	상담자는 클라이언트가 설명하는 견해와 감정에 대해 표면적으로 인식하고 반응한다.
4단계 수준	상담자는 클라이언트의 내면적인 상태에 대해서도 이해하고 수용한다.
5단계 수준	상담자는 클라이언트의 견해와 감정을 올바르게 인식하며 이것에 대해 긍정적으로 반응한다.

언트의 내적인 경험과 주관적 세계를 클라이언트의 입장에서 이해하는 것을 말한다(이장호, 1982). 이러한 공감적 이해의 개념은 Rogers의 클라이언트 중심 상담의 중요 개념이다. 오늘날 모든 상담 영역에서 이 개념은 보편적인 기법으로 활용되고 있으며, 특히 초기 상담 단계에서 상담자와 클라이언트 사이의 촉진적 관계를 형성하기 위해 많이 사용된다. 클라이언트의 경험과 감정, 행동을 클라이언트의 입장에서 이해하고 함께 느끼는 공감적 이해는 이제 모든 상담 영역에서 공유되는 기법으로 인식된다. 특히 노인상담에서 공감의 기법은 긴장하는 노인 클라이언트를 감정적으로 보다 편하게 만들며, 불안감 속에 앉아 있는 노인 클라이언트가 젊은 상담자에게 마음을 열게 하여 더욱 신뢰적인 상담 분위기를 만든다.

상담자는 공감적 이해를 통하여 클라이언트의 문제와 증상을 보다 명확하게 만들면서 클라이언트의 필요에 어떻게 대처할 것인지를 더욱 분명히 파악할 수 있다. 상담자는 공감적 이해를 위해 무엇보다 자신의 개인적 선입견과 경험에서 벗어나 클라이언트의 입장에서 클라이언트의 경험을 느끼고 이해하도록 시도해야 한다. 상담자는 공감적 이해를 통해 상담을 긍정적인 분위기로 이끌고, 가능하다면 긍정적인 관점을 가지고 긍정적인 언어를 사용한다. 노인상담에서 이러한 공감적 이해는 상담자와 클라이언트와의 관계를 더욱 촉진해 주며 결과적으로 상담자와 클라이언트 간의 촉진적 관계를 형성하여 상담을 성공적으로 이끈다.

공감적 이해를 위한 의사소통기술에는 다음과 같은 두 가지 공식이 존재한다(Egan, 1994).

(1) 클라이언트가 진술한 내용에 대한 공감

~때문에 ____________ 한 느낌이 드는군요.

클라이언트: 설날에 둘째 아들은 바쁘다는 핑계로 집에 내려오지 않았습니다.

전화기가 있으면 무얼합니까! 전화라도 해 줄 수 있지 않습니까?

상담자: 둘째 아드님이 설날에 집을 방문하지 않아서(않았기 때문에) 화가 나셨군요.

~할 때 ___________ 한 느낌이 드는군요.

클라이언트: 남편은 은퇴하고 매일 술로 삽니다. 저는 남편이 술 마실 때마다 화가 치밀어 올라 견딜 수 없습니다.

상담자: 남편께서 술을 드실 때마다 화가 나시는군요.

(2) 클라이언트의 감정에 대한 공감

감정은 공감적 이해의 핵심적인 부분이다. 상담자가 클라이언트의 감정 상태를 적절하게 다루게 되면 공감적 이해가 가능해진다.

표 4-14 감정에 대한 공감의 예

- 마음이 아팠겠군요.
- 화가 나셨겠군요.
- 힘드셨겠군요.
- 기분이 좋았겠네요.
- 이런, 슬프셨겠네요.
- 위로가 되겠네요.
- 힘이 솟았겠네요.

클라이언트 감정 공감 연습하기

사례 1

클라이언트: 노인복지관에 갔다가 조금만 늦어도 다른 여자가 생긴 것 아니냐고 의심하는 아내 때문에 너무 힘들어요.

- 클라이언트가 표현한 감정: 분노, 열 받음
- 감정의 내면적 의미: 다 늙어서 아직도 의심받아서 힘들고 슬프다.

상담자: 어르신, 평생을 같이 살아온 아내에게서 의심을 받고, 언제나 아내가 의심할까 봐 전전긍긍해야 하는 것이 너무나 힘드시군요.

사례 2

(그동안 경로당에서 친하게 지내던 김 할머니와 싸우고 아는 척을 하지 않고 있음)

클라이언트: 그 노인 너무해요. 어떻게 나에게 그럴 수가 있어요.

- 클라이언트가 표현한 감정: 분노, 분통, 서글픔
- 감정의 내면적 의미: 그동안 친하게 지냈는데 그런 일로 서로 아는 척을 하지 않는 현실이 너무 화도 나고 서글프다.

상담자: 어르신, 친하게 지낸 김 할머니와 서로 아는 척도 안 하게 되어 화도 나고 서글프기도 하신 거군요.

사례 3

클라이언트: 우리 복지관에 김 씨라는 노인이 있는데 말할 때마다 사람을 무시하고 자기가 좀 있다고 그런지 그 사람 때문에 복지관에 가기가 싫어요.

클라이언트가 표현한 감정: ______________________________

감정의 내면적 의미: ______________________________

상담자: ______________________________

4) 반영

대부분의 클라이언트들은 위기에서 비롯된 스트레스 때문에 감정 체계에 손상을 경험한다. 클라이언트는 자신의 내부에 있는 감정을 적절하게 표현하기 어려워하며 때로는 과장하거나 억압하여 표현하는 경우가 많다. 이러한 클라이언트를 돕기 위한 기법이 반영(reflection)기법이다. 즉, 클라이언트가 상담자에게 전달하는 메시지와 감정을 상담자가 요약적으로 언어적, 비언어적으로 표현해 주는 기술이다.

상담자는 클라이언트가 이야기를 하는 중에 나타내는 감정적 · 정서적 반응에 더더욱 클라이언트가 집중할 수 있도록 이야기에서 내보이는 감정을 강조해 준다. 클라이언트가 말할 때 마음속으로 혼자 해석하는 것이 아니라 클라이언트의 말을 자신의 말로 다시 한 번 말해 준다. 이러한 반영기법은 클라이언트로 하여금 상담자가 자신의 말을 진정으로 경청하고 있다는 느낌을 준다. 또한 반영은 클라이언트의 문제가 가진 핵심적인 부분에 상담자가 초점을 맞출 수 있게 한다.

이러한 상담자의 반영에 대해 클라이언트가 "맞아요." "그런 것 같아요."라고 반응하면 상담자의 반영은 성공한 것이다. 이것을 통해 상담자는 클라이언트와 좀 더 깊은 단계로 이야기를 진행할 수 있게 된다.

표 4-15 반영 사례

클라이언트: 몸을 마음대로 움직일 수 없는 남편을 생각하면 먹은 것이 소화도 안 됩니다.

상담자: 남편의 건강 문제로 무척 힘들어하시는군요.

반영 연습하기

사례 1

클라이언트: 자식들이 제가 집에 오는 것을 겁을 내요. 손주들이 보고 싶어도 자식들 때문에 집에도 못 가고 너무 힘들어요.

상담자: ____

사례 2

클라이언트: 둘째 며느리 때문에 지금 사는 게 아니에요. 전화도 없고, 찾아오는 것도 없고, 아들마저도 이제 똑같이 따라서 하고 있어요. 자기 마누라 눈치만 보는 아들을 보면 화가 나요.

상담자: ____

5) 명료화

명료화(clarification)기법은 클라이언트의 이야기 중에 분명하지 않은 부분을 명확하게 하는 기술로서, 대부분 명확하지 않은 말에 대해 질문을 던지거나 클라이언트가 말한 부분을 새로운 말로 분명하게 클라이언트에게 이해시키는 것이다.

명료화기법은 상담자의 개인적 판단과 클라이언트에 대한 상황 인식이 연결된다. 면담 초기에 상담자가 클라이언트에게 지적, 지시, 권면, 해석을 시도하는 것은 적절하지 못하다. 이러한 것들은 클라이언트에게 비판을 받고 있다는 인상을 주게 되고, 이것은 상담을 어렵게 할 수 있다. 따라서 상담자는 명료화의 기법을 통해 클라이언트에게 부정적 감정을 유발하지 않고 보다 적극적으로 질문을 유도할 수 있다(이장호, 1982). 상담자는 명료화를 통해 클라이언트로 하여금 자기가 한 말을 스스로 요

표 4-16 **명료화기법의 예**

- 어르신, 죄송하지만, 잘 이해를 못했습니다. 다시 말씀해 주시겠어요. 어르신이 바라는 것이 무엇이지요?
- 그것에 대해 좀 더 이야기해 주시겠습니까?
- 그것 때문에 감정이 격해지신 것이군요.
- 아드님의 그 말이 어르신에게 깊은 상처를 주었군요.

약하거나 구체적인 사례를 들거나 하여 상담의 내용을 보다 분명하게 할 수 있다.

명료화 연습하기

사례 1

클라이언트: 음, 자식들과 싸우면서 저는 늘 자식들 탓만 해서 더 싸움이 길어졌던 것 같아요. 이제는 자식들 욕을 그만하고 살아야겠어요. 애들도 힘들었을 것 같아요.

상담자: ______________________________

사례 2

클라이언트: 배신하고 아들 집으로 가 버린 아내가 미워서 잘 못 자고 매일 원망하고 살았는데……. 아내가 그 오랫동안 저의 간병인이 되어 참고 살아왔고 이제는 좀 쉬고 싶어 한다는 것을 알게 되었어요.

상담자: ______________________________

6) 직면

상담은 경청과 공감만으로 이루어질 수 없다. 직면(confrontation)은 클라이언트가 변화에 대한 동기를 더 얻게 만들기 때문에 상담을 보다 깊이 있게 이끈다. 직면의 목적은 클라이언트가 자기 자신을 보고 문제를 정면으로 직시하도록 돕는 것이다. 직면은 클라이언트에게 힘든 경험이기에 존중, 공감, 진실성을 바탕으로 이루어져야 하며 상담초기에서 직면을 사용하는 것은 적절하지 못하다.

직면이 필요한 경우는 다음과 같다.

- 자기 자신에 대해 말하는 내용이 모순될 때
- 말한 것과 행동하고 있는 것이 모순될 때
- 상담자에게 말하는 것과 행동하는 것이 모순될 때
- 문제를 파악하거나 자기 문제를 받아들이지 못할 때
- 행동의 결과를 받아들이려 하지 않을 때
- 실천에 옮기는 것을 주저할 때

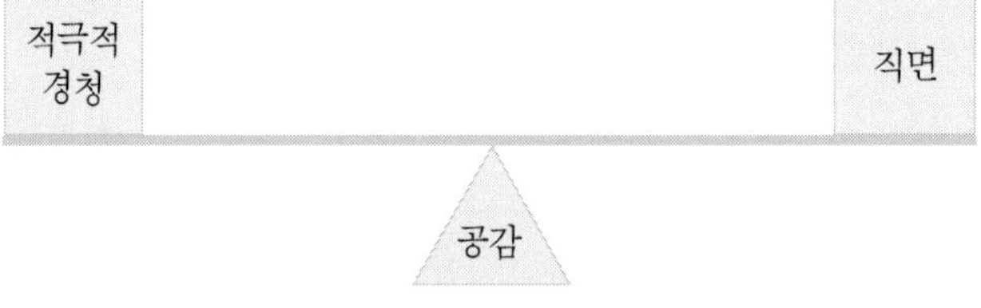

●그림 4-2● **적극적 경청과 직면**

표 4-17 직면 사례

클라이언트: 저는 술을 그만 마셔야겠다는 마음이 없어요.
상담자: 어르신, 그 말씀이 저에게는 잘 이해가 되지 않습니다. 술 때문에 가족 모두에게 왕따를 당하고 너무 힘들다고 그동안 그렇게 호소하셨는데 술을 끊어야 한다는 마음이 없다는 말은 의지력이 부족하다고 들리는데요.

직면 연습하기

사례 1

클라이언트: (아내에 대한 상습적인 폭언으로 부부위기에 놓인 상태임) 저는 아내가 문제라고 생각합니다. 그동안 젊은 시절 월급을 꼬박꼬박 갖다 주었는데 돈을 모은 것이 없어요. 아내가 문제가 많아서 제가 자꾸 화를 낸 겁니다.

상담자: ______________________________

사례 2

클라이언트: (성장한 자녀에게 마치 어린 자녀에게 하듯이 함부로 말하고 행동해서 자녀들과 불화 중에 있음) 저는 애들을 보면 어리석어 보여요. 하는 짓이 어린애 같으니 제가 어디 말을 안 할 수 있어요. 자식들은 그만 좀 하라는데 자기들이 하지 말아야지요. 왜 아버지인 나만 변화해야 한다고 합니까?

상담자: ______________________________

7) 역기능적인 언어적 의사소통기술의 유형

노인상담 과정에서 상담자가 피해야 할 언어적 의사소통의 유형이 있다(Golden, 1970; 〈표 4-18〉 참고).

표 4-18 **상담자가 피해야 할 언어적 의사소통 유형**

지시하기	• 지시하는 어투로 이야기한다. 예) "어르신, 제가 여러 번 말하지 않게 해 주세요. 그런 식으로 행동하지 마세요."
경고하기	• 경고나 주의를 주는 어투로 이야기한다. 예) "어르신, 계속 말을 안 들으시면 더 이상 상담을 못 합니다. 나중에 후회하지 마세요."
설교하기	• 훈계조의 말로 장황하게 말하거나 자신의 전문 지식과 논리로 일방적으로 설명한다. 예) "어르신, 가족들이 어르신을 도우려고 하는데 그렇게 자꾸 회피하시면 안 됩니다. 이제는 좀 가족들에게 가서 말도 좀 하고 또 친절하게도 하시고 하십시오. 그리고 말할 때는 큰 소리를 하지 마시고……."
판단하기	• 성급하게 부정적으로 판단한다. 예) "어르신이 그런 생각을 하시니 저로서는 몹시 우려가 됩니다."
안심시키기	• 아무런 근거 없이 칭찬하거나 안심시킨다. 객관적으로 최악의 상황이라고 느낄 때에도 "괜찮다."라고 말하거나 막연하게 "좋아질 것이다."라고 말하는 것으로, 여기서 안심시키기는 긍정적 피드백과는 분명히 구별된다. 긍정적 피드백은 아무런 근거 없이 빈말로 긍정해 주는 것이 아니며, 이것을 통해 클라이언트는 문제에 대한 관점을 전환하게 된다. 예) "모든 것이 잘될 겁니다. 다 좋아질 겁니다."
단정 짓기	• 클라이언트의 행동과 생각을 일방적으로 분석한다. 예) "어르신, 그것은 그분들이 너무나 의심이 많고 걱정이 많은 사람이라서 그렇게 생각하는 겁니다."
연거푸 질문하기	• 상담자가 무언가 명확한 정보를 얻기 위해 계속 질문을 던지면 클라이언트는 마치 심문을 당한다고 느끼게 된다. 예) "어르신, 언제 그것을 느끼셨죠? 그리고 왜 그렇게 생각을 하죠?"
주의를 분산하기	• 대화의 방향을 산만하게 이끈다. 예) "참 날씨 좋죠. 아, 여기 그림이 너무 예쁘네요."

이러한 형태의 부적절한 의사소통기술을 상담자가 사용하게 되면 클라이언트는 상담자가 자신의 말을 경청하지 않고 자신의 감정을 수용하지 않는다고 느끼게 된다. 그러면 클라이언트는 상담자에게 상처를 받게 되고 상담은 더 이상 잘 진행되기 어렵다.

제5장

전문 상담기술

1. 긍정적 피드백

Glasser(1976)에 따르면, 절박한 문제와 갈등을 겪고 있으며 이 때문에 우울증과 같은 증상을 갖고 있는 노인은 대부분 부정적 사고 안에서 자신과 자신의 환경을 바라본다. 이러한 부정적인 사고를 하는 노인 클라이언트는 낙심하며 문제 해결을 포기하기 쉽다. 비록 클라이언트가 문제 해결에 대해 상담자에게 도움을 요청한다고 하더라도 이것은 단지 하소연하는 것이지 문제가 해결될 수 있다고 믿지 않을 수도 있다. 노인 클라이언트가 이렇게 부정적인 사고 안에서 문제 해결을 포기하는 것은 문제와 갈등에 적절하게 대처할 힘이 없기 때문이다. 따라서 Glasser는 문제와 갈등에 대한 적절한 힘이 바로 긍정에서 올 수 있다고 보았다.

이러한 맥락에서 긍정적 피드백은 노인상담 현장에서 가장 널리 사용되고 있는 기본 기술 중의 하나로, 클라이언트가 자신의 곤경과 어려움을 새로운 시각으로 볼 수 있게 해 주는 기법이다. 상담자는 이 기술을 통해 어떤 행동이나 사건이 지니는 부정적 의미, 고정관념, 사고, 판단의 준거틀을 변화시킴으로써 비록 사실이 변화하지 않은 상태라 하더라도 클라이언트의 문제의 의미와 가치 판단을 변화하게 할 수 있다. 이 기술은 특정한 사건의 속성을 변화시키는 것이 아니라 이미 경험한 사실에 대한 관점, 감정 및 태도를 좀 더 구체화하고 긍정적으로 보도록 함으로써 문제와 관련된 감정과 의미, 가치 판단을 변화시키는 것을 말한다. 클라이언트는 문제를 다른 방향으로 개념화함으로써 새로운 해결 방안을 찾아낼 가능성을 얻게 되며, 자신이 가진 문제 해결의 자원에 대해 새로운 인식을 하게 된다.

결론적으로 상담자는 긍정적 피드백을 통해 클라이언트를 공감하며 긍정적인 측면에서 행동의 의미를 발견함으로써 클라이언트가 새로운 긍정적인 차원에서 자신과 상대방의 행위를 볼 수 있도록 한다. 또한 증상에 대하여 긍정적인 재구성을 하게 된 클라이언트는 긍정적인 변화에 대한 기대를 하게 된다.

예를 들면, 아내의 잔소리나 비난을 남편에 대한 관심이라는 새로운 의미로 해석해 주거나 집을 나가 버린 자녀의 행동을 자율성을 획득하기 위한 시도라고 해석해 주는 것이다. 이러한 긍정적인 피드백을 통하여 문제에 새로운 의미를 부여하게 되면 문제에 대한 클라이언트의 관점과 견해가 변화되며, 결국 이것은 행동의 변화를 일으키는 힘이 된다. 이러한 기법은 클라이언트의 감정, 행동 및 생각에 영향을 주어 판단 기준과 사고의 틀을 변화시키는 것으로, 그동안 부정적으로 보던 것을 긍정적으로 보고 느끼고 생각하고 행동함으로써 문제를 스스로 해결하도록 하는 효과적인 기법이다.

긍정적 피드백은 문제가 되는 행동을 긍정적으로 설명해 줌으로써 클라이언트가 환경과의 상호작용에서 긍정적인 의미를 지닐 수 있도록 하며 이를 통해 새로운 행동을 할 수 있게 한다. 결과적으로 클라이언트는 자기 주위 환경을 다르게 보고 이를 통해 자기가 예기치 못했던 방법으로 해결책을 찾을 수 있게 된다.

상담자는 긍정적 피드백을 사용하기 위해 다음의 사항을 고려해야 한다.

- 상담자는 같은 행동에 대해 여러 가지 다른 해석을 시도하도록 자기 자신을 훈련시킨다.
- 상담자의 해석 중에서 클라이언트의 행동, 사고방식과 가장 적합하며 가장 그럴듯한 한 가지를 선택한다.
- 상담자는 새로운 긍정적 해석을 설명하는 문장 표현을 마음속에서 정한다.
- 상담자의 긍정적 피드백이 클라이언트에게 적합한지의 여부는 클라이언트의 반응을 보고 알 수 있다. 재구성이 적합할 때는 클라이언트에게 현저한 변화가 온다. 때로는 어리둥절하게 보이고, 충격적인 듯 보이고, 재미있어 하고, 웃기 시작하고, 또는 '아하' 하는 얼굴표정을 보인다. 클라이언트의 반응을 통해 상담자는 긍정적 피드백이 적절했는지를 파악하게 된다.

표 5-1 긍정적 피드백의 예

문제 행동	긍정적 피드백
게으름	침착하다, 부드럽다, 늦추다
성급함	활동적이다, 분명하다
돌보지 않음	사심이 없다, 다른 사람 사정을 참작한다
풀이 죽어 있음	위축되다, 조용하다, 천천히 한다
공격성	격렬한, 자신의 힘을 모른다
잔소리가 심함	관심을 보인다, 최선을 다하려 한다, 돌보고 싶은 마음이 많은 표현이다

(계속)

움츠림	생각이 깊다, 수줍다, 조용하다
우울함	주어진 상황과 행동에 대한 개인의 강한 책임감을 표현하는 것이다.
남편의 과음과 주사	남편은 자신의 고민과 스트레스를 해소하는 방법으로 술을 마시고 있다. 남편은 부인과 같이 스트레스를 해소할 수 있는 방법을 찾지 못하고 있으며 방법을 안다고 하여도 실행할 용기가 부족하여 주변사람의 도움을 요청하고 있는 것이다.
분노	사랑의 증거다.
불안하고 걱정이 많은 아동	해야 할 일이 많다고 생각하는 것이다.
산만한 아동	많은 것에 관심과 흥미가 있다는 증거다, 관심 있어 하는 많은 것들을 탐색하는 것이다, 가장 관심 있는 것을 발견하기 위해 노력하는 것이다.
칭얼대고 화를 냄	만족할 만한 것을 계속 찾고 있는 것이다.
고집	자기 자신의 의식을 탐색하는 것이다.
염려	모든 가능성을 탐색하는 것이다.
과민	다른 사람과 협조하려는 노력이다.
반대	자기 자신의 방법으로 할 수 있는 것을 찾는 것이다.
문제	해결하기 위한 노력이다.
증상	괴롭다고 하는 표현이다.
심한 욕	자신이 괴롭고 힘들다고 하는 표현이다.

출처: 김인수(1992), pp. 182-183.

2. 생태도

노인 클라이언트의 문제에 대한 다양한 원인과 해결 가능성을 파악하기 위해서는 클라이언트를 둘러싼 주변 환경, 즉 가족을 비롯한 다양한 체계의 관계 구조와 환경 자원을 탐색하는 것이 필요하다. 생태도는 Atteneave(1976)과 Hartmann(1972)에 의하여 고안된 기법으로 복잡한 주변 환경 체계의 전체 모습과 조직적 유형 그리고 관계를 시각적으로 보

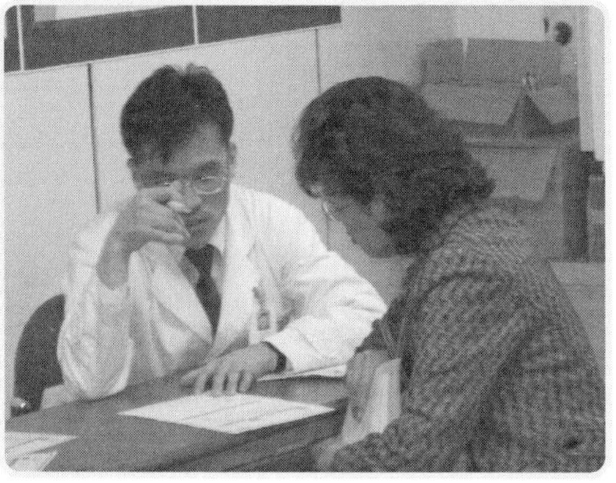

▶ 생태도를 그려 봄으로써 자원을 파악할 수 있다.

여 준다. 또한 생태도는 클라이언트를 둘러싼 복잡한 생태체계의 전체 모습과 관계망을 시각적으로 나타낸다. 상담자는 생태도를 이용하여 클라이언트의 가계도와 그를 둘러싸고 있는 환경의 중요 체계들이 어떻게 구성되어 있는가와 클라이언트의 문제를 해결하기 위한 자원을 파악할 수 있다.

문제에 직면한 클라이언트를 적극적으로 도울 수 있는 사람이나 집단이 있지만 서로 간에 연결망이 없어서 돕지 못하는 경우도 종종 있다. 생태도는 클라이언트의 모든 사회적 관계망을 구성하여 가장 적극적으로 도울 수 있는 사회적 관계망을 찾을 수 있게 한다.

생태도는 중앙에 있는 원에 클라이언트와 그의 중요 가족의 가계도를 그린다. 바깥 원들에는 클라이언트와 관계가 있는 사람이나 기관을 그린다. 클라이언트와 바깥 원들 사이에 그어진 선은 클라이언트와의 연결성을 나타낸다. 직선은 강한 연결성을, 점선은 약한 관계를, 사선은 갈등 또는 스트레스가 있는 관계를 말한다. 선이 넓을수록 강한 결속을 나타낸다. 화살표는 에너지나 자원의 흐름을 나타낸다. 다음의 사례로 생태도를 그려 보면 [그림 5-1]과 같다.

67세인 김 할머니는 혼자서 3명의 자녀를 키웠으며 지금은 그동안 같이 살던 큰 며느리와의 불화로 혼자 방을 얻어 나와 살고 있다. 김 할머니는 비록 크게 부유하지는 않지만 경제적으로 어렵지 않으며, 현재 가까운 교회에 출석하고 있고, 동네에 있는 노인복지관의 여러 프로그램에 참여하면서 사회복지사에게 자신의 문제를 의뢰하였다.

[그림 5-1]의 생태도를 작성하기 위해서는 적절한 정보의 수집이 필요하다. 상담자는 클라이언트와 가족의 협조로 생태도 작성에 참여하여 클라이언트가 직면한 상황에 대한 이해를 살핀다. 또한 생태도를 작성하고 완성된 생태도를 검토하는 과정에서 클라이언트의 기능 증진을 위해 필요한 자원이 어디에 있는지를 탐색한다(Bautsch & Wiesinger, 1989).

생태도는 클라이언트의 다양한 상황과 그가 형성하고 있는 관계망을 쉽고도 효과적으로 파악하게 해 준다. 노인 클라이언트와 같이 자신의 처지와 정황에 대해 적절한 정보를 주기 어려운 클라이언트에게 생태도를 적용하면 효과적으로 정보를 수집할 수 있다. 생태도를 작성하는 과정에서 상담자는 지나치게 추상적이고 애매모호한 용어보다는 일상적이고 구체적인 용어를 사용하여 관계망 전반에 걸친 사항을 탐색한다.

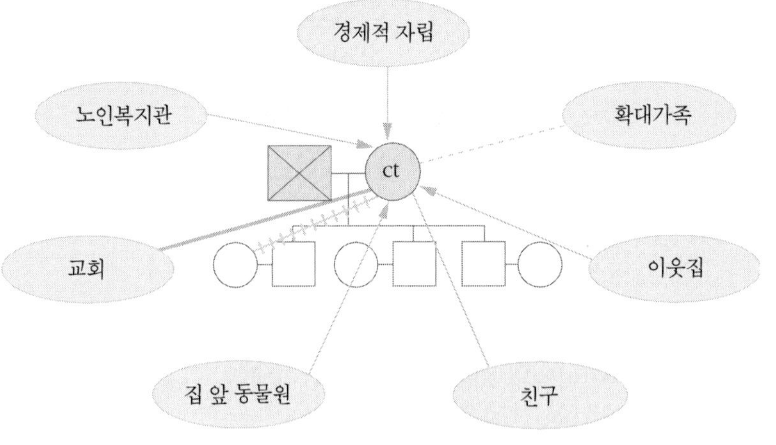

●그림 5-1● **생태도**

예를 들어, '가족이 있나요?' '이웃이 도움을 줍니까?' '가족들과 가까이 지내십니까?' '종교를 갖고 계신가요?' 등의 질문을 할 수 있다.

3. 순환적 질문기법

직접적인 질문기법인 '왜(why)'라는 질문은 때로는 클라이언트에게 문제의 핵심으로 들어가게 하는 길잡이가 되지만, 많은 경우 클라이언트로 하여금 자신의 행동에 대해 방어적 자세를 취하게 할 수 있다. 이러한 직접적인 질문기법이 가진 단점을 보완하여 문제의 현상과 원인을 파악하게 해 주는 기법이 있다. 즉, 순환적 질문기법인데, 이것은 특히 초기면담에서 유용하게 사용될 수 있다. 여기서 '순환적'이라는 말은 면담과정에서 일어나는 클라이언트와 상담자 사이의 질문과 답으로 이루어지는 순환성을 의미한다(Watson, 1992). 순환성은 상담자에게는 클라이언트의 행동에서 제공되는 피드백을 인식하게 하는 하나의 능력이 된다. 이러한 능력의 습득은 상담자가 그동안 당연한 것으로 믿어온 언어적·문화적으로 익숙한 조건들로부터 벗어나는 것에서 시작된다. 여기에서 비로소 상담자는 '우리는 언제나 단지 관계의 구조 안에서 생각한다.'는 깊은 진리를 발견하게 된다(Ruesch & Bateson, 1968). 상담자는 순환적 질문기법을 통해 노인 클라이언트에게 문제와 관련된 예민한 부분에 대한 직설적인 질문을 피하고 간접적으로 순환적 의사소통을 통해 클라이언트의 저항을 차단할 수 있다. 또한 클라이언트와 그 가족의 문제에 대한 좀 더 분명하고 객관적인 정보를 얻을 수 있다.

한편, 순환적 질문기법은 노인 클라이언트가 제삼자인 상담자에게 자신의 부정적 경험과 가족의 부정적인 면을 말하기 어려워하는 우리나라의 문화적 풍토와도 잘 연결될 수 있다. 상담자는 순환적 질문을 통해 문화적 터부를 건드리지 않고 클라이언트의 문제에 대한 분명한 정보를 얻을 수 있을 뿐 아니라 문제 해결을 위한 보다 효과적인 상담 목표를 수립할 수 있다.

상담을 받으러 오는 노인 클라이언트는 지나친 스트레스와 심한 고민에 빠져 있는 경우가 많다. 그런데 역설적이게도, 이들은 문제가 해소되기를 간절히 바라면서도 막상 도움을 줄 상담자를 경계하고 피하고 싶어 한다. 노인 클라이언트가 가진 소극성과 두려움은 면담을 진행하는 상담자에게는 대단히 곤혹스러운 문제다. 더구나 노인 클라이언트가 자녀 또는 며느리와 갈등을 경험하고 있다면 이것이 자식뻘인 상담자에게 전이되어 클라이언트와 좋은 신뢰관계를 형성하는 데 어려움을 가질 수 있다. 그러므로 효과적인 면담이 이루어지기 위해서는 이러한 노인 클라이언트들의 입장이 고려되어야 하며 이를 위해 기존의 직접적이고, 직선적인 면담기법에서 간접적이고, 순환적인 면담으로의 전환이 요구된다.

Tomm(1988)은 면담에서 활용될 수 있는 면담기법에는 크게 직설적 질문과 순환적 질문이 있다고 하였다. 먼저 직설적 질문은 정신역동적 치료와 행동치료로 대표되는 개인 심리치료에 바탕을 두고 있는 환원주의적 사고에서 발전된 질문기법이다. 환원주의적 사고는 직선적(linear)인 인과율을 전제로 하고 있으며, 원인과 결과라는 도식에 따라 인간행동을 이해한다(Bruner, 1969; Guntern, 1980). 환원적 사고에 따르면 문제는 한 가지 원인에 근거하는 것으로, 관찰할 수 있는 현상의 다양성을 단지 한 가지 원인으로 축소하며, 철저히 개인의 내적 심리에서 정신병리의 원인을 찾으려고 하는 것이다(Sullivan, 1953).

직설적 질문은 면담 과정에서 직선적인 인과율의 원인과 결과에 대한 정보를 얻기 위해 탐색적이며, 클라이언트의 인지의 문제를 서술하게 한다. 예를 들어, 알코올 중독 증세를 가진 노인 클라이언트에게 직설적 질문을 한다면, “당신은 언제부터 알코올 중독을 갖고 있다는 것을 알았습니까?" 또는 "당신은 왜 이런 중독을 갖게 되었다고 생각하십니까?"라고 할 수 있다. 이러한 직설적 질문 방법을 통하여 상담자는 클라이언트의 문제에 대한 정보를 탐색하게 된다. 그러나 때로는 이러한 직설적 질문이 초기 면담에서는 효율적이지 못할 경우가 있다. 특히, 저항적인 클라이언트라면 이러한 직설적 질문에 적극적으로 답하기 어려울 것이다. 또한 이러한 직설적 질문으로는 클라이언트의 문제와 관련된 인간의 상호관계와 순환적 인과관계의 다양성에서 발생되는 복잡성을 파악하는 데 한계가 있다.

한편, 순환적 질문은 클라이언트의 문제를 예측하기보다는 이해하려고 하며 문제의 근원적 해결에 집착하기보다는 문제 관리에 전념한다. 순환적 질문을 통해 상담자는 다음과 같이 질문할 수 있다. "가족 중에서 누가 제일 당신의 알코올 중독에 대하여 염려를 하고 있습니까?" 또는 "아들 내외가 당신을 많이 염려하고 있다는 것을 어떻게 알 수 있습니까?" 이러한 순환적 질문은 클라이언트의 저항을 최소화하고 가족 간의 관계와 의사소통 방식의 이해를 돕는다(Boscolo, Cecchin, Hoffman, & Penn, 1990).

순환적 의사소통에 기초하는 순환적 질문은 클라이언트를 둘러싼 가족의 문제와 연결되어 순환하는 생각, 신념, 개인 및 사건에 대한 관계성을 밝혀 줄 수 있다. 가족 구성원은 비언어적 · 언어적 의사소통을 통해 그들의 관계성을 표현한다. 가족의 관계성에 대한 정보는 각 가족구성원이 가족의 문제에 부여하는 의미의 차이점에서 찾아낼 수 있다. 순환적 질문은 클라이언트와 그의 가족들 간의 사고의 차이, 인식의 차이, 상황에 대한 차이 등에 초점을 맞추어 가족 구성원 간의 관계성을 파악한다. 상담자는 순환적 질문을 통해 클라이언트와 그의 가족 관계에 대한 혼동된 시각을 끌어내어 그들이 그동안 유지해 온 역기능적인 관계 유형을 인식하도록 하며 새로운 시각과 변화를 통해 클라이언트의 문제를 바라보게 할 수 있다(Selvini Palazzoli, Boscolo, Cecchin, & Prata, 1981).

표 5-2 **순환적 질문의 사례**

상담자: 남편이 미쳐 날뛰기 시작하고 그러면서 어르신을 때릴 때 아드님은 무엇을 하시죠?
클라이언트: 음……, 아들은 그냥 가만히 있어요.
상담자: 어르신은 어머니를 때리는 것을 가만히 보고 계시는 아드님을 어떻게 생각하세요?
클라이언트: 저는 남편보다 아들놈이 더 미워요.
상담자: 그러면, 아드님에 대해 남편은 어떻게 생각하세요?

상담자: 가족들이 모두 함께 있는 시간이 언제지요?
클라이언트: 주로 일요일이요.
상담자: 일요일 날 집에 있을 때 주로 가족들이 무엇을 하는지 이야기해 주시겠어요? 아들과 며느리 손자들이 일요일을 집에서 어떻게 보내는지 말해 주세요.
클라이언트: 아들은 하루 종일 잠을 자고, 잠을 자지 않으면 TV만 봅니다. 며느리는 하루 종일 교회에 가 있어요. 손자들은 대학생이 된 후 거의 얼굴을 볼 수가 없어요. 아침 식사하고는 친구들한테 가요.
상담자: 그러면 어르신은 무얼 하지요?
클라이언트: 나는 그냥 하루 종일 방에서 멍하니 있어요.

순환적 질문은 가족들의 감정과 그들이 가진 문제에 대한 해석보다는 일정한 환경 속에서 이루어지는 가족들의 독특한 행동을 강조한다. 순환적 질문은 다양한 가족구성원들에 의해서 이루어지는 독특한 상호작용이나 독특한 행동을 보다 중요한 것으로 여긴다. 이러한 순환적 질문을 통해 노인 클라이언트와 가족체계가 가진 역기능적 패턴이 노출되도록 한다.

4. 가족조각기법

경험주의 가족치료의 선구자인 Satir에 의해 발전된 가족조각(family sculpture)기법은 클라이언트와 그의 가족 모두가 비언어적인 방법과 신체적으로 문제체계를 표현하도록 한다(Satir, 1979). 사실 가족조각은 가족치료에서 면담기법을 위해 만들어진 것은 아니지만, 노인 클라이언트는 언어를 통해 자신의 문제를 설명하는 데 어려움이 있으므로, 짧은 시간에 손쉽게 노인 클라이언트의 문제에 대한 정보를 얻을 수 있다는 점에서 노인상담 영역에서 활용되고 있다. 문제를 가지고 온 노인 클라이언트와 그 가족은 상담실 공간에서 가족조각을 통해 그동안 유지해 온 관계를 눈으로 직접 볼 수 있도록 시각적으로 나타낸다. 가족은 자신들의 관계 형태와 가족 안에서의 위치 및 서열 구조를 나타내기 위해서는 보통 언어를 사용하지만, 가족조각기법을 통해 가족 구성원들은 말을 사용하지 않고 단지 몸짓과 서 있는 자세와 위치, 표정 등을 통해서 가족체계를 분명하게 표현할 수 있다.

가족조각기법이 가진 장점은 언어를 통한 가족체계의 구성에서 일어나기 쉬운 가족 구성원들의 저항과 회피, 거짓말 등을 방지할 수 있다는 것이다. 가족조각은 조각가가 돌을 쪼개서 하나의 조각을 만들어 가 듯이 가족 구성원들이 다양한 신체적 자세와 위치 등으로 가족체계의 조각을 만들어 가는 것이다. 이렇게 생성된 조각은, 가족 모두가 상담실의 공간에서 다른 가족 구성원의 생각을 직접 눈으로 볼 수 있는 기회를 갖게 한다(Satir, 1975).

가족조각기법을 사용하는 목적은 상담자의 관심과 사용 능력, 가족의 참여, 상담 상황에 따라 다양한데, 일반적으로 가족 구성원 각자가 자신의 내면적 감정에 접함으로써 실제 자신에 대해 알고 느끼며 새로운 대처 방법을 생각해 보도록 하는 것이다. 이러한 과정에서 가족의 역동성이 가시화되는데, 구체적으로 가족의 의사소통 유형, 권력 구조, 경계선, 소속감, 개별화, 규칙 그리고 가족체계의 융통성 정도가 파악될 수 있다. 그 외 가족조각에서 나타나는 가족 구성원 간의 물리적 거리, 얼굴과 신체 표정 그리고 자세를 통해 가족관계, 동맹, 감정, 스트레스 상황에서의 대처 방법 등을 알 수 있다(정문자, 2001).

이처럼 가족조각기법은 진단과 평가 및 치료 목적으로도 사용되고 있으며, 노인상담에서 널리 사용되고 있는 효율적인 기법 중의 하나인 심리극에서도 많이 활용된다. 이러한 가족조각은 클라이언트의 가족만을 대상으로 할 필요는 없다. 현실적으로 가족 모두가 상담에 참석하기 불가능한 경우가 많기 때문에 다른 대리인을 통해 가족조각을 할 수 있다. 또는 집단상담의 경우 다른 참가자들을 가족조각에서 가족으로 대리 조각할 수 있다.

지금까지의 가족조각은 두 가지 유형으로 구분할 수 있는데, 하나는 가족 구성원 간의 거리감을 표현하기 위해 공간을 주로 사용하는 것으로 가족 구성원 간의 친근감과 거리감, 상하관계, 소외감, 결속감 등의 가족구조와 감정적인 것을 표현하는 것이다. 다른 하나는 가족 구성원 간의 관계역동성을 나타내는, 보다 치료적인 것이다. 일반적으로 긴장할 때 나타나는 행동적 특성을 비언어적인 자세로 표현하도록 함으로써 주관적인 가족역동성에 대한 인식을 표현하도록 하는 것이다.

클라이언트는 직접적인 언어로 표현하기 어려운 남편과 자신과의 관계, 자녀와의 관계에 대한 가족조각을 만들게 된다. 클라이언트는 한국

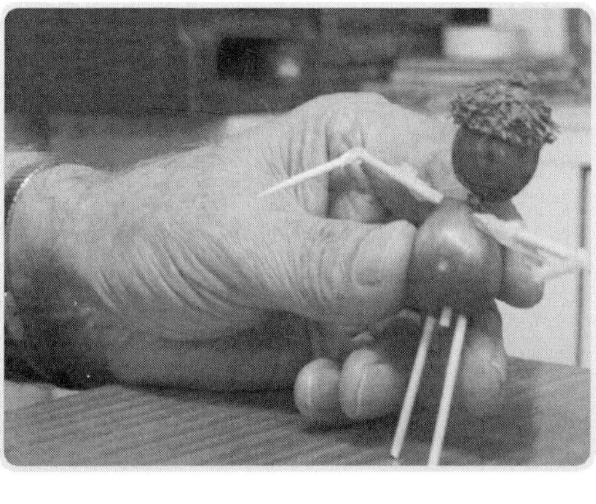

▶ 가족조각기법을 통해 노인과 가족의 문제를 비언어적 · 신체적으로 표현하게 된다.

표 5-3 **가족조각의 사례**

"어르신(63)은 여기에 계신 할아버님(66)과 아드님(미혼, 32)을 움직여 보십시오. 여기에 서 있는 가족들을 하나의 조각인형이라고 생각하세요. 어르신이 원하는 대로 가족 조각인형을 움직일 수 있어요. 어르신이 느끼기에 남편, 자녀 중 가깝다고 생각되는 분을 어르신 옆에 가까이 배치할 수 있고, 아니면 멀게 느껴지는 분을 멀리 세워 놓을 수 있어요. 자, 한번 해 보세요."

문화적 상황에서 가족들을 눈앞에 두고 이들과의 친밀성과 무관심, 거리감 등을 말할 수 없다. 그러나 가족조각은 직접적으로 말로 표현하기 어려운 것들을 손쉽게 드러낼 수 있게 한다. 클라이언트가 남편과 자신이 느낀 대로 배치하는 동안 상담자는 인내심을 갖고 클라이언트가 자신의 감정을 따라 가장 올바르게 배치하도록 한다. 상담자는 여기서 자신이 바라본 가족관계의 유형을 클라이언트에게 강요하거나 암시해서는 안 되며, 클라이언트 스스로 가족조각으로서의 남편과 자녀를 배열하도록 해야 한다. 예를 들면, 클라이언트는 남편을 자신과 거리를 두고 배치함으로써 남편과의 지나친 거리감을 표현하는 반면에 아들을 자기 옆에 서게 함으로써 아들과의 동맹을 드러낼 수 있다. 이렇게 만들어진 가족조각은 현재까지 클라이언트가 느끼고 경험한 사실이다. 상담자는 클라이언트에게 가족을 이처럼 배치한 것에 대한 감정을 설명하도록 한 다음, 클라이언트가 가족관계에서 변화되기를 원하는 방식에 따라 부모를 다시 세워 놓게 한다.

상담자는 클라이언트에 의해 가족조각이 이루어질 때 남편과 아들의 모습을 각각 주의 깊게 관찰하고 그들의 반응을 살펴본다. 그리고 클라이언트가 변화되기를 원하는 관계 방식이 일어나기 위해 가족 안에 어떤 변화가 일어나야 할 것인가를 토의한다.

가족조각기법은 가족 구성원들의 감정을 폭발하게 하지는 않지만 그래도 상당한 감정을 불러일으킨다. 예를 들면, 한 클라이언트는 57세의 여성으로 가정폭력에 시달리고 있으며 남편(60세)과 미혼인 자녀 둘(큰 아들 33세, 둘째 아들 30세)과 함께 살고 있다. 상담자로부터 가족조각을 만들 것을 요구받고 클라이언트는 남편을 자신을 향해 주먹을 쥐고 바라보도록 배치하였고, 남편 바로 뒤에 등을 돌린 아들들을 배치하였으며, 자신은 전체 가족과 동떨어져 의자 밑에 웅크리고 있는 모습을 나타내었다. 이 가족조각은 말로 길게 설명하는 것 이상을 보여 준다. 클라이언트는 남편에 의한 폭력과 남편과 아들 사이의 갈등과 가족 안에서 느끼는 자신의 고독감과 외로움을 나타내었다. 이러한 가족조각의 과정에는 때로는 깊은 침묵이 따르고, 완성된 가족조각의 형태에는 클라이언트의 감정이 내재되어 있다. 상담자의 지시를 따라 묵묵히 움직인 가족 구성원들은 순간 드러난 가족체계의 모습에 여러 감정적 요소를 경험하게 된다. 상담자는 가족 구성원들에게 그들이 놓인 위치에 대한 감정과 느낌을 표현하도록 요구한다. 가족 구성원들은 드러난 현실을 통해 그동안 가족체계가 어떤 상태였는지를 파악하며 변화를 원하게 된다.

완성된 조각을 여러 가지 관점에서 탐색하고, 조각의 의미와 그것이 주는 영향, 함축, 결과 등을 가족과 토론하는데, 이때 상담자가 할 수 있는 질문에는 〈표 5-4〉와 같은 것들이 있다.

이러한 내용으로 토론한 이후에 이상적으로 원하는 것이 어떠한 것인지를 다시 조각하도록 한다. 모든 가족 구성원들이 각자가 희망하는 것 또는 간절히 원하는 가족의 구조나 가족관계, 특정 가족원에게 기대하는 것 등을 조각으로 표현하도록 한다. 그리고 자기가 조각한 것에 관하여 설명하도록 하고, 만일에 그와 같이 변화가 온다면 자신은 무엇을 어떻게 할 것인지 이야기하도록 한다. 또한 상담자는, 토론을 하지 않고 가족 구성원들이 경험한 것을 스스로 통합하게 할 수도 있다.

이와 같은 조각 과정은 치료자의 목적과 개입 정도에 따라 차이가 있

표 5-4 **가족조각 시 사용할 수 있는 질문**

- 가족 안에서의 자신의 위치에 대한 느낌이 어떻습니까?
- 조각하는 구성원이 가족을 그렇게 지각한다는 것을 알고 있었습니까?
- 조각하는 구성원이 당신을 그렇게 지각하는 것을 알고 있었습니까?
- 가족이 이 조각처럼 기능한다는 것에 동의하십니까?
- 가족 안에서 어떤 것이 바뀌었으면 좋겠습니까?
- 이 장면에 제목을 붙여 보시겠습니까?

겠지만, 가족 구성원들은 실제로 경험을 하면서 감정표현, 다른 가족에 대한 편견적 사고의 자각, 다른 가족이 있는 데서 자신의 다른 견해 표현, 상대방에 대한 이해, 구체적인 생활 목표 설정 등을 하게 된다.

상담자는 계속해서 클라이언트와 가족이 현 상태에 처하게 된 과정을 이야기하고 또 그들이 원하는 변화를 위해서 무엇을 해야 하는지를 논하게 된다. 이를 통해 가족 구성원들 모두가 가족 안에서 서로를 이해하고 신뢰할 수 있는 관계와 의사소통을 발견하고 학습할 수 있어야 한다. 가족은 그동안 익숙하게 해 온 역기능적인 관계와 의사소통 형태를 버리고 새로운 가족 규칙과 가족 문화를 찾는다. 가족조각기법은 가족 구성원들 모두가 문제 상태를 파악하게 하며 이를 통해 가족의 변화를 받아들이도록 하는 상담 방법이다.

5. 문제 해결을 위한 척도질문

상담자는 클라이언트에게 클라이언트가 어느 정도 심각하거나 호전되었는지, 문제 해결을 위한 자원에는 무엇이 있는지, 변화에 대한 확신과 의지는 어느 정도인지 등을 숫자로 표현하게 한다. 이것을 통해 상담자는 클라이언트의 상태를 더욱 정확하게 알 수 있으며 클라이언트의 변화를 격려하고 강화해 주는 사람과 상황에 대한 구체적인 정보도 얻을 수 있다.

예를 들면, “1부터 10까지의 척도에서 1은 문제가 가장 심각할 때이고 10은 문제가 다 해결되었을 때라면 지금은 몇 점인가요?” 또는 “5점에서 7점으로 올라가려면 무엇이 필요할까요?” 등의 척도질문을 함으로써 클라이언트에 대한 정보를 구체화할 수 있다.

표 5-5 척도질문의 사례

송 할아버지(67)는 퇴직한 후 오랫동안 우울증을 갖고 있었으며 최근에 우울감이 얼마 전에 비해 많이 좋아졌다고 진술하였다. 상담자는 송 할아버지의 상태가 얼마나 호전되었으며 또한 호전되게 한 변화의 요인이 무엇이었는가를 탐색할 수 있다. 클라이언트에게 척도질문을 통해 구체화한다.

상담자: 어르신, 얼마 전에 비해 우울한 기분이 좋아졌다고 하셨는데, 가장 낮은 상태를 1이라고 하고 가장 좋아진 상태를 10이라고 하였을 때 지금은 몇 점이 되는 것 같으세요?
클라이언트: 약 4 정도 되는 것 같아요.
상담자: 현재 4가 된다고 말씀하셨는데, 4가 되도록 한 요인이 있다면 무엇일까요?
클라이언트: 오랜만에, 아내와 함께 매일 산책을 나가고 있어요. 함께 길을 걷는데 마음이 편해졌어요.
상담자: 아내와 오랜만에 다시 산책한 것이 좋았다는 것이군요?
클라이언트: 네, 그런가 봐요.

척도질문을 통해 상담자는 클라이언트의 회복의 자원이 아내와의 주기적인 산책에 있음을 파악할 수 있으며, 클라이언트의 상태가 어느 정도 호전되었음을 분명히 파악할 수 있었다. 척도질문은 클라이언트의 자원을 파악하기 위해 더 활용될 수 있다.

상담자: 어르신, 지금은 얼마 전의 힘든 상태에 비해 4 정도나 좋아졌다고 말씀하셨는데, 4에서 6으로 조금 더 좋아지려면 어떻게 하면 될까요?
클라이언트: 음……. (클라이언트가 미처 대답하지 못하는 경우가 있다. 이런 경우 상담자가 도와줄 수 있다.)

상담자: 산책만이 아니라 아내와 함께 할 수 있는 일은 무엇이 있을까요?
클라이언트: 아 참, 우울증이 오기 전에는 등산도 같이 조금씩 다니고 했어요.
상담자: 어르신, 그러면 두 분이 다시 등산을 함께 다니시면 몇이 될 것 같습니까?
클라이언트: 네, 지금 4보다 5는 될 것 같아요.

사례의 경우처럼 척도질문은 클라이언트의 문제 상태와 문제 해결의 자원을 파악할 수 있게 한다. 아울러 상담자는 척도질문을 통해 클라이언트의 상태를 탐색할 수 있는 가능성을 얻게 된다.

6. 과거 성공 경험 찾기

상담자는 클라이언트의 문제가 과거에도 있었음을 인식하고 과거에 어떤 방법으로 해결했는지를 찾는 것이다. 클라이언트의 문제가 단지 현재 겪어야만 하는 문제는 아닐 수 있다. 이미 오랜 인생의 경험 속에서 유사한 경험을 했을 것이고 그때 어떻게 위기를 해결했는지를 탐색해서 해결의 자원으로 활용한다. 상담자가 클라이언트에게 과거의 성공 경험을 기억나게 해 주고 한때 잊었거나 사용하지 않았던 문제 해결의 방법을 발견한다면 클라이언트의 문제 해결에 많은 도움을 줄 수 있다.

표 5-6 **과거 성공 경험을 탐색할 때 사용할 수 있는 질문**

- 어르신이 이렇게 우울해하신 적은 과거에도 있었다고 하셨는데, 그때 어떻게 우울증을 해결하셨나요?
- 아내분이 지금까지 어르신에게 함부로 심하게 하시는데, 과거에는 어떻게 하셨어요?
- 둘째 며느리의 행동에 마음이 상하셨는데, 첫째 며느리가 비슷한 행동으로 마음을 상하게 하실 때 어떻게 하셨어요?
- 젊은 시절 힘들게 검정고시를 보시고 공직생활까지 하셨는데, 어떻게 그런 힘이 있으셨어요?

표 5-7 과거 성공 경험 찾기 사례

김 할머니(75)는 젊은 시절 남편과 사별하고 친하게 지내던 여동생이 세상을 떠나자 심각한 우울증과 더불어 자살을 시도하였다. 자녀들이 어머니가 다시 자살기도를 할 것을 염려하고 있으며, 할머니 스스로가 우울증을 호소하여 상담을 하게 되었다. 할머니의 주요 호소는 여동생에 대한 그리움과 외로움이었다.

클라이언트: 여동생이 그립습니다. 여동생이 살아 있을 때 서로 싸우기도 했는데 막상 여동생이 없으니까 너무나 힘들어요.
상담자: 여동생이 생각나서 힘드시군요.
클라이언트: 네, 맞아요. 여동생을 생각하니 마음을 나눌 사람이 없다는 것이 슬퍼집니다.
상담자: 어르신이 젊은 시절 남편과 사별하셨다고 하셨는데 그때는 어떻게 하셨나요?
클라이언트: 그때는 외로움을 이기려고 무언가 열심히 했던 것 같아요. 자식도 있고 하니 열심히 일하면서 잊었지요.
상담자: 어르신은 외롭고 힘들 때 무언가를 열심히 하면서 문제를 풀어 가셨네요.
클라이언트: 네, 맞아요. 그런 것 같아요.

김 할머니는 현재 여동생의 죽음으로 힘들어하지만 이러한 문제는 이미 과거에 남편의 사별을 통해 경험하였던 것이다. 상담자는 유사한 경험 속에서 문제 해결을 위한 자원을 확보할 수 있다.

노인은 사실 과거에 좋았던 시절을 이야기하는 것을 좋아하기 때문에 과거 성공 기억을 일깨우고 자신에 관하여 희망을 갖게 할 수 있다. 비록 지금은 문제 안에 있지만 과거 성공했던 기억을 떠올리며 잠시 좋은 감정을 갖는다.

7. 기존의 대처 방식 찾기

클라이언트가 겪고 있는 위기는 위기를 가져다준 문제 자체뿐만 아니라 여기에 대한 부적절한 대응 방식으로 더 증폭될 수 있다. 상담자는 대처 방식 찾기를 통해 위기에 대한 기존의 대응 방식의 패턴을 찾아내고 더 나은 방식을 클라이언트와 나눌 수 있다. 대처 방식 찾기는 질문을 통해 노인 클라이언트가 불행하고 힘들다고 여기는 상황으로부터 벗어나기 위해 자신이 그동안 위기에 대처해 온 방법을 상담자와 함께 찾아간다. 그런 다음에 자신의 강점과 자원을 발견하여 인식하도록 돕고, 인정과 칭찬을 통해 위기관리능력을 회복하도록 돕는다.

대처 방식 찾기를 위한 질문의 기본 틀은 다음과 같다.

- 클라이언트에게 무엇이 일어났는지 살피며 다른 긍정적인 부분을 보도록 돕는다.
- 클라이언트가 여전히 부정적 감정 속에서 말을 할 경우 주제를 바꾸어 다른 이야기를 해 본다.
- 클라이언트의 대처 방식을 질문하면서 기존의 대처 방식에 대한 오류를 발견하고 새로운 대처 방식을 찾을 수 있도록 한다.

표 5-8 기존의 대처 방식 찾기 사례

이 할아버지(70세)는 젊은 시절 무절제한 생활로 아내와 자녀에게 배척을 받고 있는 상태다. 외도와 경제적 무능으로 아내와 자식들로부터 원성을 사고 있다. 최근에 용돈 문제로, 술을 마시고 자녀들에게 서운한 감정을 심하게 드러냈고, 자녀와의 갈등은 더욱 증폭되었다. 해준 것 아무것도 없는 아버지를 원망하는 자녀들과 여기에 동조하는 아내가 자신을 배척한다고 우울감을 호소하였다.

상담자: 그래도 어르신을 지금까지 유지하도록 한 것이 무엇입니까?
그와 같이 대처하면 도움이 될 것이라는 사실을 어떻게 아셨습니까?
어떻게 모든 것을 포기하지 않고 오늘까지 지탱해 오셨습니까?
계속 화를 내시고 자녀에게 전화를 한 것이 얼마나 도움이 되셨나요?
어떻게 하면 상황이 더 나빠지지 않을 수 있을까요?

8. 상담기술 적용 사례

수도권의 모 노인복지관의 노인 프로그램에 참여 중인 김 할머니(70세)는 복지관에서 모범적인 노인이다. 현재 일주일에 한 번씩 열리는 발마사지와 노인부부를 위한 노인상담 프로그램에 참석 중이다. 김 할머니는 복지관 대부분의 프로그램에 참석하며 다양한 노인 봉사활동에도 적극적이다. 자녀로는 현재 전문직에 종사하는 딸(45세)과 아들(48세)이 있다. 김 할머니는 현재 남편(71세)과 갈등을 경험 중이며, 노인상담 프로그램이 계기가 되어 상담자에게 개인상담을 요청하게 되었다. 김 할머니는 상담에 상당한 기대감을 보였다. 김 할머니는 평소와 같이 두툼한 스웨터를 입고 있었으며, 머리는 커트를 한 생머리였으며, 아직은 완전 백발이 아닌 80% 정도의 백발로 얼굴은 평화로운 모습이었고, 나이에 비해 주름살이 적어 60대로 보였다.

사례

상담자: 어르신, 이제는 날씨가 많이 좋아져서 완연한 봄이네요.

▶ 언어적 의사소통의 피상적 수준

클라이언트: 아이고! 아직 밖은 꽃샘바람이 불어 추워요.

상담자: 어르신, 요즘 건강은 어떠세요? 얼굴이 야위어 보이시는데…….

클라이언트: 아 글쎄, 난 봄을 타는가 봐요. 봄만 되면 밥맛이 없어 밥을 통 먹을 수가 없지 뭐예요. 그리고 영감 땜에 내 마음대로 먹고 싶은 식사를 해 먹을 수도 없고……. 참, 선생님 나한테서 냄새나요? 아 글쎄, 우리 영감이 나보고 냄새난다고 하면서 또 순 구식이라고 해요. 자기 목(축농증)에서 냄새가 나는데 그걸 나한테서 난다고 해요. 언제나 우리 집에서 자유롭게 살 수 있을지 그날이 속히 왔으면 해요.

▶ 언어적 의사소통의 사실과 정보를 알리는 수준
클라이언트는 여기서 자신의 문제를 호소한다. 남편과의 갈등을 식사와 냄새라는 두 가지 사실을 들어 호소하고 있다. 상담자는 이러한 호소에 귀를 기울여야 하며 동시에 공감적 접근을 해야 한다.

상담자: 할아버님 때문에 많이 힘드시군요.

▶ 상담자는 클라이언트의 호소에 대해 공감을 한다.

클라이언트: 그럼요, 영감은 언제나 자기 위주이니까요. 내 맘대로는 식사도 할 수 없지요.

▶ 언어적 의사소통으로 의견과 생각을 말하는 수준
클라이언트는 상담자의 공감에 대해 반응을 보인다. 더 적극적으로 자신의 문제를 호소하게 되며 언어적 의사소통의 수준이 더욱 깊어질 수 있다.

상담자: 할아버님은 가정 안에서 힘들어하는 어르신을 어떻게 생각하세요?

▶ 상담자는 클라이언트의 호소에 대해 좀 더 객관적인 정보를 얻기 위해 순환적 질문을 시도한다.

클라이언트: 영감도 영감 나름대로 답답해하지요. 하지만 한편으로 나에게 미안하다는 생각도 하는 것 같아요.	▶언어적 의사소통으로 감정을 나누는 수준
상담자: 아 그래요. 어르신, 할아버님이 어르신에게 무엇을 미안해하세요?	▶대화를 유도하는 기술
클라이언트: 젊을 때 일이지요. (약간 격양된 듯) 그러니까 다 이야기하려면 아주 복잡해요. 영감이 바람을 피우면서 나와 애들은 서울에 있고, 자기는 대전에서 개업을 하면서 다른 여자와 살면서 그 여자가 사모 행세를 하고……. (얼굴 표정이 굳은 채로 아픔이 되살아나신 듯 다시 말끝을 흐림)	
상담자: 아이고…….	▶상담자는 클라이언트의 호소에 대해 공감을 한다.
상담자: 어르신, 참 아픔이 많으셨겠네요?	▶언어적 의사소통으로 감정을 나누는 수준
클라이언트: 아이고! 말도 못해요. 내가 정말 아이들 땜에 산 거지. 어떨 땐 콱 죽어 버리고 싶었지요. 자살하는 사람이 왜 자살을 하는지 그때 알았어요.	
상담자: 어르신, 자녀들은 아버지에 대해 어떻게 생각하세요?	▶순환적 질문
클라이언트: 그래도 다행인 것은 애들이 잘 자랐고 지금은 나름대로 다 잘 살아요. 딸애는 지금도 아버지를 용서하기 어렵다고 하지요. 딸이 한창 자랄 때 아버지는 다른 여자하고 살았으니 그 애도 마음에 상처가 많을 겁니다. 아들은 아버지를 싫어하지만 한편으로 좋아하는 것 같아요.	▶순환적 질문을 통해 가족관계의 정보를 파악할 수 있다. 아버지와 자녀 간의 상호 역동이 드러나게 된다.

아들도 영감 따라서 의사가 되었지요.

상담자: 할머님이 젊었을 때 자녀가 큰 힘이 되었던 것처럼 지금도 어르신의 힘이 되는군요.

▶여기서 클라이언트의 가족체계와 클라이언트가 가진 자원이 드러난다.

클라이언트: 그나마 저에게는 이것이 위안이 됩니다.

상담자: 어르신은 그래도 자녀들을 잘 키우셨네요. 할아버님 때문에 너무나 힘들었지만 어르신의 헌신과 의지로 결국 가정을 지키셨어요.

▶상담자는 긍정적 피드백을 시도한다.

클라이언트: (웃음) 뭘요. 선생님이 그렇게 말씀해 주시니 고맙네요.

상담자: 요즘은 할아버님과는 어떠세요?

▶상담자는 개방적 질문을 통해 폭넓은 대화를 시도한다.

클라이언트: 요사인 그냥 그렇죠! 마음으로나 생각으로나 아직도 안 맞지요. 그러나 내가 그냥 맞춰 가며 사는 거지요.

▶여기서 상담자는 클라이언트가 실제로 갖고 있는 문제를 파악하게 된다. 클라이언트 부부의 문제는 현재의 문제이기보다 과거의 갈등이 연결되어 있다는 것을 인식하게 된다. 현재 두 부부 사이에 놓여 있는 것은 현재 관계와 의사소통의 문제이기보다 과거 상처의 문제임을 발견한다. 이 단계에서 상담자는 좀 더 클라이언트 부부의 문제를 탐색하고 동시에 클라이언트가 가진 자원을 발견하고자 시도한다.

상담자: 두 분이 지금도 어렵지만 견딜 만하다는 것이군요?

▶대화를 유도하는 기술

클라이언트: 하지만 요사이도 영감이 나에게 잘못한 과거가 생각이 나면 힘들어요. 일을 하다가

도 과거가 문뜩문뜩 떠오르곤 하지요. 이럴 땐 영감이 너무나 싫어지고 나 역시 영감에게 잔소리를 하게 되지요.

상담자: 어르신이 옛날 일이 생각나서 힘들어하실 때 할아버님은 어떠세요?

▶상담자는 과거 성공 경험 찾기를 시도하여 과거 안에서 해결의 자원을 찾으려고 한다.

클라이언트: 미안해하지만 이제 그만 좀 하라고 소리를 지르지요. 그러면 저는 화가 더 나서 대들게 되고 또 싸우게 돼요. 우리 부부는 언제나 이렇답니다.

상담자: 네……. 두 분이 어떻게 만나신 건가요?

클라이언트: 연애로 만났지요.

상담자: 아, 그래요. 처음에 어떻게 만나 결혼을 하게 되셨는지 말씀해 주시겠어요?

클라이언트: 그야 한 동네에 살았으니 자동으로 알게 되고, 그러다가 친하게 되어 결혼하게 된 것이지요.

상담자: 그래도 누군가가 먼저 데이트 신청을 하고 만나자고 했겠죠? 어느 분이셨죠?

클라이언트: 그 사람과 내가 바로 이웃에 살았거든요. 내가 먼저 선물도 주었어요. 영감네 집은 홀어머니와 단 둘이 살았고, 우리 집은 양친 부모 다 살아계셔서 여유가 좀 있었으니까 내가 받을 생각 안 하고 주면서 더 사랑했지요. (과거를 회상하는 듯 엷은 미소를 띠며) 그렇게 하다 보니 좋아진 거지요.

상담자: 아, 그러고 보니까 어르신께서 먼저 사랑을 하셨다 이거군요?

▶상담자는 긍정적 피드백을 시도한다.

클라이언트: (약간 상기된 듯한 표정으로) 그렇죠!

그 사람이 맘은 있어도 먼저 나한테 못 그랬을 거예요. 그 사람은 편모슬하에서 집안이 어려워 6학년 때부터 선교사님 집에서 아르바이트를 했지만 우리 집은 그래도 넉넉했으니까요. 우리 집안은 사람들 앞에 어엿한 집안이고 흠 잡힐 일이 없었죠. 그러니 영감이 먼저 말할 수 없었지요.

상담자: 그러면 어르신께서 먼저 프러포즈를 한 셈이네요. 어르신은 상당히 앞서 가신 신여성이시네요?

클라이언트: (상당히 고무된 표정으로) 신여성? 맞지요. 신여성이라는 게 사실이지요. 내가 동네에서 유치원 선생을 하는데 그 사람이 늘 나를 찾아왔거든요. 서로 좋아 지낸 거지요.

상담자: 그러면 결혼은 언제 하셨어요?

클라이언트: 만 21세에 했는데, 그때 그 사람은 22세였지요. 난 결혼 전에는 친정 돈으로 공부했고, 시집가서는 내가 벌어서 먹고 살았지요. 그때는 남녀 차별이 심했고, 여자는 그냥 하는 척하다가 시집가는 걸로 알고 있었으니까요. 그러다가 그이가 ○○ 의전에 다니는 중 군의관으로 뽑혀 가게 되었고, 4년 반 만에 졸업을 하게 되었어요.

상담자: 그 당시 두 분의 신혼생활은 어떠셨어요?

클라이언트: 처음 10년간은 참 좋았어요. 그때는 난 대구에 있었고, 그이는 서울에서 ○○ 의대에 다닐 때인데, 서로 편지를 받으면 그 자리에서 금방 답장을 하고 연애 때보다도 더 진한 사랑을 주고받았지요.

상담자: 어르신은 결혼 후 10년 동안은 무척이나 행복하셨네요.

▶상담자는 적극적 경청을 바탕으로 명료화를 시도한다.

클라이언트: 맞아요. 정말 행복했어요.

상담자: 그 후 또 십 몇 년 동안은 힘드셨고요?

클라이언트: 그래요. 처음 10년은 좋았지만 그 후 나는 너무나 힘들었어요.

상담자: 어르신 지금은 두 분이 어떠세요? 처음 결혼 10년과 그 후의 결혼 시기에 대해서 말씀해 주셨는데 그러면 지금은요? 그 당시가 10점 만점이라면 지금은 몇이 될까요?

▶상담자는 척도질문을 통해 문제를 구체화하려고 한다.

클라이언트: 가장 힘들 때가 10이라면 지금은 4 정도 되는 것 같아요. 요사이는 그래도 한창 힘들던 옛날보다는 낫지요. 어쨌든 늙어서 그런지 바람도 안 피우고 그럭저럭 살 만해요. 한편으로 이런 생각도 들어요. 영감 말처럼 내가 과거의 일을 생각하지 않으면 지금은 살 만하다고 생각해요.

상담자: 어르신은 할아버님에 대한 불만이 지금보다는 과거 일에 많으며, 과거의 아픔 때문에 현재 힘들어하신다는 것이군요. 혹시, 어르신, 결혼하고 10년 이후의 기간도 내게서 중요하지만 결혼 초 10년의 기간 역시 내게 소중한 기억이라는 것을 어떻게 생각하세요?

▶상담자는 언어적 의사소통의 절정의 대화 수준으로 이끌기 위해 과거 성공 경험 찾기를 시도한다.

클라이언트: 맞아요. 내가 그 생각은 하지 못했어요. 어쩌면 힘든 결혼생활을 가능하게 해 주었던 것은 아마도 그 시절의 추억 때문일 거예요. (얼굴이 밝아진다.)

상담자: 어르신은 동네에서 한 멋진 젊은이를 보고 사랑하셨고 그와 결혼하셨어요. 처음 10년간은

▶상담자는 명료화를 시도한다.

행복했고요. 그리고 그 후 10년간은 힘들었지요. 그러나 지금은 이러한 두 시기의 중간에 살고 계시고요.

클라이언트: 그런 것 같아요. 지금은 전처럼 힘들지 않아요. 애들도 다 컸고 나를 이해해 주고. 사실, 영감이 얼마 전에 나를 떠나 10년간 다른 여자와 살 때 언제나 마음이 불안하고 편하지 않았다고 하더라고요. 그래서 저는 죄인이 양심의 가책도 없으면 그게 악마지 그걸 말이라고 하냐고 소리를 질렀지요.

▶언어적 의사소통의 절정의 대화 수준

상담자: 할아버님이 어르신에게 사과를 한 거네요. 할아버님의 입장에서는 최대한 사과의 표현을 하신 것 같네요.

▶상담자는 직면을 바탕으로 긍정적 피드백을 시도한다.

클라이언트: 선생님 말이 맞아요. 미안하다고 하는 거예요. 그때는 쓸데없는 소리 한다고 화가 났지만 사과의 표현인 것 같아요. 내가 선생님과 상담을 잘 한 것 같아요.

▶상담자와의 대화를 통해 클라이언트는 자신의 문제를 바라보는 관점의 작은 변화를 일으키게 된다. 노인상담의 과정은 클라이언트의 문제를 근본적으로 변화시키려 하기보다 작은 인식의 변화에 초점을 맞춘다.

상담자: 제 생각에 어르신이 과거의 안 좋은 기억을 버릴 순 없지만 현재가 역시 중요하지 않을까요? 과거의 좋은 추억과 안 좋은 기억 중에서 무엇을 선택할지도 어르신에게 달려 있지만 중요한 것은 현재 두 분이 아닐까요. 어르신은 그동안 무척 힘든 시간을 보내셨고 지금에 이르렀어요. 이제 그 힘든 시기를 진정으로 보상받는 것이 무엇인지를 생각해야겠어요. 어르신 오늘은 여기까지 하고요. 다음에 또 이어서 계속 어르신의 말씀을 듣겠습니다. 어르신, 오늘 시간 내주시고 마음의 대화를 해 주셔서 정말 감사드립니다.

제 3 부

노인상담의 과정 및 주제별 노인상담

제6장

노인상담의 과정

상담은 언어라는 도구를 통해 초기 단계, 중기 단계, 종결 단계로 이어지는 일련의 과정을 갖는다. 각 단계마다 상담자의 전문적인 상담기술을 필요로 하며, 상담자는 각 단계마다 요구되는 사항을 숙지해야 한다.

1. 의뢰

노인상담은 젊은 성인의 경우와는 달리 노인 스스로가 상담을 요청하는 경우가 많지 않다. 전화상담의 경우를 제외한 일반적인 상담의 형태에서 배우자, 자녀, 친척, 의사, 지역사회 종사자들과 같은 주변 사람들의 권유로 상담이 이루어지는 경우가 많다. 노인이 자발적으로 상담을 요청하는 것은 신체적으로나 심리사회적으로 쉽지 않기 때문이다. 상담

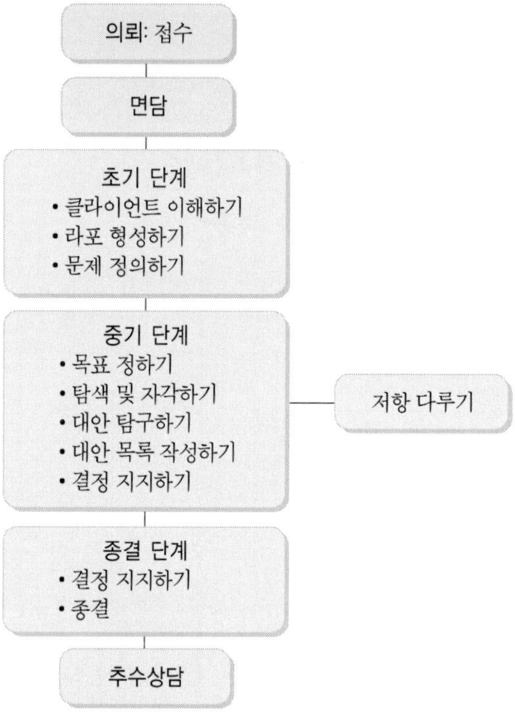

●그림 6-1● **노인상담의 과정**

과정의 첫 시작은 노인과 인간관계를 맺고 있는 사람이 대신하여 어떻게 상담을 받을 수 있는지 물어 오는 경우도 있고, 이들 대리자를 통해 상담이 이루어지는 경우도 있지만, 대부분 전화로 상담받고 싶다는 의향을 전달한다. 만일 노인 본인이 직접 전화로 상담을 요청한다면 이 전화 접촉은 단순히 상담을 위한 시간과 장소를 알려 주는 것이 아니다. 상담자는 앞으로 상담하게 될 클라이언트와의 첫 대화를 통해 클라이언트의 문제와 증상, 감정적 상태에 대한 기본 정보를 얻을 수 있다(Schlippe & Schweitzer, 1999). 이때 상담자만 기본 정보를 얻는 것이 아니다. 클라이언트 역시 앞으로 상담하게 될 곳과 상담자에 대해 나름대로의 정보를 갖게 된다. 따라서 클라이언트와의 전화 통화에서 상담자는 예의 바르고 친절하게 대하며 전화를 건 클라이언트를 존중하는 자세를 취하여야 한다. 어렵게 용기를 내어 전화를 한 클라이언트의 요청에 상담자가 어떻게 반응하는가에 따라서 이후 이어질 상담관계의 질이 달라진다. 따라서 상담자는 첫 전화 통화에서 클라이언트의 문제에 대한 충분한 관심과 앞으로 상담을 통해 도움을 받을 수 있을 것이라는 희망을 주어야 한다.

2. 면담

상담자는 면담 전에 상담실의 물리적 환경에 클라이언트가 익숙해지도록 해야 한다. 이를 통해 클라이언트는 경직된 감정을 풀고 편안함을 느낄 수 있다. Corey는 첫 면담의 처음 몇 분이 상담 분위기를 좌우하는 결정적인 시기라고 하였다. 첫 면담은 단순히 클라이언트의 문제(증상)에 대한 정보를 얻기 위한 시간이기보다 앞으로 진행될 상담에 대해 긍정적인 기대를 갖도록 하는 시간이다(현명호, 유제민 역, 2001).

대부분의 노인 클라이언트와 그의 가족이 상담을 위해 첫 면접에 올 때는 이미 문제를 해결하기 위해 나름대로 시도해 보았지만 실패를 경험한 후다. 즉, 먼저 가까운 친척이나 친구들에게 도움을 청했으나 실패한 후에 아마도 마지막으로 문제 해결을 위한 기대를 갖고 상담자를 찾아오는 것이다. 따라서 상담을 받기 위한 첫 면담에 임하는 클라이언트와 그의 가족은 문제 해결을 위한 여러 번의 실패를 경험한 후 우울한 표정을 지으며 상담자를 만나러 올 수 있다.

상담자와 처음으로 대면하게 된 클라이언트와 그의 가족은 과연 자신들의 문제가 해결될 수 있는지 또는 희망이 있는지를 알고 싶어 한다. 따라서 첫 면담은 클라이언트의 문제를 들으면서 그들의 어려움에 대해 공감적 지지를 보내는 것이 중요하다. 상담자는 클라이언트의 문제에 대한 판단을 유보하고 클라이언트의 말을 주의 깊게 경청하며 적절한 관심과 존경심을 보임으로써 신뢰관계를 수립하게 된다. 첫 면담은 상담자와 클라이언트 및 그 가족 모두에게 가장 중요한 시간이다. 우선 상담자는 첫 면담을 통해 클라이언트의 문제에 대한 정보를 얻고 상담의 목표를 세우게 된다. 또한 첫 면담에서 클라이언트는 상담자를 신뢰하게 되고 문제 해결에 대한 기대를 갖게 된다. 만일 클라이언트가 상담자를 신뢰하지 않게 된다면 다시 찾아오기 어렵고, 다시 온다고 하더라도 상담 중에 저항이 더 강하게 일어날 수 있다.

상담자는 "어르신, 어떻게 도와드릴까요?" "무슨 이야기부터 시작하고 싶으세요?" 등의 말로 클라이언트가 이야기를 시작하도록 돕는다. 만일 클라이언트가 자발적으로 온 것이 아닌 의뢰된 경우라면, 상담자가 클라이언트에 관해 아는 바를 먼저 이야기하고 촉진적인 반응을 보인다.

표 6-1 **첫 면담에서 파악해야 할 내용**

- 클라이언트가 주로 호소하는 문제는 무엇인가?
  첫 면담에서 클라이언트가 가진 문제가 파악되어야 한다.
- 상담자와 클라이언트 간에 촉진적 관계가 이루어졌는가?
  앞으로 계속 진행될 상담을 위해 클라이언트와 상담자 모두에게 좋은 상담 분위기가 만들어져야 한다. 즉, 클라이언트가 상담자에 대해 신뢰감을 형성해야 한다.
- 문제가 언제부터 시작되었으며 얼마나 심각한가?
  클라이언트의 문제가 언제부터, 얼마나 지속되었는지를 파악해야 한다.
- 문제에 대해 그동안 어떻게 대처하여 왔는가?
  발생된 문제에 대해 클라이언트와 주변 가족은 어떤 방식으로 대처하여 왔는지가 관찰되어야 한다.
- 문제에 대해 클라이언트와 가족은 어떻게 연결되어 있는가?
- 클라이언트의 고통과 가족의 문제가 어떻게 서로 연결되어 있는지를 파악해야 한다.
- 클라이언트가 가진 자원이 무엇인가?
  클라이언트의 고통을 해소하고 문제를 해결하기 위한 클라이언트 자신의 개인적인 자원과 가족의 자원이 파악되어야 한다.

첫 면담은 클라이언트의 문제를 파악하는 것이며, 동시에 상담을 위한 라포를 형성하는 것이다. 상담은 오로지 상담자에 의해 만들어지는 것이 아닌 상담자와 클라이언트 그리고 클라이언트의 가족과 함께 만들어 가는 과정이다. 여기에서 절대적으로 클라이언트와 가족의 적극적인 참여가 필요하다. 상담자는 면담 과정 동안에 클라이언트의 문제를 가족과 상의할 수 있다. 이것을 통해 가족들이 노인의 요구를 구체화할 수 있을 뿐만 아니라 자신들의 요구를 생각할 수 있다.

표 6-2 **성공적인 첫 면담의 평가 기준**

- 상담자와 클라이언트가 편안한 느낌을 받았는가?
- 상담자가 주의 깊게 경청하였으며, 이에 대한 클라이언트의 반응이 있었는가?
- 상담자가 클라이언트의 이야기에 대해 이해를 하였으며, 이에 대한 클라이언트의 반응은 어떠했는가?
- 상담자가 이해하지 못해 클라이언트에게 명료화 기법을 적용했을 때, 이에 대한 클라이언트의 협조가 있었는가?
- 클라이언트가 스스로 말하도록 기다렸는가? 혹은 직접적이고 심문조의 질문은 아니었는가?
- 클라이언트가 자유롭게 자기 자신에 대해 이야기하도록 편안한 분위기가 조성되었는가?

노인상담은 노인 클라이언트의 상황을 고려해서 구성된 일정한 상담실에서 이루어져야 한다. 상담이 진행될 상담실은 되도록 구조화되어 있어야 하며, 복지시설이나 상담실의 여건에 따라 유동적으로 이동되어서는 안 된다. 상담실은 노인 클라이언트의 정서에 맞게 물리적 환경을 구성해야 하며, 상담자의 세심한 주의가 필요하다. 이러한 물리적 환경에서 클라이언트에게 우선적으로 필요한 것은, 클라이언트가 다른 용무와 볼일로 온 사람들에게 되도록 노출되지 않게 배려하며 두려움 없이 자신의 문제와 증상을 호소할 수 있는 장소를 제공하는 것이다. 사회복지기관이나 병원 등과 같은 기관에서 일정한 노인 전용 상담실이 없이 상담이 이루어질 경우 무엇보다 상담이 방해받지 않을 장소를 선택해야 한다. 예를 들어, 사용하지 않는 방, 커튼으로 드리워져 있는 4인용 방 등이 적합하다. 이때 기존 방에 있는 설비물(예: 모니터, TV)은 미리 옮겨 놓는다. 또한 상담실 안에 여러 책이나 잡지 등을 비롯한 여러 비품과 기구가 비치되어 있는 것보다 간단한 의자와 작은 테이블 정도가 있는 것이 좋다.

노인상담에서 상담과 더불어 노인을 위한 질병 예방과 건강 증진을 위한 서비스를 제공할 수 있는 의료 시스템이 있다면 노인상담의 효율성을 높일 수 있다. 젊은 성인 클라이언트를 대상으로 한 상담이라면 질병과 건강 관련 시설은 크게 중요한 역할을 하지 않을 것이나 노인의 경우는 심리적 · 정서적인 문제라도 이것이 단순히 심리적인 문제로 나타나기보다 신체적 증상과 연결되어 나타날 가능성이 많다. 따라서 노인상담이 의료 서비스와 유기적으로 연결되어 진행된다면 상담의 효율성을 극대화할 수 있을 것이다.

우리나라의 상담문화에서 젊은 성인의 경우도 스스로 찾아온다는 것은 무척 어려운 일이다. 더구나 노인이 스스로 찾아온다는 것은 몹시 어려운 일이며, 그만큼 많은 용기와 결단을 필요로 한다. 따라서 상담자는 노인 클라이언트가 지속적으로 방문할 수 있도록 상담의 동기를 불어넣어 주고 되도록 편하게 찾아올 수 있도록 교통편의를 비롯해 상담을 클라이언트 중심으로 구조화하는 것이 필요하다.

노인상담 환경의 구조화에는 물리적 환경에 대한 고려와 더불어 상담기간, 상담시간, 상담횟수 등에 대해 구성하는 것이 필요하다. 상담 1회는 45~60분간 진행되며, 보통 1주일에 1회씩 진행되는데, 상담자는 시작 단계에서 이러한 상담 과정을 명확하고 구체적으로 설명해야 한다. 클라이언트의 사정에 따라 이러한 사항은 유동적이지만 상담자는 일정하게 구조화된 형태를 통해 상담의 구조를 유지해야 한다. 때로는 면담

▶ 상담을 원하는 노인이 가능한 편하게 찾아올 수 있도록 상담을 노인 중심으로 구조화하는 것이 필요하다.

과정에서 새로운 정보를 발견하게 되고 클라이언트가 본격적으로 자신의 문제를 개방하였다면 상담자의 판단에 따라 시간이 연장될 수도 있다. 그러나 이러한 구조화된 상담시간의 연장은 많은 경우에 긍정적인 것보다는 부정적인 결과를 가져올 수 있다.

상담자는 사정에 따라 클라이언트의 문제와 증상을 진단하고 보다 효율적으로 개입하기 위해 클라이언트의 가까운 가족의 참여를 구조화할 수 있다. 상담자는 클라이언트를 보다 효과적으로 관찰하기 위해 클라이언트의 동의하에 상담실에 녹화시설을 설치할 수 있다.

3. 노인상담의 단계: 9단계 상담 모델

사람은 일생을 통해 수많은 위기와 스트레스를 경험한다. 노인 역시 노년기의 위기 속에서 많은 문제를 가지며 이것들을 나름대로 극복하고 해결해야 한다. 대부분의 노인은 문제에 직면했을 때 많은 부분을 상담을 통해서가 아니라 스스로 해결하고 극복해 갈 것이다. 노인은 자신들이 갖고 있는 자원이나 그동안의 성공 경험에 의거하여 나름대로의 해결책을 갖고 있다(de Shazer, 1988). 그러나 어떤 문제에 대해서는 노인 혼

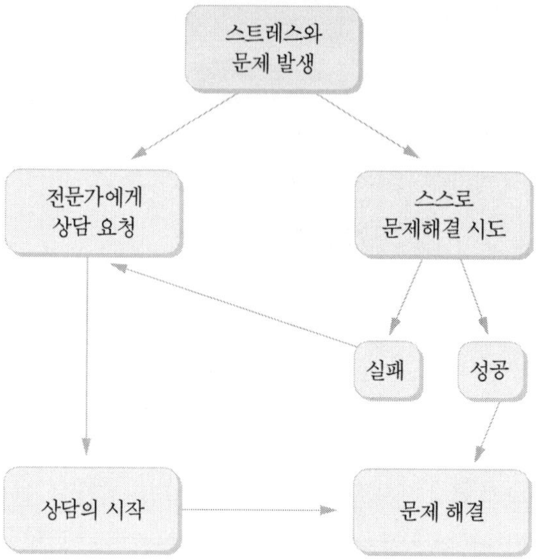

● 그림 6-2 ● **노인의 상담 요청 경로**

자서 극복하기 어려워 전문가의 개입을 필요로 하게 되므로 노인상담을 시작하게 된다. McDonald와 Haney는 상담을 받으려는 노인은 다음과 같은 동기를 갖는다고 한다(현외성, 하정미 역, 2003).

즉, 노인은 ① 개인적인 문제를 해결하기 위해서, ② 중요한 결정을 하는 데 도움을 받기 위해서, ③ 자신이 행복하지 못하고 어디로 가야 할지 모르기 때문에, ④ 어려운 상황을 다루는 법을 배우기 위해서, ⑤ 위기를 겪는 동안에 도움과 위로, 지지를 받기 위해서, ⑥ 공감적이고 지지적인 누군가와 대화를 하기 위해서, ⑦ 그들 스스로에 대해서 더 잘 알기 위해서 상담을 요청한다.

McDonald와 Haney가 말한 노인이 상담을 요청하는 문제들 중 어떤 문제는 일시적인 반면, 어떤 문제는 장기간에 걸쳐 문제가 지속되거나 심지어 악화되기도 한다. 노인 클라이언트가 이와 같은 문제로 상담을 하러 오는 경우가 있지만 시간이 지나면서 그가 정말로 원하는 바가 전혀 다른 것이라는 사실을 발견하기도 한다. 이것은 상담을 통해서 클라이언트가 이제까지 몰랐던 자기 자신에 대한 많은 부분들을 알게 되며 클라이언트 역시 이러한 것을 원하게 되기 때문이다.

Skovholt(2001)는 애착과 분리는 자녀 양육에 있어 뿌리와 날개라고 하였다. 애착은 어머니와의 관계를 통해 형성되는 것으로 다른 사람과 정서적으로 관계를 맺는 것이며, 분리는 애착과 반대로 다른 사람과 정서적으로 분리되는 것이다. 여기서 가장 좋은 양육은 자녀의 정서적 뿌리인 애착과 세상에서 타인과 더불어 살게 해 주는 분리라는 날개를 잘 갖게 해 주는 것이다. 이 두 가지를 조화 있게 양육하는 부모는 가장 훌륭한 양육 방식을 가진 부모라고 할 수 있다. 자녀 양육의 핵심인 애착과 분리는 역시 상담자에게도 가장 필요한 핵심 능력이다.

Skovholt(2001)는 애착과 분리에 대해 상담자의 상담 몰입이라는 개념을 첨가하여 상담이란 애착과 몰입, 분리라는 순환 과정으로 이루어진다고 설명하였다. 노인상담 시 가장 기본적인 요소 또한 상담자가 클라이언트의 문제에 부단히 애착하고, 몰입하고, 마지막으로 분리를 하는 일련의 순환 과정이다.

공감적 애착은 노인상담의 초기 단계로, 적극적 몰입은 노인상담의 중기 단계로, 그리고 분리감 느끼기는 노인상담의 종결로 볼 수 있다.

이러한 세 가지의 기본 상담 단계를 McDonald와 Haney의 노인상담을 위한 9단계로 확장할 수 있다. 9단계 상담 모델은 상담자에게 대부분

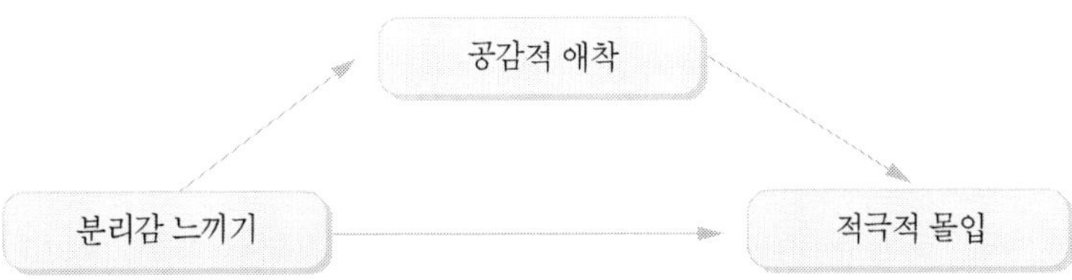

● 그림 6-3 ● **애착과 몰입, 분리의 순환 과정**

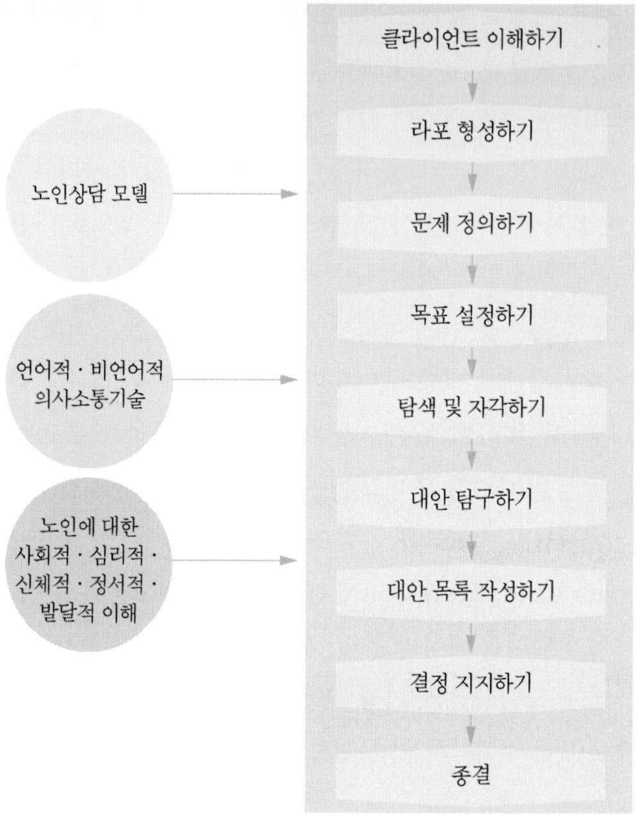

●그림 6-4● **비언어적 · 언어적 의사소통기술과 9단계 상담 모델**

클라이언트들의 욕구를 충족시킬 수 있는 기술과 틀을 제공하기 위해서 고안된 체계적인 접근이다(현외성, 하정미 역, 2003).

다음에서 9단계 상담 모델에 대해 자세히 알아보자.

초기 단계

클라이언트 이해하기
- 반영기법

라포 형성하기
- 경청하기
- 이해를 표시하기
- 공감적 이해
- 반영하기

문제 정의하기
- 클라이언트 사정 모델

중기 단계

목표 설정하기
- 목표 정하기 지침
- 목표 정하기 기법: 기적질문

탐색 및 자각하기
- 저항 다루기

대안 탐구하기
- 브레인스토밍
- 성공 경험 탐색하기
- 예외 탐색하기

대안 목록 작성하기
- W.D.E.F 공식

종결 단계

결정 지지하기

종결
- 행동 변화에 대한 평가
- 변하지 못한 문제 평가
- 변화 유지에 대한 탐색

● 그림 6-5 ● **9단계 상담 모델의 과정**

1) 노인상담 초기 단계

노인상담의 초기 단계는 9단계 상담 모델의 1단계부터 3단계까지를 말한다. 초기 단계는 애착의 단계로 클라이언트에 대한 깊은 이해를 전제로 한 상담의 준비 단계이며, 중기 단계를 위한 토대를 닦는 과정이다.

이 단계는 상담 관계의 형성 시기라고 말할 수 있다. 성공적인 노인상담은 클라이언트가 상담자와 만나 이야기하면서 편안함을 느낄 수 있는 촉진적인 관계에 달려 있다. 이러한 클라이언트와의 관계 형성을 통해 적절한 상담 분위기를 만드는 동시에 클라이언트의 위기의 주요 원인과 문제를 지속시키는 환경이 무엇인지에 관해 많은 정보를 파악하며, 이를 통해 노인 클라이언트를 명확하게 이해할 수 있게 된다. 노인상담의 초기 단계에서 수집된 정보는 상담의 목표, 개입 전략을 구성하는 데 도움을 준다.

(1) 클라이언트 이해하기

먼저 상담자는 클라이언트의 동기를 파악하기 위해 클라이언트의 걱정거리, 문제, 찾아온 이유를 말하도록 한다. 또한 클라이언트가 상담을 하러 온 경위에 대해 탐색한다. 이 과정에서 상담자는 클라이언트의 문제에 대한 관심과 클라이언트에게 도움을 주고자 한다는 것을 표현해 준다. 상담자가 클라이언트를 이해하기 위한 주요한 차원은 클라이언트의 감정 영역이다. 노인상담에서 필수적인 과정은 노인 클라이언트를 공감하며 그의 감정을 이해해 주는 것이다. 클라이언트가 문제에 직면하여 보이는 슬픔, 분노, 우울, 낙담, 죄의식, 수치심 등과 같은 감정적 상태를 수용하며 이해하는 작업이 우선시된다. 이러한 클라이언트 이해하기 단계에서 상담자는 클라이언트의 감정을 이해해 주는 반영기법을 사용할 수 있다.

예를 들어 노인학대의 가해자를 상담하는 특수한 경우, 클라이언트를 이해한다는 것은 클라이언트의 입장에 동감한다는 것은 아니다. 이러한 경우에는 단지 상담자가 마음을 개방한다는 것을 뜻한다. 이러한 접근은 클라이언트를 그만큼 덜 방어적으로 만들며 상담자와의 관계에서 개방적이고 솔직하게 만든다.

▶ 노인 클라이언트의 감정을 이해하는 것이 중요하다.

표 6-3 **반영기법의 예**

클라이언트: 남편은 매일 늦게 들어오고, 일찍 들어왔을 때는 다 큰 자식들하고 늘 싸웁니다. 애들도 이제 컸다고 아버지에게 지지 않습니다. 상담자: 어르신은 가족 안에서 참 힘드셨겠네요. 클라이언트: 지금 이 이야기를 하는 것이 몹시 힘들 것 같군요. 상담자: 어르신이 지금 너무 속상하셔서 다른 사람에게 말하는 것을 힘들어하시는군요. 여기에 오시는 것이 얼마나 힘든 일인지 저는 잘 압니다. 클라이언트: 예, 그래요, 저는 잘 모르겠어요. 내가 왜 이렇게 어리석은지…….

표 6-4 **상담자 유의사항**

• 클라이언트의 위기문제와 관계 요인을 이야기한다. 상담자는 클라이언트가 전문적인 상담의 필요성을 느끼고 상담 과정에 적극적으로 참여하도록 유도한다. • 상담자는 클라이언트의 언어적 의사소통에 주목할 뿐 아니라 비언어적인 행동을 통해 표현되는 감정을 관찰한다.

(2) 라포 형성하기

노인상담은 상담자와 클라이언트의 상호작용(interaction)의 과정을 통해 진행된다. 따라서 상담자와 클라이언트의 상호작용의 유형이 어떠한지에 상담의 성패가 달려 있다. 상담을 위한 상담자와 클라이언트 의 효과적인 상호작용의 관계를 라포(rapport)라고 하며, 이 말은 공감적 애착을 위한 관계로 이해할 수 있다.

이러한 라포 형성 단계에서 필수적인 사항은 클라이언트를 향한 상담자의 지지와 수용이다. 상담자는 상담을 시작하면서 클라이언트의 동기를 유발하여 그들 스스로 변화를 일으키도록 해야 한다. 상담자는 클라이언트의 문제에 대한 판단을 보류하고 클라이언트의 말을 주의 깊게 경청하며 적절한 애정과 존중감을 보임으로써 상담자와 그들이 함께 있음을 느끼도록 만들어야 한다. 이것을 통해 노인 클라이언트에게 자신이

▶ 노인상담은 노인과 상담자 사이에 효과적인 상호작용이 이루어질 때 성공할 수 있다.

가치가 있고 인정받고 보살핌을 받을 수 있는 존재라는 확신을 줄 수 있어야 한다. 그러나 상담자가 초기 면담에서 지나치게 말이 많으면 클라이언트는 짜증을 내거나 상담을 거부할 수 있다. 클라이언트가 상담자에게 부정적인 반응을 보이기 시작하면 상담자와 클라이언트 사이의 라포

표 6-5 **진행 전략**

전략	내용
경청하기	클라이언트의 언어적·비언어적 의사소통을 인식하고, 이것에 대해 적절한 반응을 표현한다. 이렇게 하여 상담자가 열심히 경청하고 있으며 클라이언트의 관심사에 초점을 맞추고, 현재 클라이언트가 유일한 관심사임을 알려 준다.
이해를 표시하기	"~한 것으로 이해하겠습니다. 제가 느끼기로 어르신의 말씀은 ~이군요." 이해하지 못했을 때에는 "어르신의 말씀을 잘 이해하지 못했는데, 다시 말씀해 주시겠습니까?"
공감적 이해	클라이언트를 마음으로 존중하며, 일관적이며 성실하게 상담에 임한다.
반영하기	클라이언트에게 자기 자신을 다시 비추어 보게 한다. 이것을 통해 클라이언트는 자신의 감정, 생각, 행위, 의도 등을 반영하게 된다. 예를 들어, 상담자는 클라이언트에게 자기 감정을 규명하고 느끼도록 하며 논의되는 화제에 깊게 그리고 자세하게 생각하도록 한다.

표 6-6 **라포를 위한 상담자 태도에 대한 클라이언트의 반응**

라포 형성을 위한 상담자 태도	클라이언트의 반응
공감적 이해	상담자는 내가 어떻게 느끼는지를 알고 있다.
수용적 존중	상담자는 내가 어떤 생각, 어떤 행동을 하더라도 나를 있는 그대로 받아들이고 있다.
일관적 성실성	상담자는 말과 행동이 같고 또 나를 항상 성실하게 대할 것이다.
전문적 구체성	상담자는 실타래의 매듭을 풀 듯 내 문제를 하나씩 해결해 나갈 능력이 있다.

출처: 이장호(2004).

형성에 장애를 줄 수 있다.

라포 형성을 위한 공감적 이해는 때로는 노인 클라이언트로 하여금 불평을 허용하는 공간이 되기도 한다. 그러나 상담자는 클라이언트가 경험하였던 어려움과 문제에 공감하되 그것이 은퇴 이후 변화된 생활에 적응하는 것에 대한 어려움이나 성공적인 노년을 보낼 수 없는지에 대한 변명과 구실로 작용하지 않도록 주의한다.

(3) 문제 정의하기

이 단계는 클라이언트의 문제가 무엇인가를 구체적으로 다룬다. 다시 말해서 문제 정의하기란 일종의 사정과 진단의 단계로 클라이언트의 위기의 문제를 파악하고, 명명하여 문제의 실체를 객관화하는 작업이다. 이러한 노인상담의 단계는 클라이언트의 문제를 파악하고 적절한 개입을 위한 목표를 세우는 데 도움을 준다. 효과적인 노인상담을 위해서는 정확하게 클라이언트의 문제를 파악하는 것이 필수적이기 때문에 이 단계에서 클라이언트의 문제를 정의하기 위한 다양하고 체계적인 정보 수집이 요구된다. 따라서 객관적인 자료 수집 방법을 위해서 생태도, 순환

▶ 효과적인 노인상담을 위해서는 정확하게 노인 문제를 사정하는 것이 필수적이다.

적 질문, 가족조각, 체계적 질문 등의 면담기법들이 활용될 수 있다. 문제 정의하기는 클라이언트의 객관적인 자료와 문제 상황에 대한 사실만을 파악하는 것이 아닌 클라이언트의 주관적 자료인 감정이나 반응 등에 대한 인식을 동반한다. 아울러 문제 정의하기가 적절하게 이루어지기 위해서는 상담자 자신의 열정과 성실성이 필요하다.

상담자가 클라이언트의 문제를 정의하기 위해 두 가지의 단계가 필요하다. 먼저, 클라이언트의 문제가 얼마 동안 지속되었는가를 파악하는 것이다. 최근에 발생한 문제라면 상대적으로 변화시키기가 쉽지만 오래 끌어온 문제는 그만큼 해결하기가 어렵다. 상담자는 문제를 정의하면서 클라이언트가 상담을 의뢰한 경위와 과거의 상담 경험과 기록 등에서 결정적인 정보를 얻을 수 있다. '클라이언트가 어떻게 상담을 요청하게 되었는가?' '이 클라이언트를 이전에 다른 상담자가 담당했는가?' 그렇다면 '담당했던 이전 상담자의 평가와 소견은 무엇인가?' '어떻게 이 문제를 맡게 되었는가?' '시급한 문제 해결이 필요한가?' 상담자는 스스로 이와 같은 질문을 하고 답을 구해야 한다.

다음으로, 문제를 정의하기 위해서 문제의 본질을 명확하게 파악하는 것이다. 클라이언트가 문제를 호소할 때 우선적으로 해야 할 과제는 문제를 해결하는 것이 아니라, 문제가 무엇이며 어떤 것인가를 명확하게 파악하는 것이다.

클라이언트는 상담자에게 도움을 호소하지만 구체적으로 상담을 통해 무엇을 얻고자 하는지 불분명한 경우가 많다. 노인 클라이언트는 의사소통능력의 저하로 자신의 문제와 증상을 명확하게 이야기하거나 설명하기 어렵다. 따라서 상담자는 클라이언트와의 대화를 통해 클라이언트의 문제가 과연 무엇인지를 파악하는 것이 필요하다. 그러나 상담자가 클라이언트의 문제를 파악하고자 할 때 클라이언트에게는 단지 하나의 문제만 있는 것이 아닌 다양한 문제들이 복합적으로 연결되어 있음을 발견하게 된다. 상담자는 이러한 복합적인 문제들 가운데 클라이언트의 주요 문제를 파악하고 명확히 정의를 내리게 된다. 그러나 이러한 문제 정의하기에서 중요한 사실은, 변화를 필요로 하는 사람은 바로 클라이언트 자신이며 가능하다면 클라이언트 스스로가 내린 정의를 따르는 것이 중요하다는 것이다(김인수, 1992).

문제 정의하기 사례

김 할머니(75세)는 독실한 기독교인으로 아들 부부와 같이 살고 있다. 김 할머니는 상담자에게 며느리와 신앙의 차이로 상담을 호소하였다. 며느리가 자신과 달리 신앙생활에 게으르고 이것이 가족의 어려움이 잘 풀리지 않게 하는 원인이라고 설명하였다. 그러나 상담을 통해 신앙의 문제라는 요인 뒤에 며느리와의 관계에 문제가 있음이 드러나게 되었다. 즉, 오랫동안 지속된 고부간의 갈등이 상담자와의 대화를 통해 밝혀지게 되었다. 클라이언트는 맨 처음 상담자에게 호소한 며느리와의 신앙의 차이라는 문제에서 한 단계 더 나아가 고부간의 갈등이라는 핵심적 문제에 접근하게 되었다.

클라이언트는 대부분 위기 속에서 당황하게 되고 불안감 속에서 적절한 대응 방식을 찾지 못한다. 클라이언트 자신이 현실을 객관적이고 명확하게 지각하고 판단하지 못하면 클라이언트가 스스로 문제라고 생각하고 말하는 것이 과장되어 있거나 왜곡되어 있을 가능성이 높다. 종종 객관적으로 보면 별 문제가 아닌 것을 엄청난 문제로 인식하고 호소하는 경우가 있다. 반대로 클라이언트 혼자서 감당할 수 없는 위기의 문제를 가볍게 보고 방치하여 문제를 더욱 악화시키는 경우도 있다. 따라서 상담자의 우선적 과제 중 하나는 클라이언트의 문제를 해결하려고 하기보다 클라이언트의 문제가 분명하게 무엇인지를 인식하는 것이 필요하다.

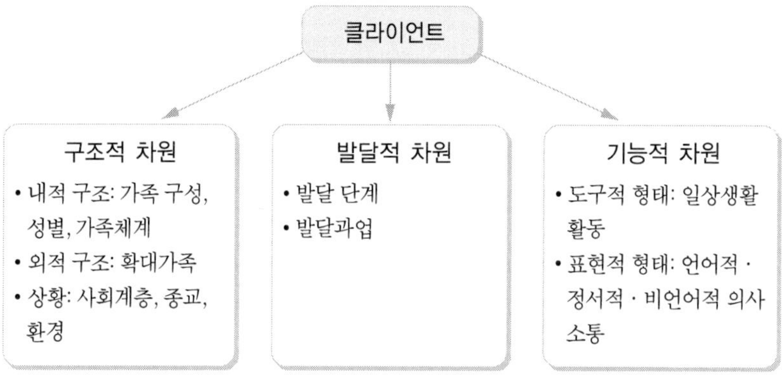

●그림 6-6● **노인상담의 클라이언트 사정 모형**

클라이언트의 문제가 무엇인지를 진단하기 위해 다음과 같은 영역에서 클라이언트에 대한 관찰이 이루어져야 한다.

- 상담을 받게 된 경위
- 클라이언트의 인적 사항
- 호소 문제나 증상
- 이전 상담 경험
- 클라이언트의 현재 상태와 심리적 특성
- 성격적 특성
- 언어표현 양식

- 위기문제를 해결하기 위해 클라이언트가 이미 사용한 방식
- 클라이언트의 심리적 약점과 강점
- 면담에 대한 클라이언트의 자세

2) 노인상담 중기 단계

노인상담 중기 단계는 9단계 상담 모델의 4단계에서부터 7단계까지를 말한다. 중기 단계는 몰입의 단계로 상담자가 가진 경험과 기술을 총동원하여 클라이언트의 문제에 개입하는 단계로서 초기와 종결 단계보다 매우 감정적인 단계이며, 문제의 변화를 시도하는 단계다. 상담의 중기 단계는 상담 초기 단계에서 상담자와 클라이언트 사이에 라포를 형성하고, 상담의 목표를 무엇으로 할 것인지를 결정한 후 결정된 상담 목표를 실제적으로 성취하고자 노력하는 실행 단계다. 상담 과정은 고정된 것이기보다는 끊임없이 변화되고 행동을 평가하는 것이 요구되는 유동적인 과정이므로 상담자는 초기 단계에서 설정된 목표를 재검토해야 한다. 상담 과정에서 클라이언트에 관한 새로운 정보들이 나오게 되고 이러한 정보를 통해 기존의 상담 목표를 검토하여 수정하거나 확고하게 할 수 있다. 이러한 중기 단계에서 클라이언트의 문제가 본격적으로 개방되고 문제와 증상을 가져다주는 역기능적 행동 패턴이 수정되고 새로운 행동 양식이 재설정된다. 이 단계는 초기와 종결 단계보다 아주 강한 감정적인 과정으로 클라이언트의 문제와 갈등에 대한 감정적 상태가 분명히 표현된다. 김인수(1992)에 따르면, 상담은 이성과 합리성보다는 감정이 중요한 역할을 한다. 이러한 말이 의미 있게 다가오는 노인상담의 단계가 바로 중기 단계다.

(1) 목표 설정하기

상담 과정에서 클라이언트와의 모든 상담은 일정한 하나의 방향과 목표가 있으며 그 목표를 성취하기 위해 진행된다. 상담에서 명확한 목표는 상담의 성공과 직결된다. 상담 중에 상담자가 곤경에 빠져 상담을 어떻게 진행해야 할지 고민하게 된다면 여기에는 대부분 불분명한 상담 목표가 주요 원인이 된다. 상담의 일반적 목표는 상담의 성패를 좌우하는 촉진적 관계를 확립하는 것을 전제로 한다. 촉진적 관계가 성립이 되면 다음 목표로 상담자는 클라이언트의 입장을 중시하여 이에 근거하여 클라이언트가 가장 중요하다고 생각하는 목표를 탐색하고 파악할 수 있다.

노인상담에서는 일반적 상담 목표 외에 노인의 특수적 상황과 연결되는 목표가 존재한다. 한편으로 노인상담의 목표는 노인의 발달 상태, 신체적 질환, 삶의 문제, 일정한 심리사회적 갈등 상황, 정신적 외상 등에 대한 이해를 전제한다. 또한 노인상담은 노인과 노년기의 건강과 질병에 대한 이론적 이해를 전제한다.

노년기에 접어든 클라이언트는 젊은 성인기와 다른 심리적 · 사회적 적응의 문제를 갖고 있다. 이러한 문제는 배우자나 가까운 사람의 죽음, 사회적 지위의 상실 그리고 퇴직과 경제적 어려움 등과 같은 외부적인 요인과 개인의 성격적 특성, 신체적 질병 등과 같은 내부적인 요인과 연결된다. 따라서 노년기의 중요한 과제 중의 하나는 어떻게 이러한 노년기의 특수적 상황과 위기와 문제를 적절하게 연결하여 대응할 것인가다. 이러한 노년기에 동반되어 나타나는 위기의 요인들을 바탕으로 노인상담의 목표를 다음과 같이 열거할 수 있다.

- 노년기의 변화된 생활환경에 적응할 수 있는 의사소통의 기술과 인간관계의 기술을 익힌다.
- 노년기의 변화된 상황에서 느끼는 불안을 객관적으로 인식하며 노

년기의 삶에 대한 자기이해를 높인다.

- 의존적인 삶의 방식보다는 자율적이며 독립된 정서 및 행동을 갖는다. 그러나 어쩔 수 없이 다른 사람의 도움을 필요로 하는 경우 다른 사람에게 의존할 수 있도록 자신을 허용하는 것을 배운다.
- 퇴직과 사별과 같은 노년기에 직면하는 위기의 대응에 필요한 문제해결의 태도와 기술을 익히며 발전시킨다.
- 노년기의 변화된 생활환경에 대해 실천할 수 있는 적극적인 대처 방식을 개발한다.
- 가까운 사람의 죽음과 상실을 건강하게 수용하며 변화된 가족관계를 재조정하도록 한다.

Corey에 따르면 노인상담은 기본적으로 이와 같은 목표를 전제로 하지만 각각의 상담 모델에 따라 상담 목표 설정에 차이가 있다. 정신역동적 치료와 같이 감정의 정화를 통한 자기이해에 초점을 두는 모델이 있는가 하면, 인지행동치료와 같이 인지적 명료화에 강조점을 두는 모델이 있다. 또한 체계의 변화에 중점을 두는 가족치료와 같은 다양한 모델이 있다. 또한 인간은 모두 자기실현의 특성을 갖고 태어난다고 보면서 상담 과정에서 클라이언트가 참된 감정과 정직한 내면의 욕구를 드러내도록 촉진하는 클라이언트 중심 상담 모델이 있다. 어떤 상담 모델을 바탕으로 상담이 이루어지는가에 따라 목표 설정에 차이가 발생할 것이다. 하지만 어떤 상담 모델을 통해 목표를 세우든지 간에 목표를 정하는 데 일정한 공통점이 존재한다. 상담 목표를 세우는 과정에서 그 목표가 분명하고 명확할수록 성공적인 상담을 할 수 있다(현명호, 유제민, 2001). 그러나 상담자는 목표를 설정하고 상담을 진행할 때에 이러한 상담 목표를 클라이언트가 분명하게 인식하고 수용하도록 인도해 주는 것이지 이러한 목표를 가지고 주도적으로 또는 강제적으로 이끌어가는 것이 아니다.

즉, 클라이언트의 문제 상황을 보다 효과적으로 다루기 위해 필요한 상담 목표는 클라이언트 중심으로 이루어져야 한다.

1 목표 정하기 지침

목표를 정할 때 유의해야 할 몇 가지 사항을 살펴보면 다음과 같다.

첫째, 목표는 작고 현실적으로 성취할 수 있어야 한다. 미숙한 상담자나 클라이언트는 종종 상담 목표를 이상적이며 원대하게 설정한다. 그러나 상담 목표는 생활 속에서 클라이언트가 성취할 수 있는 것이어야 하며, 클라이언트가 노력해서 충분히 도달할 수 있는 것이어야 한다. 성취 가능한 단기적인 상담 목표를 세우는 것이 크고 장기적인 목표를 세워서 도달하지 못하고 실패하는 것보다 훨씬 더 좋다. 또한 비록 작고 간단한 목표라고 하더라도 세워진 목표가 성취되면 때로는 커다란 문제 상황을 해결할 수 있게 된다.

둘째, 목표는 되도록 구체적이고 명백해야 한다. 상담의 목표가 너무나 크고 추상적이라면 상담 과정은 어려움에 빠질 가능성이 높다. 구체적이고 명확하며 시간을 측정할 수 있어서 상담 진행을 쉽게 평가할 수 있는 목표를 설정하는 것이 필요하다. 즉, 큰 것보다는 작은 것을 목적으로 해야 한다. 클라이언트가 "나는 이제 다시는 술을 마시지 않을 겁니다." "나는 이제부터 며느리의 일에 간섭하지 않겠습니다."와 같이 원론적인 것을 목표로 설정하는 것은 실제적이지 못하다. 클라이언트가 다시 이와 같은 상황에 직면하였을 때 현실적으로 그동안의 행동 패턴을 버린다는 것은 어려운 일이며, 따라서 언제든 다시 반복할 수 있기 때문이다. '상담자는 술 대신에 다른 방법으로 스트레스를 풀 방법은 없는가?' '며느리에게 잔소리로 불쾌감을 표시하기보다 무엇을 할 수 있는가?'와 같이 클라이언트가 도달 가능한 명확한 목표를 세우며 이러한 과정을 통해 클라이언트는 현실 속에서 적용 가능한 목표를 선택하게 된다.

셋째, 다양한 차원의 상담 목표를 세워야 한다. 상담자가 처음부터 명확한 목표를 세우기는 어렵다. 처음 세운 목표를 다음 회기 때 검증하여 정한 목표가 타당한지를 살펴보며 지속적으로 가장 분명한 상담 목표로 접근해 갈 수 있다. 세운 목표들은 각각의 진행 과정에서 세부적으로 설정될 수 있다. 상담자에 의해 설정된 목표에는 클라이언트의 인식을 변화시키거나 또는 감정을 살펴보게 하며, 더 나아가 행동의 변화를 요구하는 등 각각 다른 차원으로 확대할 수 있다. 상담자에 의해 설정되는 목표는 하나의 목표가 아닌 다양한 목표로 구성된다. 클라이언트의 대부분의 문제와 증상이 하나의 원인으로 이루어지기보다는 복합적인 요인들로 구성되어 있기 때문에 목표 역시 복합적인 요소를 반영하고 있어야 한다.

넷째, 목표는 클라이언트 입장에서 만들어져야 한다. 목표 정하기의 과정은 상담자와 클라이언트의 상호 협력 과정이다. 상담자는 목표를 세우는 과정에서 클라이언트의 생각과 견해를 존중해야 한다. 상담 과정에서 때로는 클라이언트에게 자신의 생각을 재검토하도록 유도하거나 직면하게 할 수는 있지만 클라이언트의 생각과 행동에 반하는 것을 목표로 세울 수 없다. 만일 상담 과정에서 상담자의 목표와 클라이언트의 목표가 분명히 다르다면 우선적으로 클라이언트의 목표를 존중해 주어야 한다. 상담자가 클라이언트의 목표에 대해 성공적인 성취 경험을 하도록 도와준다면 클라이언트는 그 후 상담자의 목표에 대해서도 보다 긍정하며 협조할 수 있다.

상담자는 다음과 같은 사례의 문제를 파악하고 〈표 6-7〉과 같은 상담의 목표를 세우게 된다.

목표 정하기 사례

박 할머니(75세)와 최 할아버지(78세)는 노인센터에서 기거하고 있으며, 이 부부의 성인 자녀들이 자주 방문하지 않는다고(그러나 자녀들의 방문 횟수는 다른 노인들의 경우보다 적지 않았다) 느끼고 있어 찾아온 자녀와 크게 다투었다. 이 부부는 이 문제로 상담을 받게 되었다. 문제 정의하기 단계에서 상담자는 노부부와 자녀 간에 행동 패턴에 문제가 있음을 파악하였다. 노부모는 노인센터에서 살면서 외로움을 느꼈고 자녀들의 방문이 적다고 생각했다. 따라서 방문한 자녀들에게 언제나 노부부는 불평과 불만을 하였고, 방문한 자녀들은 언제나 싫은 소리를 들어야 했다. 이것은 자녀들에게 스트레스로 작용하였고 방문을 더욱 어렵게 하였다.

표 6-7 **사례에 대한 상담 목표**

- 노부부가 자신들이 느끼는 외로움을 자녀들에게 전가하지 않고 방문한 자녀들에게 불평을 하지 않도록 이끈다.
- 자녀들의 방문이 결코 적은 횟수가 아님을 인식시킨다.
- 자녀들의 방문이 노년의 외로움을 극복할 수 있는 도구가 아님을 인식시킨다.
- 비록 바빠서 방문하지 못했지만 자녀들의 안부전화 역시 마음을 전달하는 것임을 인식시킨다.
- 두 부부만의 건강한 여가활동을 권장해서 외로움을 적게 느끼도록 촉진한다.

2 목표 정하기 기법: 기적질문

상담 과정 중에 클라이언트의 문제에 대한 다양한 정보로 인해 명확한 목표를 세우기가 어려울 경우가 있다. 이러한 문제에 도움을 줄 수 있는 기법이 기적질문으로서 클라이언트의 문제 변화를 위한 목표를 유도하기 위해 유용하게 사용될 수 있다(de Shazer, 1991; Kim & Miller, 2001). 기적질문을 통해 클라이언트는 대답을 하면서 스스로 상담의 목표를 열거하게 된다. 즉, 이러한 기적질문은 상담 과정의 진정한 안내자는 클라이언트라는 것을 다시 확인해 주는 기법이다.

기적질문은 클라이언트의 문제에 대한 상호작용적 정보를 제공한다. 또한 클라이언트가 지금까지 해 오던 원인과 결과라는 도식의 설명을 더 이상 하지 못하게 한다. 따라서 문제를 어떻게 극복해야 할 것인가를 고민하지 않고 클라이언트가 원하는 결과, 즉 상담자는 상담의 목표를 얻게 된다.

클라이언트는 지금까지 문제에서 비롯된 부정적인 관점만 갖고 있다가 상담자의 엉뚱한 질문에 답을 하려고 애를 쓰면서 해결 이후에 대해서 생각을 하게 된다. 이 과정에서 상담자는 상담의 목표를 얻지만 클라이언트는 문제 해결에 대해 희망을 갖게 될 수 있다. 그러나 종종 일부 클라이언트들은 기적질문에 대해 답을 거부하며 "제 인생에는 기적이란 없습니다."라고 할 수 있다. 그러면 상담자는 기적을 가정하는 것이 아닌 "문제가 덜 심각해지거나 해결된다면 생활이 어떻게 달라질까요?"라며 목표 설정의 질문을 다시 할 수 있다.

클라이언트는 기적에 대한 묘사를 통해 자신이 원하는 의미 있는 상담의 목표를 서술하게 되는데, 또한 이것은 상담의 목표로 응용될 수 있다.

기적질문의 사례

상담자: 어르신, 이제 좀 다른 질문을 해 볼까 합니다. 이번에는 상상력을 발휘해야 할 겁니다. 오늘 어르신이 상담 후에 집에 돌아가서 잠을 자고 있는 동안에 기적이 일어나서 여기 오게 한 모든 문제가 해결되었습니다. 그런데 아침에 일어나서 지난밤에 기적이 일어나 모든 문제가 해결되었다는 것을 어떻게 알 수 있을까요? 어르신이 처음 무엇을 보면 기적이 분명 일어났다는 것을 알 수 있을까요?(Kim & Miller, 2001)

클라이언트: (은퇴 이후에 적응하지 못하는 남편을 둔 부인에 대해 상담자의 기적질문이 이루어졌다.) 남편이 은퇴했다고 더 이상 방황하지 않고 무언가

> 소일거리를 찾을 것 같고요, 그러면 나도 집에서 불안해하지 않고 남편을 볼 수 있을 것 같아요. 그렇다면 남편에게 더 이상 소리를 지르지 않고 고함도 지르지 않고 부드럽게 대할 수 있을 겁니다. 아마도 제가 남편을 부드럽게 대하면 남편도 술을 적게 먹겠지요.

표 6-8 **사례에 대한 상담 목표**

- 은퇴한 남편이 소일거리를 찾을 수 있게 한다.
- 부인이 남편에 대한 의사소통 방식을 변화하도록 촉진한다.
- 남편의 음주와 부인의 행동패턴의 상호작용에 대해 인식하게 한다.

(2) 탐색 및 자각하기

상담자는 클라이언트와 협력하여 목표를 설정하고 나면 다시 이 목표가 얼마나 가능한 것이며 타당한 것인지를 파악된 문제와 연결하여 확증한다. 여기서 클라이언트의 문제는 보다 명확해지고 상담 목표는 더욱 견고해진다.

이 과정에서 클라이언트는 변화를 위한 탐색을 하게 되며, 변화를 위해 자신의 모습을 객관적으로 탐색하는 과정을 경험한다. 클라이언트의 문제를 가장 잘 알고 있는 사람은 사실 클라이언트 자신이다. 즉, 문제의 해결책 역시 클라이언트의 손에 놓여 있다. 상담자는 클라이언트가 자신을 탐색하며 이를 통해 적용 가능한 문제 해결 방법을 찾아내도록 인도한다. 탐색은 상담자의 도움을 통해 자신과 자신의 문제를 관찰하는 것이다. 클라이언트의 대부분의 문제는 인생에서 처음 경험한 것이기보다는 이미 일상생활 속에서 경험하였던 것들이다. 사별과 같은 문제 역시 넓은 의미 안에서 보면 일생을 통해 끊임없이 경험하였던 것이다. 좋아하는 물건을 잃어버리거나 가까운 사람과의 이별이나 죽음을 통해 직접적이든 간접적으로 경험하여 왔다.

클라이언트가 호소하는 문제는 그동안 경험하였던 문제와 차이가 있으며 변화가 있기에 그동안의 대처 방식으로 해결이 불가능하여 문제로 느끼게 된 것이다. 탐색 과정을 통해 이번 문제는 무엇이 다른가를 명확하게 한다. 평범하게 문제가 '힘들다' '크다'로 보는 것이 아닌 문제 자체의 의미와 그 문제와 관련된 연결성을 통해 탐색을 한다. 클라이언트가 이번에 다르게 느낀 것이 무엇이며 클라이언트에게 다르다는 것이 무슨 뜻인지를 탐색한다. 클라이언트가 "인생이란 덧없는 것 같아요." "아무도 나에게 신경을 쓰지 않아요."라고 말한다면 상담자는 이러한 클라이언트의 호소를 보다 구체화하는 것이 필요하다. 무엇 때문에 인생이 덧없다고 느껴지는지, 누가 클라이언트에 대해 관심이 없는지, 지금 이 상태에 이르게 된 것은 어떤 일 때문이었는지 등으로 문제를 명확하게 설정한다.

탐색 과정 중에 경험하게 되는 새로운 발견물이 바로 자각이다. 이전에 경험하였던 사건과의 차이와 변화는 클라이언트에게 감정적 · 지각적 · 행동적으로 느껴진다. 클라이언트가 문제에 대한 탐색을 통해 변화에 대한 자각을 하게 되면 다시금 변화가 일어나게 된다. 문제에 대한 클라이언트의 감정에 변화가 오면 지각의 전환이 이루어지고, 클라이언트는 문제를 적극적이고 긍정적으로 보게 된다.

저항 다루기

저항(resistive)은 모든 상담 과정에서 발생하는 것으로 자연스러운 현상 중에 하나이며, 전체 상담 회기 중 상담이 한창 진행되고 있는 중간단계에서 발생한다. 저항은 특히 노인상담 과정에서 자주 발생하며, 클라이언트의 저항에 직면한 상담자는 긴장하고 종종 감정적인 방식으로 대처하여 상담 자체를 중단하게 만드는 경우가 있다. 저항은 인간의 출생

과정에서부터 시작된다. 아기가 탄생의 순간에 자궁에서 나오지 않으려고 버티는 것에서 저항의 모습을 보게 된다. 저항은 새로운 것과 위험에 직면했을 때 불안과 두려움을 느끼고 후퇴하고, 전진하지 않고, 변화하지 않으려는 경향성이다. 사실 저항은 상담자를 당황하게 하고 곤혹스럽게 만들지만, 이것은 상담 과정에서 발생하는 정상적인 현상으로 여겨진다. 상담에서 클라이언트가 상담자에게 해서는 안 될 말과 해야 할 말이 규정되어 있지 않으며, 클라이언트의 어떤 말과 행동도 상담을 방해하지 않는다. 클라이언트가 상담에서 보이는 모든 언어적 · 비언어적 의사소통과 행동은 그 자체로서 의미가 있는 것으로, 클라이언트의 특성과 현상을 파악하게 해 주는 귀중한 자료가 된다(Jones, 1995).

상담자는 클라이언트가 상담자에게 불친절하고, 비열하고, 문제를 회피하고, 노골적으로 적대적인 감정을 표현한다고 하더라도 적절하게 대처하여 이 저항을 오히려 상담을 위한 긍정적 자료로 전환하여야 한다. 따라서 상담자는 클라이언트의 저항을 어떻게 제거할 것인가를 생각하는 것이 아니라 저항을 어떻게 다룰 것인가를 생각해야 한다.

〈표 6-9〉와 〈표 6-10〉의 사례는 상담자의 전문성과 경험을 신뢰하지 못해서 클라이언트가 보이는 저항의 예들이다. 클라이언트의 이러한 저항에 대해 대부분의 상담자는 적어도 자존심을 손상당했다고 느낄 것이다. 반면에 전문훈련을 받은 상담자는 여기서 감정적으로 대응하는 일

표 6-9 클라이언트의 저항의 예

- “이제 과거 이야기를 그만했으면 좋겠습니다.”
- “내가 왜 여기에 계속 오는지 잘 모르겠소. 계속 이야기를 하지만 나이가 먹어서 그런지 별 변화가 없군요.”
- (상담 도중에 갑자기) “지금 몇 시나 되었어요? 빨리 집에 가서 손주놈 돌봐 주어야 하는데요.”

표 6-10 **저항을 다루는 예**

클라이언트: 선생님, 학교를 어디 나왔지요?
상담자: 예, ○○에서 공부했습니다.
클라이언트: 예, 그래요…….(만족스럽지 못하다는 듯이).
클라이언트: 예전에 상담 좀 해 보셨어요? 내가 보니까 좀 실력이 떨어지는 분 같아서…….

을 자제할 것이다. 그러나 언어적으로는 아무런 일이 아닌 것처럼 대답하였다고 하더라도 비언어적인 부분에서 감정의 변화를 보인다면 적절한 대응을 하였다고 볼 수 없다. 상담자에게 클라이언트의 비언어적 의사소통의 요소들이 중요한 것처럼, 클라이언트에게도 상담자의 비언어적인 부분들 역시 중요하게 다가온다.

클라이언트가 보일 수 있는 저항의 유형은 다음과 같다.

저항에 대한 이해를 발전시킨 정신분석에서는 저항을 방어적인 전략으로 인식하고 클라이언트가 변화에 대해 두려움을 갖고 무의식적으로 갖가지 책략을 써서 앞으로 나가는 것에 발목을 잡고 있는 것으로 이해한다. 상담 과정에서 저항은 상담자가 클라이언트의 고통스럽고 불안한 경험에 접근하게 되면 발생하는 것으로, 저항 뒤에는 클라이언트의 문제의 실체가 놓여 있다고 본다. 이러한 저항에 대한 전통적인 이해와 더불어 저항은 여러 형태로 이해될 수 있다. 상담자의 부적절한 피드백에 대한 클라이언트의 일종의 대응일 수 있으며, 상담자 자체의 클라이언트에 대한 공감력 부족에서 비롯되는 것일 수도 있다. 그러나 많은 경우에 저항은 상담자가 깊이 있는 개입을 하려 할 때 클라이언트가 두려움을 느끼고 자기를 방어하려는 것에서 발생한다. 클라이언트가 상담자에게 보이는 저항은 자신의 정서적 · 신체적 상처로부터 자신을 방어하기 위해 사용하는 수단으로 과거의 상처가 반복되지 않도록 하는 과잉 방어적인 행동인 것이다. 여기서 상담자는 클라이언트의 저항을 적절하게 다루기 위해 저항을 이해하는 것이 필요하다.

Corey는 클라이언트가 보일 수 있는 저항의 종류를 다음과 같이 제시하였다(현명호, 유제민 역, 2001).

- 상담 시간을 잊어버린다.
- 상담 시간보다 늦게 나타나는 경우가 잦다.
- 문제에 대해 별 고민이나 준비 없이 상담하러 온다.
- 상담이 별 도움이 안 되며 효과가 없을 것 같다고 불평한다.
- 상담자가 묻는 말에만 답을 하고 거의 말을 하지 않는다.
- 상담자가 피드백을 해 줄 때 지나치게 방어적이 된다.
- 감정적으로 강압적인 자세와 목소리로 상담자를 위협한다.
- 장황하게 설명하거나 또는 이야기 속에 감정이 생략된 피상적인 이야기를 한다.
- 자신의 행동을 주지하고 스스로 분석하려고 한다.
- 감정 표현을 지나칠 정도로 자제한다.
- 상담자에게 지나치게 미안해하거나 의존한다.
- 추상적으로 이야기를 하고 포괄적으로 마무리하려 한다.
- 과거의 일들에 대해 이야기하려 하지 않는다.
- 문제와 관련된 사람을 지나치게 미화하거나 부정적으로 이야기한다.

클라이언트는 저항을 함으로써 현재 엄습한 불안과 두려움에 대해 일시적으로 방어를 하지만, 저항을 한 다음에는 내면에 상담자에 대한 미안함과 자책감을 갖게 된다. 그러나 클라이언트가 자신의 저항을 합리화하여 상담자에게 그 원인을 떠넘긴다면 상담 과정은 계속 진행되기 어렵다. 이러한 저항은 클라이언트의 문제 변화를 가로막고 상담의 과정을 방해하게 된다. 클라이언트의 저항에 대응하기 위해 상담자는 다음과 같은 자세를 취하는 것이 필요하다(Radebold, 1997).

- 클라이언트에게 마음의 문을 열고 도움을 주고자 한다.
- 클라이언트의 입장에 서서 저항을 이해하고 저항을 상담 과정에서 다루어야 할 과제로 인식한다.
- 저항을 싸워서 극복해야 할 것이 아닌 더불어 진행해야 하는 것이라고 받아들인다. 클라이언트에게 저항을 포기하라고 요구하는 것이 아닌 스스로 저항을 탐색하도록 돕는다.
- 저항에 맞서 논쟁을 하거나 다투지 않는다.
- 클라이언트의 부정적 자세를 저항으로 명명하지 않는다. 클라이언트는 자신의 행동을 부정적으로 보고 더욱 소극적인 자세를 취하게 된다.
- 저항의 이유를 다양하게 탐색해 본다. 클라이언트의 저항이 상담자의 부적절한 피드백에서 오는 것인지 아니면 클라이언트 자신의 두려움에서 오는 것인지 탐색한다.
- 상담 과정은 상호작용의 과정이다. 클라이언트의 저항에 대해 상담자 자신의 대응 방식을 탐색해 본다. 상담자의 반응이 어떠한가에 따라 클라이언트의 저항을 증가시키거나 감소시킬 수 있다.
- 저항에 긍정적으로 대응한다. 저항의 행동 뒤에 숨겨져 있을 긍정적 동기를 찾아내어 그것을 수용한다. 그러면 클라이언트의 저항은 감소될 것이다.
- 상담 과정에 대해 이해시킨다. 클라이언트는 상담을 통해 빠른 효과를 기다리고 조급해한다. 또한 상담 도중에 오히려 문제가 악화되는 것같이 보일 수 있다. 상담 과정이 천천히 진행될 수 있으며 정체되

거나 변화를 위해 오히려 한 단계 퇴보되는 것 같은 단계가 있음을 주지시킨다.

- 클라이언트가 상담자에게 상담 과정에 대해 피드백할 수 있도록 한다. 이전 회기에서 클라이언트가 경험할 수 있었던 상담자에 대한 오해, 불만 그리고 실수 등에 대해 말할 수 있는 기회를 주고, 만일 부정적 경험이 상담자의 개인적 실수라면 클라이언트에게 설명이나 사과를 할 수 있어야 한다. 상담자의 입장에서 클라이언트에게 사과한다는 것은 어려운 일이지만 이것은 오히려 상담자와 클라이언트 간에 라포를 강화할 수 있다.

(3) 대안 탐구하기

클라이언트의 문제에 대한 탐색과 자각은 이제 본격적으로 구체적인 행동으로 발전된다. 이 단계는 상담자가 클라이언트의 변화를 위해 새로운 행동 방식을 찾아보고 실천 가능한 가능성들을 시도하며, 구체적인 변화를 위한 대안을 탐색하는 단계다.

노인상담 과정은 클라이언트의 위기의 문제 해결에 집중되어 있다. 문제 해결을 위한 대안 탐구는 이제까지 노력한 방향에서 할 수 있는 모든 가능성을 찾아보아야 한다. 이를 위한 대안 탐구는 마치 가설을 검증해 나가는 실험의 과정과 유사하다. 클라이언트의 문제와 증상의 해결을 위한 구체적인 대안 탐색 방식에는 브레인스토밍(brain storming), 과거의 성공 경험 탐색, 예외 탐색 등이 많이 활용되고 있다.

1 브레인스토밍

독일 말에 상담을 뜻하는 은유적인 표현으로 'Unter Vier Augen(네 개의 눈 아래에서)'라는 말이 있다. 이 말은 클라이언트가 상담자를 찾아올 때 이미 자기의 두 눈을 통해 자신의 문제와 씨름한 후에, 상담자를 통

표 6-11 **브레인스토밍 과정**

1단계	브레인스토밍 과정에서 가능한 많은 문제 해결을 위한 아이디어와 생각을 수집한다.
2단계	최종적으로 아이디어와 생각을 모으기까지 비판, 평가, 논평을 미룬다. 가능성이 낮은 아이디어라도 때로는 이것을 토대로 효과적인 의견이 도출될 수 있다.
3단계	모인 아이디어와 생각을 하나하나 실천하는 것이 아니라 다른 아이디어를 만들기 위한 출발점으로 여긴다.
4단계	모인 아이디어와 생각에 대한 분류작업을 통해 최종적으로 남은 아이디어를 문제 변화를 위한 대안으로 설정한다.

대안 탐구의 사례

서 할머니(67세)는 남편인 허 할아버지(68세)가 3년 전에 은퇴한 이후 하루의 대부분을 집에서 남편과 대면하게 되었다. 남편이 은퇴하기 전까지만 하더라도 부부관계의 위기에 대해 심각하게 생각해 본 적이 없었다. 남편은 은퇴 이후 집에 있으면서 부인의 모든 살림살이와 대인관계 등에 대해 간섭하려 하였고, 이것은 서 할머니의 반발과 부부위기로 이어졌다. 클라이언트는 상담자와 함께 브레인스토밍을 통해 다음과 같은 아이디어를 작성하였다.

- 부부가 집에만 있지 않고 취미생활을 가진다.
- 부부가 교회생활을 열심히 한다.
- 목사님에게 기도를 부탁한다.
- 새벽기도를 다닌다.
- 최소한 한 달에 두 번씩 아들 집에 방문하여 그곳에 며칠간 기거한다.
- 남편이 무슨 말을 해도 참는다.
- 남편이 잔소리를 하지 않으면 좋아하는 음식을 해 준다.
- 남편과 함께 산책을 한다.
- 남편의 간섭과 잔소리가 심한 날 자녀의 집으로 간다.
- 남편이 잔소리를 하려고 하면 '그만' 이라고 소리친다.

해, 즉 상담자와 클라이언트의 네 개의 눈을 통해 클라이언트의 문제와 증상의 해결을 시도한다는 것이다. 여기서 분명히 두 개의 눈보다는 네 개의 눈이 더 도움이 된다. 브레인스토밍은 네 개의 눈을 통해 상담자와 클라이언트가 문제 해결을 위한 대안을 찾는 기법이다. 상담자와 클라이언트는 두 눈을 마주 대하고 문제 해결을 위한 지혜 또는 의견을 모으는 것으로 우선은 효과와는 상관없이 되도록 많은 대안들을 찾아낸다. 브레인스토밍에서는 상담자와 클라이언트 모두 어떤 생각이든 부정적으로 보지 말고 모든 가능성을 열어 두어야 한다. 이렇게 찾아낸 다양한 문제 해결의 대안 중에서 실현 가능성이 없는 대안들을 먼저 제외하고 마지막으로 남은 대안을 통해 변화를 시도한다(이장호, 금명자, 1992). 이 기법은 상담자가 클라이언트의 창조력을 얼마나 자극하여 많은 방법과 의견을 끄집어내는가에 성과가 달려 있다. 상담자는 클라이언트가 용기를 갖고 생각을 말하도록 지지해 주며 무의미한 의견이라도 강하게 지지해 준다.

2 성공 경험 탐색하기

노인 클라이언트는 평생을 통해 수많은 어려움과 문제에 직면하였고 나름대로 이것을 극복하면서 지금까지 살아왔다. 현재 고통을 호소하는 문제는 대체로 노인 클라이언트의 경우 생소하거나 낯선 문제이기보다

▶ 노인이 갖고 있는 문제와 관련하여 과거에 성공적으로 해결했던 경험을 이야기한다.

성공 경험 탐색하기의 사례

상담자: 젊은 시절 남편과는 사이가 어떠셨나요?

클라이언트: 늘 싸웠지요. 사이가 안 좋았어요.

상담자: 그러면 어르신은 그때 부부싸움을 하고 나서 어떻게 하셨어요?

클라이언트: 전날 싸우고 나면 미워서라도 더 영감에게 맛있는 음식을 해 주고 더 잘하려고 애를 썼어요. 그 말 있잖아요. 미운 놈 떡 하나 더 준다는…….

상담자: 아. 그래요. 할머니께서 그렇게 먼저 애를 쓰면 할아버지는 어떠셨는데요?

클라이언트: 묵묵히 밥을 먹고 나에게 화를 내어 미안하다고 말했지요.

▶이러한 대화의 과정을 통해 클라이언트는 남편과의 부부싸움에서 그동안 성공하였던 대안을 재발견하게 되었다.

는 이미 과거에 경험하였으며 때로는 성공적으로 해결하였던 문제일 수 있다. 상담자는 문제의 어려움 속에 빠져서 자신의 과거의 성공 경험을 잊고 있는 클라이언트에게 자신의 긍정적인 능력과 힘을 일깨워 줄 수 있으며, 클라이언트는 이를 통해 실현 가능한 대안을 찾아내게 된다. 이는 '클라이언트 자신이 상담의 길잡이'라는 말이 적용되는 기법으로, 클라이언트는 단지 자신이 적용한 여러 문제 해결의 대안을 객관적으로 평가하고 이를 현실적으로 개선하지 못할 뿐인 것이다.

3 예외 탐색하기

예외는 클라이언트에게서 문제가 일어나지 않은 기간을 말한다(de Shazer, 1985). 대부분의 클라이언트들은 언제나 문제에 빠져 있다고 믿는다. 그러나 그들에게 문제가 발생하지 않으면 이것을 미처 인식하지 못하거나 또는 이를 우연적인 것으로 여기며 언제나 문제 속에 산다고

예외 탐색하기의 사례

클라이언트: 저는 아들놈과 늘 싸웁니다. 거의 매일 싸우죠.

상담자: 어르신, 조금이라도 아드님과 다투지 않을 때는 언제입니까?

클라이언트: 아들놈이 출장 가거나 집에 없을 때 안 싸우죠.

상담자: 어르신, 한 번 더 생각해 보시죠?

클라이언트: 제 아들이 전에 앞으로 사귀게 될 것 같다고 아가씨를 집에 데리고 왔을 때 좀 안 싸운 것 같아요.

상담자: 어르신은 앞으로 며느리를 보게 될 것이라고 기대했을 때 아드님하고 안 싸운 것이군요.

클라이언트: 예, 그때는 안 싸운 것 같은데, 그 후 둘 사이가 깨지면서 또 반복되었던 것 같아요.

▶ 여기서 상담자는 클라이언트와 아들과의 갈등에서 며느리라는 존재를 통해 갈등이 줄어들었음을 파악하게 된다. 이러한 정보를 바탕으로 문제해결 대안으로 아들의 결혼문제에 초점을 맞출 수 있다.

말한다. 클라이언트들은 문제가 항상 발생한다고 말하면서 문제가 없는 시간을 중요하게 여기지 않고 문제에만 집중한다. 예를 들어 클라이언트가 "남편과 항상 싸운다." "며느리가 늘 미운 짓만 한다."라고 호소해 왔을 때 정작 이러한 문제가 언제나 일어나는 것은 아니라는 사실을 인식하지 못한다. 클라이언트가 남편과 매일 매시간 싸우는 것은 아니며 때로는 평화로운 시기가 있으며, 그리고 갈등 중인 며느리가 언제나 밉게 행동하지는 않는다. 이러한 기간에 상호작용하는 패턴에 주목하여 상담자는 클라이언트가 어떻게 하면 남편과 싸우지 않고, 며느리와 평화롭게 살 수 있는지 대안을 찾아낼 수 있다. 대부분의 클라이언트들은 상담자의 예외 질문에 대해 별로 중요하게 여기지 않지만, 상호작용의 패턴을 보다 구체적으로 인식하게 되면 놀랍게도 문제 해결의 대안을 찾아낼 수 있다. 종종 클라이언트들은 자신의 문제를 심각하게 받아들이고 항상 문제가 자신을 따라다닌다고 여기고 상담자에게 비협조적일 수 있다. 그러나 여기서 예외가 있는지의 여부가 중요한 것이지 예외의 정도는 별로 중요하지 않다.

(4) 대안 목록 작성하기

사실, 대안 목록 작성하기 단계는 대안 탐구하기 단계와 명확하게 구별하기 어렵다. 이 두 단계는 긴밀한 상호 연결 속에서 함께 이루어진다. 대안 탐구와 대안 목록 작성은 클라이언트가 필요로 하고 원하는 것을 중심으로 이루어진다. 상담자가 문제를 확인한 후 성급하게 문제 해결의 대안을 제시하게 되면 대체로 그 상담은 실패할 가능성이 많다. 이러한 대안은 이미 클라이언트가 적용하였을 수 있으며 클라이언트의 저항을 일으킬 수 있다. 이 단계에서 상담자는 대안 탐색을 통해 파악된 여러 가지 대안 중에서 클라이언트가 일상생활 속에서 실제로 적용할 수 있는 실현 가능한 구체적 대안을 세우고 이를 어떻게 적용할 것인가를 논의한다. 이 단계에서 상담자의 관심은 클라이언트의 구체적인 행동을 변화시키고 문제를 해결할 대안을 결정하는 것이다.

일반적으로 대안 목록을 작성할 때에는 타당성, 안정성, 실천 가능성, 경제성, 사회적 영향력, 클라이언트에 대한 배려 등을 고려하여야 한다(박태수, 고기홍, 2003). 대안 목록 작성 시 고려할 사항은 다음과 같다.

- 틀림없는 확실한 대안은 존재하지 않는다.
- 대안은 클라이언트의 문제를 해결하는 데 실제적인 도움을 줄 수 있는 타당성을 갖고 있어야 한다.
- 대안은 위험적인 요소를 갖고 있기보다는 안정적인 것이어야 한다. 예를 들어, 지나치게 급하게 실천을 요구하지 않으며 또한 한 번에

너무나 많은 변화를 요구하지 않는다.

- 대안은 클라이언트가 직접 실천 가능한 것이어야 하며, 매우 구체적이어야 한다.
- 대안은 너무 지나치게 클라이언트와 그의 주변 사람들의 에너지를 필요로 하는 것이기보다 시간, 물질, 노력 등에서 실용적이어야 한다.
- 대안은 클라이언트의 가치관에 맞도록 조정되어야 한다.
- 새로운 대안을 만들기 위해서는 도움이 되지 않거나 확신이 없는 대안은 되도록 빨리 제거한다.

이러한 대안 목록 작성하기의 고려 사항을 바탕으로 하여 클라이언트가 일상생활 속에서 실현 가능한 구체적 대안을 세우고 이를 어떻게 적용할지를 탐색하게 된다.

이러한 실제적인 대안 목록 작성에는 Wubolding(2000)의 WDEP 공식이 도움이 된다(〈표 6-12〉 참고).

상담실에서 새롭게 학습된 행동은 클라이언트가 일상생활 속에서 적용할 때 비로소 의미가 있다. 상담자는 클라이언트에게 새로운 견해나

표 6-12 **WDEP 공식**

W: 욕구(Wants)에 대한 인식을 의미한다. 클라이언트는 먼저 문제 해결을 위한 대안을 작성하기 전에 우선적으로 클라이언트 자신이 원하는 것이 무엇인지를 탐색한다.

D: 클라이언트의 행동 방향(Direction)을 탐색하고 이를 위해 해야 하는 행동들을 결정한다.

E: 클라이언트의 문제를 평가(Evaluation)하는 것을 의미한다. 평가는 종결 단계에서 이루어지는 것이 아니라, 지속적이고 끊임없는 과정으로 클라이언트가 어떻게 수정하고 변화되어야 하는지를 제시해 준다.

P: 문제를 변화시키기 위한 구체적인 행동 계획(Planning)을 의미한다. 이러한 행동 계획은 원리 원칙적이며 경직되어 있지 않으며 융통성을 갖는다.

인식이 일상생활에서 실현될 수 있는 의사결정이나 행동계획의 대안 목록을 작성하도록 돕는다. 상담자와 클라이언트는 적용 가능한 구체적인 행동 절차를 협의하고 세부적인 행동계획을 작성한다.

이러한 대안 탐구와 목록 작성하기의 단계에서 고려해야 할 부분은 클라이언트가 문제에 직면해 있음에도 불구하고 이미 갖고 있는 자원에 대한 탐색이다. 자원에는 클라이언트가 개인적으로 가진 성격과 자질 등이 있으며, 또한 클라이언트의 문제 변화에 도움을 줄 수 있는 주변 가족과 친구, 사회단체 등이 있다. 클라이언트가 구체적으로 적용할 대안을 선택할 때 클라이언트가 가진 이러한 자원이 고려된다면 선택된 대안의 적용 가능성과 효과는 최고로 발휘될 수 있다.

상담자가 흔히 범하기 쉬운 실수는 클라이언트의 문제를 빨리 해결하겠다는 욕심으로, 너무 성급하게 대안을 결정하고 급하게 충고하고 지지한다는 것이다. 특히 노인 클라이언트는 오랜 삶의 습관을 지속해 왔으므로 젊은 성인의 경우보다 대안을 실천하기가 더욱 어렵다. 상담자는 대안의 적용과 실천에서 현실적인 제약과 어려움을 면밀하게 살펴보고 이것을 고려하여 대안의 실천을 촉진해야 한다.

상담자는 클라이언트가 결정된 대안을 따르지 않으면 문제를 변화시킬 수 없다는 생각에서 대안을 실천하는 데 소극적인 클라이언트를 부정적으로 보고 좌절하기도 한다. 이 단계에서 중요한 것은 결정된 대안이 과연 클라이언트의 심리사회적 정황에 합당하고 실현 가능한 것인가를 숙고하고, 클라이언트의 입장에서 생각하고, 재결정된 대안을 통해 변화를 시도하는 것이다. 상담자와의 협력작업을 통해 나온 대안을 클라이언트가 쉽게 따를 수 있도록 하기 위해서는 무엇보다도 상담자의 인내가 필요하다. 조급하게 대안을 실천할 것을 요구하기보다 경청하는 자세를 통해 클라이언트의 행동을 이끌어낸다.

3) 노인상담 종결 단계

노인상담의 종결 단계는 9단계 상담 모델의 8단계와 9단계를 말한다. 종결 단계는 분리의 단계로, 여기서는 애착과는 반대의 것이 요구된다. 상담자는 클라이언트가 상담자를 계속 의지하기보다 홀로서기를 하도록 분리시킨다. 이 과정에서 종결 단계는 전체 상담을 끝마치는 단계로 초기와 중기 단계에서의 모든 작업이 통합된다. 노인상담의 초기 단계가 상담자와 클라이언트 사이의 촉진적 관계를 형성하는 것이라면, 종결 단계는 그동안 진행된 상담을 마무리 짓고 통합하는 단계다. 이 종결 단계를 통해 상담자와 클라이언트는 상담의 과정 · 목표 · 새로운 학습 · 변화를 재검토하고, 상담자는 실현되었던 것을 적극적으로 지지해 준다. 상담 과정을 통해 변화된 부분을 적극적으로 지지하며 긍정적인 효과를 최대화한다. 이 종결 단계에서는 무엇이 실현될 가능성이 있는가를 더 이상 다루지 않으며, 또한 새로운 자료를 탐색하지 않는다. 노인상담의 종결 단계에서는 상담자와 클라이언트 사이에서 분리가 일어난다. 상담이 잘 종결되기 위해서 상담 과정을 통해 형성된 감사와 애정, 슬픔과 상실과 같은 감정들이 표현될 필요가 있다. 또한 상담 과정에서 미처 다루지 못했던 실망, 분노와 같은 감정들이 표현되어야 한다. 따라서 상담자는 클라이언트가 자신의 감정을 충분히 표현할 수 있도록 촉진해 주어야 한다. 종결 단계는 클라이언트의 학습과 대안 방식을 통한 새로운 행동 방식을 확인하는 시기이며, 클라이언트가 수행한 긍정적 능력을 지지해 주며 확고히 자신의 것으로 만들어 주는 단계다. 이것을 통해 변화를 어떻게 지속할 것인지를 살펴보는 것이다.

단기상담을 계획하고 그동안 상담이 이루어졌으나 클라이언트의 문제와 증상이 심각하여 장기간 상담이 필요하다고 판단되면, 이 단계에서 본격적으로 장기상담에 대해 논의할 수 있다.

노인상담에서 9단계 상담 모델을 기초로 하는 이러한 세 가지 상담 단계는 완전히 구별되지 않고 하나의 연속성 안에서 이루어진다. 한 단계의 과정이 다음 단계와 연결되며 혼합되면서 단계들 사이에 이동과 변화가 발생한다. 초기 단계에서 중기 단계로 진행되었지만 상담자의 판단에 따라 다시 초기 단계로 되돌아오고 다시 중기 단계로 진행될 수 있다. 이러한 상담 과정은 전체 회기 안에서 세 단계로 구별되는 것일 뿐 아니라 매회 면담 과정에서도 동일하게 초기, 중기, 종결의 단계가 이루어진다. 9단계 상담 모델을 통해 노인상담의 초기 단계, 중기 단계, 종결 단계와 종료가 진행될 수 있다.

(1) 결정 지지하기

이 단계는 대안 탐색과 대안 목록의 작성을 통해 선택된 대안을 클라이언트가 일상생활 속에 적용하도록 긍정적 피드백을 통해 촉진하는 단계다. 상담 과정을 통해 클라이언트가 결정된 대안을 실천하였다면 상담자는 클라이언트의 용기와 변화 의지에 대해 적극적으로 칭찬해야 하며, 아주 작은 긍정적인 변화라도 보이기 시작한다면 더욱 긍정적인 자세로 클라이언트에게 지지를 보낸다. 상담자가 수동적인 입장에서 행동의 변화를 기다리기보다는 적극적인 지지와 격려로 클라이언트가 새로운 행

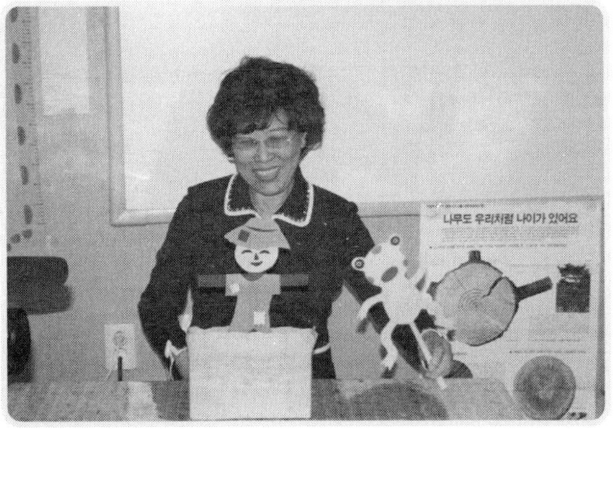

▶ 문제 해결을 위해 결정된 대안이 잘 실천되고 있는지 확인하여, 인정하고 칭찬해 준다.

동을 하도록 이끌 수 있다. 종종 클라이언트는 자기 자신의 변화와 성공을 인식하지 못하는 경우가 있다. 이러한 작은 변화와 성공에는, 예를 들어 화장을 하고, 집안일을 하고, 옛 친구에게 전화를 거는 것과 같은 것일 수 있다. 상담자는 적극적으로 클라이언트의 대안 실천과 작은 변화를 주의 깊게 관찰하고 클라이언트에게 칭찬을 해 주며 인정을 해 준다. 이 결정 지지하기 단계에서 상담자는 클라이언트를 칭찬하고 인정해 줄 사유를 발견하려고 애를 쓰며 이것을 찾아내면 클라이언트에게 즉시 실천한다.

이러한 긍정적인 자세는 결국 클라이언트의 문제에 변화를 가져다주고 클라이언트가 도저히 불가능하다고 느꼈던 증상과 문제마저도 해결할 수 있게 한다.

만일 클라이언트가 대안을 이행하지 않는다면 상담자는 클라이언트를 직접적으로 비난하거나 책망해서는 안 된다. 클라이언트가 이행하지 못하는 나름대로의 이유를 경청해야 한다. 또한 클라이언트가 결정된 대안을 이행하지 않고 대신에 무엇을 했는지를 탐색한 후에 결정된 대안을 이행하지 않는 이유를 발견하고 그 이유에 따라 결정한다. 만일 클라이언트가 상담자와 함께 결정한 대안을 따르기보다 자기 나름대로의 대안을 이행하였다면, 이것이 타당할 때 상담자는 계속 지지를 보낸다. 그러나 오히려 문제를 야기하는 것이라면 경청하는 자세로 대안 실천의 용기를 북돋아 준다.

만일 결정된 대안이 문제 변화에 별로 도움이 안 되었다면, 상담자는 흔히 이러한 상황에서 실망하게 되고 자기 자신의 상담 능력과 클라이언트의 저항에 대해 회의를 갖게 된다. 그러나 여기서 분명한 사실은 이러한 문제는 모든 상담자들이 경험할 수 있는 일이라는 것이다. 상담자 자신의 무능과 클라이언트의 저항에만 원인을 돌린다면 오히려 상담 자체가 실패하게 된다. 상담자는 인내심을 갖고 다시 한 번 대안이 노인 클라이언트의 심리사회적 발달 단계를 고려하는 것이었는지를 탐색하고, 클라이언트와 함께 대안 탐구와 대안 목록 작성의 단계에서 발견하지 못한 점들을 찾아내고 다시금 실천 가능한 대안으로 문제 변화를 이끌어낸다. 여기서 상담자는 상담 과정을 통해 클라이언트 내부의 긍정적인 변화를 반영하는 어떤 것이든 모두 지적하고 지지해 주어야 한다.

(2) 종결

상담자와 클라이언트의 생각에 문제가 해결되었다고 판단되면 두 사람은 함께 상담 과정을 객관적으로 평가하는 것이 필요하다. 상담 초기에 세운 상담 목표가 얼마나 성취되었는지 검토하며, 상담 종료 이후에 클라이언트에게 예기되는 문제와 어려움에 대해서도 함께 이야기하여 변화가 지속되도록 한다.

상담 과정 중 가장 어려운 단계라고 할 수 있는 것이 종결일 것이다. 상담자는 상담이 마지막 단계로 접어들게 되면 서서히 종결을 준비해야 하는데 상담자가 상담 과정에서 결정하기 가장 어려운 부분이 종결의 시기다. 과연 상담자는 언제 종결해야 하는가? 이 질문에 답을 하기 전에 우리가 먼저 논의해야 할 것은 '무엇이 문제 해결인가?'라는 것이다. Budman와 Gunman(1988)에 따르면, 상담에서 완치라는 것은 존재하지 않는다. 상담은 클라이언트의 문제를 완전히 한 번에 해결해 주는 도구라기보다는 지속적인 변화와 새로운 도전을 의미하는 삶의 과정이다. 따라서 상담의 종결은 완전히 치료된 후에 이루어지기보다는 본격적인 문제 변화와 해결이 시작되는 과정에서 이루어지게 된다. 한 번의 상담 과정을 통해 클라이언트의 모든 문제가 해결되는 것은 아니다. 클라이언트가 상담 과정을 통해서 얻는 것은 상담의 목표인 직면된 문제에 대한 해결의 가능성과 생활 속에서 끊임없이 다가오는 다른 문제에 대한 대처능력의 향상일 것이다. 이러한 클라이언트의 문제와 위기에 대한 능력의 향상은 종결을 결정하는 가장 중요한 기준이 된다. 상담자는 초기에 설정한 상담 목표가 성취되면 상담의 종결을 실행해야 한다.

표 6-13 **노인상담에서의 종결 기준**

- 클라이언트의 문제에 비록 아주 작더라도 긍정적인 변화가 일어났는가?
- 일어난 변화가 클라이언트에게 계속 생길 것인가?
- 클라이언트가 상담자 없이 앞으로 문제를 해결할 능력이 있는가?

출처: Bestler (1991).

이러한 상담의 종결은 상담자가 제안할 수 있지만 종종 클라이언트가 먼저 제안할 수도 있다. 클라이언트는 상담의 종결을 원치 않으면 분명히 말로 표현하지만 종결을 원하면 이것을 상담자에게 직접 말하지 못하고 대신에 비언어적인 의사소통을 통해 표현하는 경향이 있다. 예를 들어, 그동안 상담시간을 정확하게 지켰는데 늦게 오거나 약속한 것을 지키지 않는 등의 행동을 함으로써 간접적으로 표현한다. 상담자가 클라이언트로부터 종결의 신호를 받게 되면 클라이언트를 비난하거나 부정적으로 반응하기보다 클라이언트가 과연 무엇을 원하는지를 탐색한다.

노인상담의 종결은 그동안 어떤 상담 모델을 통해 진행되었는가에 따라 구별된다. 먼저, 장기상담인 경우에는 짧게는 17~20회에서 길게는 60회 이상으로 진행되는 상담 모델로 상담자와 클라이언트가 상담의 종결을 결정할 수 있다. 장기상담을 주로 하는 정신분석적 상담 모델에서는 클라이언트의 성격 변화를 상담의 목표로 설정한다. 비록 상담 목표가 문제 해결 자체에 집중되어 있지 않지만 클라이언트의 주요 호소 내용이 해결되면 클라이언트와 상의해서 상담의 평가와 종결을 하게 된다.

노인상담의 영역에서 장기상담은 상담자 자신이 정신역동적 치료훈련을 받은 상담자이거나, 클라이언트의 문제가 고질적이고 뿌리가 깊은 심층병리적인 특성을 지니거나, 여러 복합적인 문제를 보이는 경우에 이루어질 수 있다. 단기상담은 분명한 종결 시기가 구조화되어 있는 반면에 장기상담은 처음부터 상담회기가 정해지지 않는다. 상담 과정에서 클라이언트가 보이는 여러 가지 문제 변화와 해결의 종결 신호를 통해 적절한 종결 시기를 파악하게 된다.

단기상담의 경우에는, 종결이 상담의 초기에 클라이언트에게 상담 과정의 구조화를 설명할 때 이미 언급된다. 노인상담에서 단기상담은 짧게는 6회에서 길게는 16회 미만인 경우가 많다. 단기상담은 장기상담과는 달리 클라이언트의 문제, 증상, 위기와 같은 것의 해결에 초점이 맞추어진다.

1 상담 목표와 행동 변화에 대한 평가

상담을 종결하기 위해 우선적으로 상담 목표가 얼마나 달성되었고, 클라이언트의 문제에 어떠한 변화가 일어났는가를 평가하는 것이 요구된다.

단기상담에서 이러한 종결 과제를 위한 기법에는 척도질문이 있다. 척도질문은 문제의 심각성을 평가하고 치료 목표의 성취 정도와 결과를 평가하는 데 매우 유용하다. 단기상담의 목표는 문제와 증상의 제거 그리고 목표 성취에 있다. 그러나 종결을 위해 상담 목표가 얼마나 달성되었는가를 평가하는 것은 어려운 작업이다.

예를 들어, 가정폭력과 폭음과 같은 문제들은 언제나 일어나는 것이 아니다. 일정한 스트레스와 문제 상황 속에서 반복되는 것들로 클라이언트의 문제가 얼마나 변화되었는지를 단기상담 기간에 확인하는 것은 현실적으로 어렵다. 척도질문은 이러한 문제에 도움을 주는 종결기법으로 상담 목표가 얼마나 달성되었는지를 측정해 주는 도구다. 척도질문은 클라이언트 스스로 자신의 문제 변화에 대해 1~10점의 수치로 측정하게 한다.

척도질문을 통해 상담자는 목표의 도달 여부와 상담의 종결 이후에 변화된 행동을 어떻게 유지할 것인가를 이야기할 수 있다. 척도질문을 통해 평가와 종결 이후를 준비할 수 있게 된다. 변화 유지에 대한 대화는 클라이언트에게 변화에 대한 자신감을 더욱 높이며, 상담자는 종결을 분명히 준비하게 된다.

행동 변화에 대한 평가 사례

상담자: 어르신에게 약간은 어려운 질문을 하겠습니다. 그동안 우리의 작업을 돌이켜보아 어르신이 처음 상담을 시작했을 때가 1점이고 어르신이 가진 문제인 지나친 폭음 습관에 대한 완전한 치료가 10점이라고 할 때, 어르신은 오늘 1점과 10점 사이에 어디쯤에 있다고 말할 수 있을까요?

▶평가에 대한 질문

클라이언트: 아마도 6점인 것 같아요.

상담자: 어르신은 상담을 받은 이후 많은 변화가 일어났습니다. 6점이라는 숫자는 어르신이 이제 저 없이도 스스로 폭음을 자제할 수 있다는 것을 의미합니다. 앞으로도 상담을 하러 오시지 않고도 계속해서 6점을 유지하려면 어떻게 해야 할까요?

▶상담종결 후 변화를 유지하기 위한 질문

클라이언트: 기분이 나쁘면 술보다 아내와 함께 등산을 가겠어요. 자꾸 집에 있으면 기분이 우울해져서 술 생각이 나고 술을 먹으면 폭음을 하니 계속해서 등산이나 산책을 하려고 합니다.

② 변화가 일어나지 못한 문제에 대한 평가

상담은 만병통치약이 아니며, 분명한 한계점을 갖고 있다. 상담자는 상담 과정에서 클라이언트의 모든 문제를 해결해 줄 수 없다. 또한 상담자가 클라이언트의 모든 문제를 해결하려고 한다면 오히려 상담은 실패로 종결될 가능성이 많다. 클라이언트가 가진 복잡하게 얽혀 있는 문제들이 보다 선명해지고 중요한 문제 하나가 해결되면 종결로 이어질 수 있다. 따라서 상담자는 종결을 준비하며 클라이언트가 가진 문제 중에서 해결된 것이 무엇이며 아직 해결되지 못한 문제가 무엇인지를 파악하는 작업을 해야 한다.

3 변화의 유지에 대한 탐색

노인 클라이언트는 종결 단계에서 다시 증상이 재발하지 않을까 하는 불안을 갖는다. 따라서 상담자와 클라이언트는 종결 후에 변화를 어떻게 유지할 것인가를 이야기하는 것이 필요하다. 앞으로 예상되는 문제는 무엇이며 어떻게 이것을 대처할 것인가를 검토해야 한다. 상담 종결 후에도 문제는 늘 생기고 문제에 따르는 스트레스와 불안은 언제나 동반될 것이다. 여기서는 이 모든 문제를 다루고 대처할 사람은 상담자가 아닌 클라이언트 자신이라는 사실이 더욱 부각되어야 한다. 상담자는 클라이언트가 이제 상담자에게 의존하는 것에서 벗어나서 스스로 문제를 해결하고 극복할 수 있다는 사실을 일깨워 주며 상담자로부터의 분리와 독립을 격려해야 한다. 가장 성공적인 노인상담은 클라이언트가 더 이상 상담자를 의지하지 않고, 상담자의 도움 없이 스스로 위기에 대처하게 되는 것이다.

제7장

주제별 노인상담

1. 황혼이혼 문제

1) 문제 제기

최근 들어 결혼생활 20년이 넘은 부부들의 이혼이 증가하고 있다. 그 중에서도 만 65세 이상 노인의 이혼, 소위 황혼이혼이 늘어나고 있다. 통계청(2010)의 발표에 따르면, 동거기간이 20년 이상된 부부의 이혼이 전체 이혼 중에서 23.8%를 차지하여 1990년 3.1%와 비교할 때 지속적으로 증가하고 있다.

이처럼 노년기 이혼이 급증하는 이유는 자녀들 때문에 참고 살다가 자녀를 출가시킨 후 자신의 억눌린 감정을 분출하여 이혼을 결정하였고, 특히 경제적 문제로 이혼을 주저하던 여성 노인들이 1999년 분할연금제도의 도입으로 경제적 보상을 받을 수 있는 길이 열려 이혼을 선택하는 경우가 많다고 보고하였다(김소진, 2009). 또한 평균수명이 증가함에 따라 전체 생애 과정에서 노년기의 비중이 증가하고 있고, 은퇴 이후 부부관계가 새로운 국면에 접어들게 되면서 새로운 역할을 정립하고, 변화에 적응해 가는 과정에서 갈등이 불거질 수 있다는 점도 부각되고 있다(정순둘, 김고은, 김정원, 2011).

노년기의 부부관계는 노인의 심리적·정서적 안녕 측면에서 매우 중요하다. 노년기는 은퇴 후 사회적 관계가 줄어들고 일시적이거나 만성적인 질병의 발현을 경험하는 등의 부정적인 경험에 노출되어 있다. 따라서 노인에게는 애정이나 삶의 의미 같은 정서적 욕구를 충족시키기 위해 그 누구보다도 배우자가 필요하다(김시업, 1999; 정현숙, 유계숙, 2003).

그러나 만일 갈등이나 이혼 등으로 노후에 배우자를 잃게 된다면, 이는 매우 커다란 충격으로 남게 된다. 특히 전통적인 성역할을 기반으로 하는 부부관계를 유지하고 있는 현재 노인층의 현실을 감안해 볼 때, 남성은 여성보다 더 외로움을 느끼고 사기가 저하되며, 정상생활을 하는 데 어려움을 겪는다. 또한 노년기의 이혼은 생의 마지막 단계에서 절망감을 가져오고 그 자녀들은 홀로된 부모를 각각 부양하게 됨에 따라 부양부담에서 비롯되는 다른 부수적인 문제들도 파생된다(이윤로, 유시순, 2004; 이민아, 2010).

▲ 노년기 배우자와의 관계는 노인의 삶의 만족과 성공적 노후에 밀접한 관련을 갖는다.

이러한 측면에서 볼 때 심리·정서적 안녕을 위한 부부관계의 유지와 마찬가지로 노년기에 이혼을 경험하는 이들을 위한 자조모임이나 심신의 건강관리 프로그램, 가족 갈등 해결을 위한 프로그램 등의 개발과 지원도 중요한 과제라 할 수 있다(김소진, 2009).

2) 황혼 이혼 사례

사례

남 할머니는 "살아온 나날들이 자꾸 눈앞을 스쳐간다."고 하면서 "이렇게 계속 살아야 한다는 게 지옥 같다."고 슬픈 표정을 지었다. 이미 인생의 사형선고를 받은 사람처럼 애달프고 구슬픈 눈빛이다. 남 할머니는 시집온 날부터 시어머니, 남편, 자식들 뒷바라지를 했다. 삯바느질에서부터 식당종업원까지 해 보지 않은 일이 없다. 그러나 할아버지는 "돈 못 버는 남편이 라고 무시하느냐?"라고 하며 할머니를 폭행하기 시작했고 그 정도가 점점 심해져 흉기까지 휘둘렀다. 남 할머니는 나이가 들어도 할아버지의 폭력이 줄어들지 않아 정신적으로 힘이 부친 상태다. 할아버지의 가부장적인 의식이 변하지 않는데다 할머니에 대한 열등감이 심해 여전히 힘으로만 제압하려고 한다. 심지어 옆집 젊은 부부가 할머니의 신음소리를 듣고 신고해 경찰들이 출동한 경험도 있다. 할머니는 앞으로도 여러 가지 시련이 닥칠 것이라고 예상했다. 그로 인해 생명의 위협까지 느끼고 있는 상태다. 자식들은 할머니에게 제발 이혼해서 살아 달라고 부탁한다. 좋지 않은 일이 생길까봐 두렵다는 것. 하지만 할머니는 막내아들이 결혼할 때까지는 어림없다는 반응이다. 남 할머니의 아들은 "어머니가 아버지에게 매 맞는 모습을 보고 자라면서 울었던 적이 한두 번이 아니다."라면서 "아버지에게 대들며 싸워도 봤지만 현실은 변하지 않았다."고 말했다. 그는 "지금이라도 어머니가 이혼하겠다고 결정하면 적극적으로 추진하겠다."고 하면서 "힘든 결혼생활을 유지하는 것보다 당신의 행복을 챙기는 것이 자식들을 진정으로 사랑하는 것"이라고 설득했다.

출처: 이동권(2007), p. 215.

문제 1: 현재 클라이언트의 감정과 생각은 어떤 것인가?

문제 2: 어떻게 공감적 이해를 해 주겠는가? 또한 클라이언트의 강점을 찾아보시오.

문제 3: 문제를 구체적으로 정의해 보시오.

문제 4: 이 책에서 다루었던 이론 중 문제 해결을 위해 제시될 수 있는 이론은 어떤 것이 있겠는가?

문제 5: 상담목표와 실천행동을 설정하고, 그 긍정적 · 부정적 효과를 점검해 보시오.

상담 목표

1)

2)

3)

실천 행동

1)

2)

3)

	긍정적 효과	부정적 효과
1		
2		
3		

2. 우울 · 자살 문제

1) 문제 제기

우울은 노인에게서 볼 수 있는 가장 보편적이고 흔히 나타나는 증상이다. 실제로 2008년 노인실태조사 결과(보건복지가족부, 계명대학교 산학협력단, 2009)에 따르면, 우리나라 노인의 30.8%가 우울 상태를 경험하는 것으로 나타나 우울증이 노년기에 대응해야 할 중요한 정신건강상의 문제가 되고 있다.

이는 노년에 이르러 대부분 정년퇴직에서 비롯되는 사회적 지위의 상실, 배우자나 친구의 죽음에서 오는 슬픔과 외로움 경험, 그리고 노화에 따른 신체적 질병과 일상생활 수행 능력의 저하로 겪게 되는 무력감과 절망감 등을 경험하며 노년기 삶의 질을 저하하는 주된 원인이 된다(윤은경, 2012).

한편, 노년기의 우울과 관련된 선행연구들을 살펴보면, 이미 많은 연구에서 은퇴와 건강문제 등에서 비롯되는 사회적 활동의 축소와 경제적 궁핍, 배우자나 동료의 상실 경험 등으로 노년기에 우울증이 증가한다는 것은 이미 일반화된 사실이다. 그러나 이러한 우울증은 노인 자살로 이어지는

▲ 노인 우울과 자살을 예방할 수 있는 적극적 개입체계 마련이 중요하다.

경우가 많아 더욱 심각한 문제가 된다. 특히 우리나라의 노인 자살률이 꾸준히 증가하고 있으며, 이러한 노인 자살은 우울증과 관련성이 높다는 연구가 다수 보고되고 있어 노년기 우울 문제의 중요성을 입증하고 있다(정순둘, 구미정, 2011).

Rickgarn은 노인의 자살을 방지하는 개입에 3가지 차원이 있다고 하였는데, 첫째는 일반인을 대상으로 홍보와 교육을 실시, 관심을 불러오는 것, 둘째는 전문가에 준하는 훈련된 도우미를 양성해 노인자살의 경고신호 및 노화에 대한 잘못된 관점을 교육하고, 자살 시도 가능성이 높은 사람을 찾아내는 것, 셋째는 의사나 치료 및 상담 전문가 등 전문가 수준에서 위기개입하는 것이라고 했다. 이러한 내용에 비추어 볼 때 우리의 현실에서도 노인의 우울과 자살을 예방할 수 있는 적극적 개입체계를 마련하는 것이 중요하다 하겠다(김은주, 윤가현, 2010).

2) 우울 · 자살 사례

사례

김○○ 씨는 72세의 남자 어르신으로, 3개월 전 아내와 사별한 후 부쩍 말수가 줄고 집에만 있으려고 하여 이웃들이 상담센터에 의뢰해 왔다. 어르신의 아내는 심한 관절염을 앓고 있었는데, 증세가 점점 악화되어 심한 통증을 겪었고 간단한 집안일을 하는 것도 몹시 힘들어했다. 아내는 우울해하고 짜증을 많이 내서 정신과에서 약을 처방받은 적이 있었으나 꾸준히 약을 먹지는 않았다. 그러다 3개월 전 아내는 스스로 목숨을 끊었다. 아내가 종종 죽고 싶다고 말한 적이 있었지만 정말 죽을 것이라고는 생각하지 못했던 탓에 어르신은 아내의 자살에 몹시 충격을 받고, 좀 더 잘해 주지 못한 것에 죄책감을 느끼고 있다. 최근에는 잠을 잘 이루지 못하고 새벽까지 뒤척이는 일이 잦으며, 잠깐 잠이 들어도 악몽에 시달리는 경우가 많다. 어르신은 당뇨병과 고혈압을 앓고 있으며, 신체적으로 점차 쇠약해지고 있다고 느끼고 있다. 현재 어르신은 혼자 살고 있는데, 큰 딸과 간간이

전화로 연락할 뿐, 아들 내외와는 왕래가 없다. 최근에는 식사를 거르는 일이 잦고, 동네 이웃들과 어울리는 일도 거의 없어 집 밖으로 잘 나가지 않는다. 이웃에 사는 박○○ 씨는 어르신의 오랜 친구로 어르신의 상태에 대해 매우 걱정하고 있다. 어르신은 죽고 싶다는 생각을 자주 하며, 이러면 안 된다고 생각하지만 한번 자살 생각을 하면 떨쳐 버리기가 어렵다고 느낀다. 자살시도를 했던 적은 없으며, 제초제를 먹으면 죽을 수도 있을 것이라 생각하고 있다.

출처: 육성필, 최광헌, 김은주, 이혜선(2011), p. 48.

문제 1: 현재 클라이언트의 감정과 생각은 어떤 것인가?

문제 2: 어떻게 공감적 이해를 해 주겠는가? 또한 클라이언트의 강점을 찾아보시오.

문제 3: 문제를 구체적으로 정의해 보시오.

문제 4: 이 책에서 다루었던 이론 중 문제 해결을 위해 제시될 수 있는 이론은 어떤 것이 있겠는가?

문제 5: 상담 목표와 실천 행동을 설정하고, 그 긍정적 · 부정적 효과를 점검해 보시오.

상담 목표

1)

2)

3)

실천 행동

1)

2)

3)

	긍정적 효과	부정적 효과
1		
2		
3		

3. 은퇴 준비 문제

1) 문제 제기

우리나라 국민의 평균수명은 2020년에 이르면 남자 78.2세, 여자 84.4세로 증가할 것으로 전망된다. 이처럼 평균수명의 증가로 국민의 생애주기에서 노년기가 차지하는 비중이 증가하고 있으며, 이에 따라 적극적인 노후 준비의 필요성이 요구된다(이소정, 2009).

일은 개인의 정체감, 자존감 및 행복감을 결정하는 데 매우 중요한 역할을 한다. 이는 생계 유지를 가능하게 하는 도구적 가치뿐 아니라 개인의 삶에 다양한 의미를 부여하는 그 자체로의 가치도 의미한다(박균석, 이주일, 2005).

은퇴는 노인으로 하여금 소득의 경감이나 상실, 자아정체감과 자아존중감의 저하, 사회적 참여의 저하, 신체적 능력 저하, 기존 역할 상실, 여가시간의 증가, 새로운 역할 정립 등과 같은 삶의 변화를 경험하게 함과 동시에 미혼 자녀의 학업 및 혼인과 같은 과업이 남아 있는 경우 상당한 경제적 · 심리적 부담을 안겨 주는 사건이라고 할 수 있다(정순둘, 문진영, 김성원, 2010).

뿐만 아니라 배우자와 자녀를 포함하는 가족 관계의 재설정이 요구된다. 즉, 가족과 일상에서 근접 생활 비중이 높아짐에 따라 갈등 및 만족 수준에서의 변화가 초래될 가능성이 높다(박균석, 2009).

다양한 연구를 통해, 은퇴 만족도와 삶의 질이 은퇴 이전에 은퇴 후의 삶을 얼마나 잘 준비했는지에 달려 있음을 확인할 수 있다. 은퇴를 앞둔 중장년층을 대상으로 하는 은퇴 준비 관련 교육과 실질적인 준비 프로그램의 활성화가 향후 노년층의 은퇴 후 생활에 긍정적인 영향을 미칠 수 있을 것으로 보인다.

2) 은퇴 준비 사례

사례

이○○ 씨는 66세의 남자 어르신으로, 지난해 공기업에서 은퇴했다. 은퇴 후에는 여유 있게 노후 생활을 즐기고 싶었지만, 다달이 들어오던 급여가 끊기면서 경제적으로 부담을 느끼고 있다. 오랜 직장생활을 했지만 그동안 세 자녀를 대학에 보내고 결혼을 시키면서 노후자금을 따로 마련하지는 못했다. 집 한 채와 얼마간의 예금을 가지고 있으나 매달 필요한 생활비와 더 나이가 들어 병이라도 생기면 치료비로 들어갈 돈 생각에 압박감을 느끼곤 한다. 은퇴할 당시에는 무슨 일이든 못하겠는가 하는 생각도 있었고, 자기 정도면 크게 욕심내지 않는 한 직장을 다시 구할 수 있을 것이라고 생각했다. 그러나 직장을 알아보기 위해 여러 군데 부탁을 해 두었으나 연락 오는 곳도 없고, 계속 거절당하다 보니 점점 자신감을 잃고 위축되어 가고 있다. 이○○ 씨의 아내는 활달한 성격으로 사람들과 어울리기를 좋아하고 모임에 자주 참석한다. 이○○ 씨가 은퇴한 후 아내의 잦은 외출이 신경 쓰여 뭐라고 하면 아내와 싸움으로 이어지기 일쑤였고, 며칠씩 서로 말도 안 하고 지내기도 했다. 아내는 남편이 갓 은퇴했을 당시에는 신경도 써 주고 같이 외출도 했으나, 이○○ 씨가 점점 아내가 돈 쓰는 것과 늦게 들어오는 것에 대해 잔소리를 하면서 은퇴 전보다 사이가 나빠졌다. 아내도 남편에게 매일 세끼 식사를 챙겨 줘야 한다는 것을 부담스러워하는 눈치다.

출처: 육성필, 최광헌, 김은주, 이혜선(2011), p. 54.

문제 1: 현재 클라이언트의 감정과 생각은 어떤 것인가?

문제 2: 어떻게 공감적 이해를 해 주겠는가? 또한 클라이언트의 강점을 찾아보시오.

문제 3: 문제를 구체적으로 정의해 보시오.

문제 4: 이 책에서 다루었던 이론 중 문제 해결을 위해 제시될 수 있는 이론은 어떤 것이 있겠는가?

문제 5: 상담 목표와 실천 행동을 설정하고, 그 긍정적 · 부정적 효과를 점검해 보시오.

상담 목표

1)

2)

3)

실천 행동

1)

2)

3)

	긍정적 효과	부정적 효과
1		
2		
3		

4. 웰다잉 문제

1) 문제 제기

모든 인간은 죽음 앞에 선 존재라는 숙명 앞에 서 있다. 노년기는 죽음을 가깝게 인식하게 되는 시기이며, 죽음을 올바로 인식하고 자아통합을 통해 인생의 마지막을 잘 준비하는 것은 노년기의 매우 중요한 과업이라 할 수 있다(윤진, 김인경 역, 1992).

그러나 노년기는 노화에 따라 만성적 질병 발생이나 신체적 기능 상실 등이 나타난다. 또한 질병과 죽음에 대한 취약성이 증가하는 시기이고, 배우자의 사망이나 정년퇴직 등과 같은 환경적 · 심리적으로 삶의 질에 부정적인 영향을 미치는 사건이나 사고가 발생하기 때문에 삶의 만족도가 저하된다.

실제적으로 대부분의 사람들은 죽음에 대한 공포로 괴로워하고 있지만 특히 노년기에 접어들면서 죽음을 더 실제적으로 지각하게 되어 죽음불안이 더 심화된다. 사회적인 여러 가지 상황으로 드러낼 수 없어 잠재적인 현상으로서 노인에게 죽음은 피할 수 없는 가장 두렵고 보편적인 공포(Kübler-Ross, 1969)로 나타나고 있다(이정인, 김순이, 2011).

따라서 노화 과정에서 경험하는 상실과 죽음에 대해 올바른 태도와 대처 전략을 갖도록 하는 것은 모든 노인의 삶의 만족도를 높이거나 유지하는 데 중요한 관심사인 동시에 노년기 삶 전체를 좌우할 수 있는 중요한 요인이 되므로, 노년기의 삶의 만족도에 부정적인 영향을 미치는 죽음에 대한 올바른 태도와 준비를 갖추게 하는 것은 성공적인 노화의 필수조건이라 할 수 있다(김미순, 하춘광, 김효순, 2011).

2) 웰다잉 관련 사례

사례

"알림. 할머니께서 돌아가셨으니 파지나 고물 갖어오지(갖고오지) 말아요. 그동안 도와주신 분들께 감사드립니다. 집주인." 지난 9일 서울 금천구 시흥동의 연립주택가 골목길 벽에 붙은 종이에 쓰인 글이다. A4 용지에 쓰인 '할머니'는 김 모(88) 씨. 동네에서 '폐품 할머니'로 불리는 김 씨는 영하 6도까지 떨어졌던 지난 8일 오전 10시 40분쯤 자신이 살고 있던 반지하방에서 숨진 채 발견됐다. 김 씨가 모아 둔 폐품을 정기적으로 수거했던 고물 수집상 전 모(50) 씨가 들렀다가 인기척이 전혀 없자 119에 신고했다. 119 대원들이 들어간 반지하방에서는 보일러와 TV가 켜진 채 김 씨가 왼쪽으로 비스듬히 누워 숨져 있었다. 김 씨가 살던 집주인이 '알림글'까지 붙인 이유는 뭘까. 그간 이웃들이 홀로 폐품을 수집하는 김 씨를 도왔기 때문이다. 160cm 키에 자신의 몸보다 큰 리어카를 끌고 폐품 수집을 다녔던 김 씨는 이웃을 만날 때마다 반갑게 인사를 건넸다고 한다. 김 씨의 모습을 본 이웃들은 '우리도 함께 돕자'며 폐품 수집 지원에 나섰다. 신문지 꾸러미, 빈 우유갑, 옷걸이 등 집집마다 생기는 폐품들이 김 씨가 살던 반지하방 창가에 쌓였다. 이웃들은 폐품을 두고 갈 때마다 창가에 대고 "할머니 잘 지내시죠?"라며 인사를 했다고 한다. 숨진 김 씨는 기초생활수급자로 생활보조지원금을 받아 생활했다. 멀지 않은 곳에 딸이 살고 있었지만, 딸의 집도 형편이 좋지 않아 김 씨를 잘 챙길 수 없었다고 한다. 이웃 이 모 씨는 "할머니가 '30년 전에 아들을 먼저 보내 마음의 병이 생겼다'고 말했다."며 "집 안에 가만히 있으면 몸 안에 화기가 돌아 견딜 수 없어 폐품을 모으러 다니신 것으로 안다."고 말했다. 김 씨가 폐품을 팔아 번 돈은 한 달에 1만 원이 채 안 됐다. 10일 오전 김 씨의 가족들이 지켜보는 가운데 김 씨의 발인이 진행됐다. 하지만 김 씨의 반지하방 창가에는 추운 날씨 속에 김 씨가 열흘 가까이 밖에 나오지 못했던 사이 이웃들이 갖다놓은 폐품이 여전히 쌓여 있었다.

출처: 조선일보(2013. 1. 12). 반지하방 88세 '폐품 할머니'의 고독사… 그 후에도 할머니 돕는 폐품이 차곡차곡

문제 1: 현재 클라이언트의 감정과 생각은 어떤 것인가?

문제 2: 어떻게 공감적 이해를 해 주겠는가? 또한 클라이언트의 강점을 찾아보시오.

문제 3: 문제를 구체적으로 정의해 보시오.

문제 4: 이 책에서 다루었던 이론 중 문제 해결을 위해 제시될 수 있는 이론은 어떤 것이 있겠는가?

문제 5: 상담 목표와 실천 행동을 설정하고, 그 긍정적 · 부정적 효과를 점검해 보시오.

상담 목표

1)

2)

3)

실천 행동

1)

2)

3)

	긍정적 효과	부정적 효과
1		
2		
3		

5. 성 문제

1) 문제 제기

빠른 고령화 사회의 도래는 노인인구의 증가와 함께 노년기가 연장되고, 부부가 함께 지내는 시간이 늘어나게 되었음을 예고한다. 이는 노년기 부부관계 역시 중요성을 갖게 되었다는 것을 시사한다(이호선, 2008; 정순둘, 2012). 그러나 인간의 기본적 욕구라고 할 수 있는 노인의 성(性)에 대한 접근은 활발하게 이루어지지 못하고 있는 것이 우리의 실정이다(나임순, 2005).

성욕은 인간의 기본적인 욕구로 Maslow(1972)는 성욕이 인간욕구 중 가장 강한 1차적 욕구라고 하였다. 전국의 65세 이상 남녀 노인 500명을 대상으로 2011년 6~12월 실시한 성생활실태조사 결과(보건복지부, 2012), '성생활을 한다'는 응답자가 66.2%(331명)에 달한다고 밝혀졌다. 65세 이상 1,600명을 대상으로 한 미국의 한 조사에서도(고정자, 2001) 노인도 성생활에 흥미를 느낄 뿐만 아니라 성고조에 도달한다고 하였다. 일반적인 의미로서 성의 개념은 남녀 양성의 신체적 · 생리적인 차이와 성행동은 물론 가치관과 태도, 감정, 신념 등 심리적 · 문화적인 면을 모두 포함하고 있다. 따라서 성에 대한 표현은 개인의 사회적 · 인종적 · 문화적 · 종교적 · 도덕적인 배경에 따라 다르게 나타난다.

우리나라에서는 노년기 성과 관련된 문제에 관심이 증가하고 있음에도 개인의 성에 대한 무지와 잘못된 인식 그리고 사회적인 편견과 무관심 등으로 원조교제, 성추행, 성병 감염, 황혼이혼 등의 왜곡된 현상이 나타나고 있다(나임순, 2005). 대중매체의 보도에 등장하는 박카스 아줌마나, 인근 야산 등지에서 다람쥐 아줌마를 상대로 일어나는 매매춘 행위, 노인에 의한 성추행 사건 등이 그 예다.

노인의 성 문제 해결을 위해 제시된 몇 가지 방안은 다음과 같다. 첫째, 노인의 성에 대한 무지와 편견을 극복하고, 이해를 높일 수 있는 여러 가지 방안이 마련되어야 한다. 둘째, 음성적인 노인의 성매춘이나 성매매로 인한 성 관련 질병의 발생을 방지하고 노인 성욕구의 해소 방안을 마련해야 한다. 셋째, 홀로된 노인이 건전한 이성교제를 할 수 있도록 지원하며, 성교육 및 노혼 프로그램 등에 대한 방안이 고려되어야 한다.

2) 노인 성 문제 사례

사례

서울의 한 노인복지센터에 열심히 출석하는 김 씨(68)는 "외로움을 극복할 수 있는 방법을 찾아야 한다. 상대가 없으면 자위행위라도 해야 한다. 스스로의 의욕을 확인할 필요가 있다. 꼭 젊은이들처럼 하지 않아도 된다."며 자신의 경우를 솔직하게 털어놓았다. 이곳에서 김 씨(72)와 사귀고 있는 최 씨(67)는 "70세가 넘으면 성감이 없어진다고 여기는 것은 젊은 사람들의 생각일 뿐"이라며, "성생활을 포기한 이들은 그룹미팅 등 이성 사이의 만남의 자리에 나오지도 않는다."고 덧붙였다. 옆에 있던 김 씨는 "만남의 자리에 나오는 이들의 최종 목적은 성과 무관하지 않다고 본다. 사랑을 말하면서 성을 배제한다는 게 말이 되느냐."고 말했다.

출처: 임춘식(2001), p. 205-206.

문제 1: 현재 클라이언트의 감정과 생각은 어떤 것인가?

문제 2: 어떻게 공감적 이해를 해 주겠는가? 또한 클라이언트의 강점을 찾아보시오.

문제 3: 문제를 구체적으로 정의해 보시오.

문제 4: 이 책에서 다루었던 이론 중 문제 해결을 위해 제시될 수 있는 이론은 어떤 것이 있겠는가?

문제 5: 상담 목표와 실천 행동을 설정하고, 그 긍정적 · 부정적 효과를 점검해 보시오.

상담 목표

1)

2)

3)

실천 행동

1)

2)

3)

	긍정적 효과	부정적 효과
1		
2		
3		

6. 노인학대 문제

1) 문제 제기

우리나라에서 노인학대를 인식하고 관심을 가지기 시작한 것은 최근의 일이다. 1990년대 들어 노인학대에 대한 관심이 대두되기 시작하였는데, 이는 가정폭력에 대한 사회적 관심이 증가되면서 가정폭력의 일환으로 관심을 갖기 시작했다고 볼 수 있다. 노인학대에 대한 학문적인 연구가 이루어진 것은 1990년대 중반 무렵부터다.

노인학대라는 용어는 매우 추상적인 개념이다. 따라서 노인학대를 정의할 때는 노인학대에 해당하는 유형과 행위를 제시하여 개념화하는 경우가 많으며, 그 또한 사용하는 목적이나 연구자에 따라 노인학대 정의에서 포괄하는 행위의 범위를 달리하고 있다. 우리나라 「노인복지법」 제1조의2에 따르면, "노인학대라 함은 노인에 대하여 신체적 · 정신적 · 정

표 7-1 노인학대 유형별 신고 건수 (단위: 건)

노인학대 유형	2007년	2008년	2009년	2010년
신체적 학대	739	874	1,127	1,304
정서적 학대	1,577	1,561	1,853	1,981
성적 학대	12	20	37	39
재정적 학대	422	446	554	574
방임	941	839	806	891
자기방임	80	117	129	196
유기	34	40	82	91
계	3,805	3,897	4,588	5,076

출처: 중앙노인보호전문기관 홈페이지(www.noinboho.org)

서적 · 성적 폭력 및 경제적 착취 또는 가혹행위를 하거나 유기 또는 방임을 하는 것을 말한다."라고 정의하고 있다. 우리나라 노인학대는 유형별로 신체적 학대, 정서적 학대, 성적 학대, 재정적 학대, 방임, 자기방임, 유기로 나타나고 있다(〈표 7-1〉 참고).

Woolf(1971)는 노인학대의 원인으로 돌봄제공자의 스트레스, 노인의 의존성 장애, 외부 스트레스, 사회적 고립, 폭력의 세대 간 전이, 학대자 개인의 내적 역동성과 개인적 문제 등을 들었다. 학대를 유발하는 데에는 매우 복잡하고 다양한 요인들이 복잡하게 얽혀 있다. 이에 대한 대책으로는 노인학대를 사회문제로 인식하는 시각이 필요하며, 노인방임에 대한 사회적 대책 및 은폐된 노인학대의 발견과 개입에 대한 제도적인 장치가 필요하다. 더불어 노인학대 가족을 위해서는 노인에 대한 부양 부담을 덜어 주는 가족지원 서비스를 실시하며, 가족원에 대한 노인 이해 교육, 가해 가족원에 대한 상담 및 프로그램의 지원이 필요하다.

2) 노인학대 사례

사례

클라이언트에게는 1남 2녀의 자녀가 있으나 클라이언트를 돌보지 않고 있어 지금 방세를 못 내 거리에 나앉아야 할 처지이나 집주인은 클라이언트 형편이 너무 딱하여 쫓아낼 수도 없고 하여 지금은 어쩔 도리 없이 그냥 놔두고 있는데 '정말 처치 곤란'이라 하였다. 클라이언트는 남해에서 태어나 20세에 배를 타던 첫 번째 남편과 가정을 꾸려 시부모를 모시고 살았다. 남편이 어선에서 내리고 난 뒤는 농사를 지으며 1남 2녀를 낳아 길렀다. 그러던 중 클라이언트의 나이 56세에 평상시 술을 자주 마시던 남편이 술로 인한 속병으로 갑작스레 사망하게 되면서 가계 살림이 어려워지기 시작하였다. 뒤늦게 (60대인) 두 번째 남편에게 재가를 하였으나 출가한 자녀들의 눈이 부끄러워 도저히 마음이 편치 않아 한 달도 살지 못하고 헤어졌다. 남편은 돈 500만 원을 위자료 형식으로 주었으며, 그 돈으로 고향을 떠나게 되었다. 그 뒤 클라이언트는 둘째 딸 집에 두어 달 얹혀살게 되었는데 이도 도저히 눈치가 보여 못 견디고 급기야 부산 아들네로 오게 되었다. 이렇게 하여 부산에 산 지 4~5년이 되는데 처음엔 아들네와 살다가 불편하게 되어 따로 살게 되었고, 지금은 아들이 부양의무를 기피하고자 1월 클라이언트에게 반여 1동에 방을 얻어 주고는 아들 내외는 자취를 감추어 버린 상태다(일본으로 떠났다는 말이 있음). 클라이언트는 아들네에 대한 연민이 컸고 못사는 살림에 자신까지 신경 쓸 수 없다며 요즘 세상에 특별히 부모에게 잘하는 자식이 어디 있냐며 자식에 대한 직접적 비난과 원망은 하지 않았다. 남해에 살고 있는 큰딸(58세)과 서울에 있는 막내딸(55세) 역시 경제적으로 어려운 형편이고, 10년 전에 자녀들의 주소를 기록한 수첩을 잃어버린 뒤로는 아직까지 서로 연락이 없는 상태다. 할머니는 젊었을 때 농사일로 허리를 다친 이후 나이가 들어서 점점 허리 통증이 심해져서 앉거나 걸어 다니는 데 심한 통증을 느끼고 있다. 그러나 의료보험증도 없어 병원 치료를 받지 못하며, 복지관에서 가끔 한방치료를 이용하는데 그것도 하루 1,000원이 부담스러워 자주 이용하지 못하고 있는 실정이다. 먹는 것도 주인집에서 가끔 반찬을 얻어먹으나 주로 김과 간장으로 끼니를 때우고 있다.

출처: 성향숙(1997).

문제 1: 현재 클라이언트의 감정과 생각은 어떤 것인가?

문제 2: 어떻게 공감적 이해를 해 주겠는가? 또한 클라이언트의 강점도 찾아보시오.

문제 3: 문제를 구체적으로 정의해 보시오.

문제 4: 이 책에서 다루었던 이론 중 문제 해결을 위해 제시될 수 있는 이론은 어떤 것이 있겠는가?

문제 5: 상담 목표와 실천 행동을 설정하고, 그 긍정적 · 부정적 효과를 점검해 보시오.

상담 목표

1)

2)

3)

실천 행동

1)

2)

3)

	긍정적 효과	부정적 효과
1		
2		
3		

7. 중독 문제

1) 문제 제기

노인인구의 증가와 더불어 노인의 건강 문제도 늘어나고 있다. 노인의 건강 문제와 관련하여 최근에 부각되고 있는 질병 중 하나가 노인 알코올 중독인데, 알코올 중독은 주로 젊은 사람들의 문제로 인식되는 경향이 있어 노년기에도 상당히 심각하게 발생하고 있지만 아직 전문가나 일반인이 많은 관심을 기울이지 못하고 있다. 알코올 중독은 알코올의 특성인 습관성·중독성으로 알코올 사용에 대한 절제력을 상실하며, 이에 따라 노인의 신체적 건강은 물론 정신건강 및 생활기능에까지 손상을 입고 있다(박지영, 1997). 우리나라 노인의 경우 중독 유형을 살펴보면, 〈표 7-2〉와 같이 알코올 중독이 가장 많은 비중을 차지하고 있으며, 그다음으로 약물 의존과 도박 중독으로 나타나고 있다. 여기서는 노인의 중독 중 대표적인 알코올 중독에 대해서 설명하고자 한다. 알코올 남용은 일

표 7-2 **노인 중독의 유형** (단위: 명)

중독 여부	유형별	2007년	2008년	2009년	2010년
중독 있음	소계	66	54	66	84
	알코올 중독	49	48	64	81
	약물 의존	15	5	2	2
	도박 중독	2	1	0	1
중독 없음	소계	2,246	2,315	2,608	2,984
계		2,312	2,369	2,674	3,068

출처: 보건복지부 저출산고령사회정책실 노인정책과.

반 성인에게만 국한되어 일어나는 문제는 아니다. 노인은 기분전환을 위해 어떤 다른 물질보다도 알코올을 많이 사용하는 경향이 있다(이윤로, 2000). 알코올 중독은 인지적 손상이나, 기분장애(불안, 우울) 그리고 다양한 신체적 질환(간질환, 암, 심장질환, 고혈압 등)과 연계된다. 특히 치매는 만성적 알코올 남용과 연결되기도 한다. 또한 노년기는 신체적 변화로 인해 중앙신경체계나 간, 신장 등이 알코올에 대한 대응 능력이 떨어지기 때문에 알코올 사용은 젊은 층에 비해 더욱 위험하다. 또한, 젊은 시절부터 알코올 중독인 노인의 경우에는 정상적인 노화보다도 이미 신체적인 상태가 약화되어 있어 알코올에 대한 대처 능력이 더욱 상실되어 있다. 이러한 이유 때문에 노년기에는 적은 양의 알코올로도 심신에 해로움을 가져올 수 있다. 알코올 중독 노인은 젊은 층에 비해 1회 섭취하는 알코올의 양이 적지만 거의 매일 알코올을 섭취한다는 것이 서구나 우리나라에서 모두 공통적인 특징이다.

2) 중독 사례

사례

클라이언트는 가난한 농민의 무남독녀로 자라나 어린 시절 농사일을 하며 어렵게 생활하였다. 17세 되는 해에 결혼하였지만 남편이 일찍 사망하였고 그 후 재혼하였다. 재혼한 김○○ 씨와의 사이에 딸 한 명을 출산하였지만 간암으로 사망하였다. 클라이언트의 딸의 사망으로 두 손자는 가출하여 중국집 배달원으로 생활하고 있으며 현재 연락이 없는 상태이고 막내 손자는 클라이언트와 함께 생활하고 있다. 클라이언트의 막내 손자는 중학교 1학년 과정을 마치지 못한 채 자퇴한 상태이며, 조직폭력배에 가담하여 음주, 본드 흡입, 무단가출 등 비행을 일삼으며 생활하고 있고, 클라이언트와 심한 갈등을 겪고 있다. 클라이언트의 사위는 양육비 명목으로 매달 7만 원 정도를 클라이언트에게 지원하고 있으나 거의 일정치가 않으며 그 돈은 생활비보다는 클라이언트 막내 손자의 유흥비로 사용되고 있다. 클라이언트는 젊은 시절 술을 즐겼으며, 딸의 사망 이후로 거의 매일 술을 마셨다고 한다. 현재 알코올 중독 증세를 보이는 등 심각한 상태이며 당뇨병이 심하여 기력이 없고, 목욕을 거의 하지 않으며 피부도 좋지 않은 상태다. 그리고 클라이언트는 양쪽 손가락의 근육장애로 심한 노동을 할 수 없는 실정이다.

출처: 김일태(2001).

김 할머니는 과도하게 음주를 하기 시작한 지 5년이 되었다. 김 할머니는 같이 살고 있는 아들 내외에 의해 상담소에 내원하게 되었다. 아들 내외는 김 할머니가 하루 종일 술을 마시는 것 외는 아무것도 하지 않기 때문에 걱정을 하고 있다. 더군다나 할머니는 며느리를 당황스럽게 하는 문제행동을 하기도 했다. 김 할머니의 음주는 할머니가 2년 전에 퇴직하면서 동시에 일어났다. 퇴직 후 할머니는 점차 활동이 줄어들었고 현재는 거의 외부 일에 관심이 없다. 그리고 약간의 인지적 손상이 있는 것으로 나타났다.

출처: 한국노인복지의 새로운 도전(2004).

문제 1: 현재 클라이언트의 감정과 생각은 어떤 것인가?

문제 2: 어떻게 공감적 이해를 해 주겠는가? 또한 클라이언트의 강점을 찾아보시오.

문제 3: 문제를 구체적으로 정의해 보시오.

문제 4: 이 책에서 다루었던 이론 중 문제 해결을 위해 제시될 수 있는 이론은 어떤 것이 있겠는가?

문제 5: 상담 목표와 실천 행동을 설정하고, 그 긍정적 · 부정적 효과를 점검해 보시오.

상담 목표

1)

2)

3)

실천 행동

1)

2)

3)

	긍정적 효과	부정적 효과
1		
2		
3		

8. 가족 문제

1) 문제 제기

가족은 혼인, 혈연, 입양 등으로 맺어진 사회조직의 기초 단위이며 중요한 사회집단이다. 가족 구성원들은 흔히 공동생활을 한다. 즉, 사회의 기본 구성 단위이면서 동시에 관계의 측면에서 중요한 영향을 끼친다. 가족의 중요성을 두 가지 측면에서 살펴보면 다음과 같다. 첫째, 가족은 사람들과의 직접적인 관계의 측면에서 생각하는 것, 느끼는 것, 행동하는 것 등 개인의 삶과 행동에 매우 넓은 영역에서 깊게 영향을 미친다. 둘째, 다른 사람과의 관계에 영향을 미친다. 거의 모든 사람은 가족에 속해 있으며, 모든 가족은 특별한 상호작용 유형을 발전시키고, 오랜 기간 사랑하는 관계를 유지한다(Herr & Weakland, 1979). 이러한 가족의 중요성은 고령화 사회를 맞이한 우리에게 그 의미에 대해 다시금 생각해 보게 한다.

노인의 수명이 연장됨에 따라 노년기가 길어지고 노인의 규모가 증가하면서 가족관계에 많은 변화가 생겼다. 이는 사회적 · 경제적 · 문화적인 변화와 함께 노년기의 가족생활에 많은 변화를 가져왔다. 노인부부가구의 증가와 노인부모의 부양에 따른 가족의 부담이 증대되고 있으며, 가족돌봄에 대하여 사회적으로 공적인 보호체계의 요구가 증가하고 있다. 노인의 가구 형태를 살펴보면, 1994년의 경우 자녀동거가구가 54.7%였지만 2009년에는 38.7%로 급감하였다. 반면 노인부부가구 비율이 26.8%에서 35.6%로 증가하여 자녀동거가구의 수준과 비슷해졌고, 독거의 비중도 13.6%에서 2009년 20.1%로 증가하였다(정경희, 2011). 이러한 가족 형태의 변화는 가족의 역할에도 변화를 가져오고 있다.

2008년 전국노인실태조사 결과에서 노인은 비동거자녀(74.4%)와 동거자녀(56.9%)로부터 경제적 지원을 받고 있는 것으로 나타났으며, 만성질환 등으로 일상생활 수행에 어려움이 있는 노인에게 간병 및 수발의 신체적 지원을 제공하는 자 또한 배우자(83.9%), 동거자녀(75.3%), 비동거자녀(46.8%) 순으로 차지하는 비율이 높게 나타났다. 그리고 노인이 정서적 지원을 받는 자는 배우자(93.7%), 동거자녀(75.3%)의 비율로 나타나 경제적 · 신체적 지원뿐만 아니라 정서적 지원에 있어서도 배우자와 자녀 역할이 중대함을 알 수 있다. 경제적 부양을 제외하면 노인의 자녀보다는 배우자가 신체적 · 정서적인 지원에서 수행하는 역할이 크다는 사실은 노-노부양이 일반적임을 나타내고 있다(이미진, 2011).

2) 노인 가족 문제 사례

사례

서울 송파구 문정동의 한 거리에서 굽은 허리로 폐지가 담긴 리어카를 힘겹게 끌던 이정순(79/여) 할머니의 삶은 말 그대로 고단하고 고독했다. 자식한테 짐이 되고 싶지 않았다. 자식들을 출가시킨 뒤 부부가 서로 의지하면서 살기로 마음먹고 떨어져 산 지 30년. 그땐 지금보다 젊었다. 당시 여성으로서는 드물게 대학도 나오고 나름 직장도 있었던 터라 자신도 있었다. 하지만 이젠 후회된다고 했다. "남편이 20년 전 교통사고로 한 쪽 다리를 잃으면서 모든 게 달라졌어." 남편 병원비에 수십 년간 모았던 돈은 순식간에 사라졌다. 잘 풀릴 줄 알았던 자녀들의 삶도 그리 순탄치 않아 손을 내밀기도 염치가 없었다. 그래도 한 달에 한 번은 전화라도 왔는데 2년 전부터는 연락도 뚝 끊겼다. 그때부터 이 할머니는 폐지 줍기에 나섰다. "하루 온종일 일해도 손에 쥐는 돈은 만원도 안 돼 하루라도 쉬면 입에 풀칠하기도 힘들다"며 이 할머니는 찡그렸다. 두 사람이 몸을 뉘이면 몸을 뒤척이기도 어려운 집구석은 이 할머니에게 소중한 보금자리지만 짐이기도 했다. 나라에서는 집이 있고 자녀가 있다는 이유로 기초수급대상에 포함시키지 않았다. 이 할머니를 보살펴 줄 사람은 아무도 없었다. 하루 종일 폐지 줍고 돌아와서 남편을 돌보느라 이웃과 제대로 말도 섞어 보지 못했다. "고독사가 더 이상 남의 일 같지 않아. 혹시 내가 쓰러지기라도 하면 남은 남편은 어쩌나 상상하기도 싫어."

출처: 노컷뉴스(2013. 1. 23). [고독사 기획③] 살아서도 외로운 사람들, 고독생이 문제다.

문제 1: 현재 클라이언트의 감정과 생각은 어떤 것인가?

문제 2: 어떻게 공감적 이해를 해 주겠는가? 또한 클라이언트의 강점도 찾아보시오.

문제 3: 문제를 구체적으로 정의해 보시오.

문제 4: 이 책에서 다루었던 이론 중 문제 해결을 위해 제시될 수 있는 이론은 어떤 것이 있겠는가?

문제 5: 상담 목표와 실천 행동을 설정하고, 그 긍정적 · 부정적 효과를 점검해 보시오.

상담 목표

1)

2)

3)

실천 행동

1)

2)

3)

	긍정적 효과	부정적 효과
1		
2		
3		

제 4 부

노인상담 모델

노인상담 모델과 기술을 서술하는 제4부에서 내용의 전체 이해를 돕기 위해 다음의 내용을 제시하였다.

현재 65세 이상인 클라이언트를 위한 노인상담은 노인 클라이언트의 문제와 갈등을 해결하기 위한 독립된 상담 모델이 없는 실정이다. 때문에 현재 노인상담에 활용되고 있는 상담 모델들은 기존의 전형적인 상담 모델에 노인에 대한 사회적 · 심리적 · 신체적 · 정서적 · 발달적 이해를 전제로 이루어지고 있다.

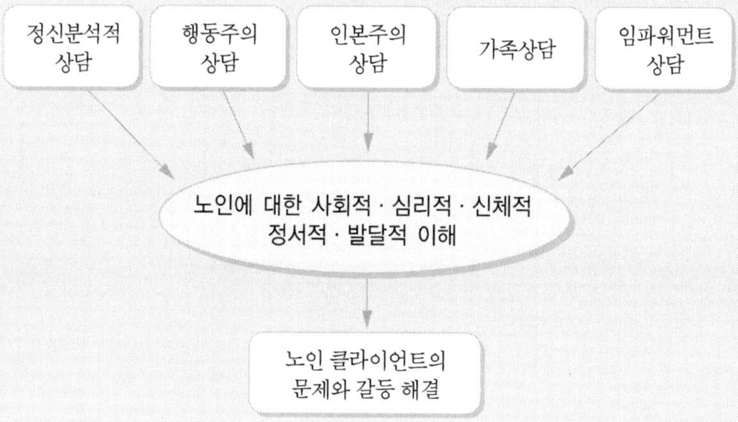

노인상담 모델

첫 면담에서 개인적 문제를 갖고 온 클라이언트에 대한 진단(diagnose)이 명백해진다면 어떤 상담 모델이 최고의 치료 방법인지에 대한 질문이 제기된다. 즉, 어떤 치료 형태와 방법으로 클라이언트의 문제를 해결하고 증상을 제거할 것인가? 이러한 상담 방법의 선택은 클라이언트와 심리치료적 상담 사이를 연결해 준다.

상담학파 안에서 각각의 모델들은 일정한 상담 목표를 갖고 있다. 예를 들면, 정신분석 학파에서는 성격의 변화, 인지행동주의 학파에서는 행동수정 등을 목표로 한다. 상담자가 문제를 가지고 온 클라이언트를 어떻게 치료할 것인가는 무엇보다 클라이언트의 문제와 증상에 따라 결정되어야 한다. 다시 말해, 클라이언트의 문제에 따라 정신분석적 상담을 할 것인지 가족상담을 할 것인지를 결정해야 한다. 그러나 현실적으로 노인상담 현장에서 클라이언트의 문제와 증상을 보고 다양한 상담 모델을 적용할 수 있는 상담자는 매우 드물다. 하나의 상담 모델, 예를 들어 정신분석적 상담 방법을 배우기 위해 많은 시간과 비용이 필요하기 때문에 다양한 상담 모델에 대한 경험과 지식을 가진 상담자가 드문 것이 현실이다. 따라서 노인상담 현장에서는 대부분의 경우 상담자가 익힌 상담 모델로만 노인상담이 이루어진다. 예를 들어, 상담자가 행동주의 상담의 방법을 배웠다면, 상담을 요청한 각각의 클라이언트의 증상을 고려해서 어떤 상담 방법을 선택할 것인지를 결정하기보다 거의 무조건적으로 행동주의 상담으로 상담이 이루어진다. 이러한 것이 노인상담 현장의 현실이지만 원칙적으로 상담자는 적어도 두 개 이상의 상담 모델에 대한 경험과 지식을 쌓고 클라이언트의 문제 해결을 위한 개입 방법에 대해 보다 다양한 가능성을 제공할 수 있어야 한다.

다음 4부에서 제시하는 내용들은 노인상담자가 클라이언트에게 제공할 수 있는 주요 상담 모델이다.

제8장

정신분석적 상담 모델

요즘 사회생활에 잘 적응하지 못하고 대인관계에 어려움을 일으키는 사람들을 보면, 이들의 가정환경을 먼저 떠올리고, 부모의 불화나 좋지 못한 관계를 떠올리게 된다. 이러한 생각은 정신분석적 사고가 일반화되고 있는 한 경향을 보여 준다. 우리는 성장하면서 친척이나 가족들이 들려주는 어린 시절의 행동과 모습에 대해 사실 거의 기억을 하지 못한다. 정신분석은 이러한 기억의 파편을 모아 자기를 열어 보게 한다. 우리의 작은 실언이나 실수는 정신분석 이전에는 하찮은 것으로 여겨졌으나 정신분석을 통해 우리의 내면을 바라보게 하는 중요한 자료가 됨을 알게 되었다.

정신분석은 Freud의 업적인 인간 마음에 무의식이라는 영역이 존재한다는 것에서 출발한다. Freud 이전에는 모든 심리적인 현상들이 의식될 수 있다고 여겼는데, Freud는 이러한 생각을 뒤엎고 오히려 인간이

의식하는 것은 빙산의 일각일 뿐 무의식이 더 큰 작용을 한다는 것을 밝혀 내었다. 그에 따르면, 우리의 행동, 사고, 감정, 느낌 등 모든 것은 무의식 속에 잠재되어 있으며, 심리적 갈등의 해결은 무의식적 요소가 의식으로 옮겨질 때 부분적으로 해결되며, 이것은 상담에서 다루어질 수 있다.

1. 성격이론과 주요 개념

1) 인간의 심적 갈등과 무의식

Freud에 따르면, 무의식은 상당한 노력을 기울여야만 의식화될 수 있는 정신적 요소로 이루어진다. 바꾸어 말하면, 이 정신 현상들은 상당한 힘에 의해서 의식으로부터 제외되어 있는데 의식적이 되기 위해서는 이 힘이 제거되어야 한다.

Freud는 인간의 심리적 갈등의 원천인 무의식적 요소를 탐색하기 위한 기술로서 꿈의 분석과 자유연상이라는 두 가지 기법을 제안한다. 정신분석적 상담은 이러한 두 개의 기법을 통해 클라이언트의 무의식적 갈등의 원천을 탐색하고 문제증상의 해결을 시도한다.

표 8-1 무의식의 특성

• 무의식은 에너지의 흐름이 자유롭다. • 단순한 논리적 차원이 아니다. • 모순되는 것들이 공존할 수 있다. • 쾌락과 불쾌의 원칙에 의해 조절된다. • 시간과 공간 개념이 없다.

출처: Pongratz (1983).

2) 성격구조론

Freud는 1920년 초부터 무의식의 역할보다는 성격의 세 가지 요소인 원초아(id), 자아(ego), 초자아(superego)를 더 강조하였다. Freud는 인간의 갈등을 의식과 무의식을 통해서 설명하던 것을 성격구조이론의 이 세 가지 개념을 통해 대신하였다. 이러한 세 가지 개념은 단지 성격을 지배하는 과정들을 개념화하기 위해 분류된 것이다([그림 8-1]과 〈표 8-2〉 참고).

정신적으로 건강한 사람은 이 세 가지 원초아, 자아, 초자아가 통합되고 조화로운 상태를 유지한다. 이 세 가지 요소들이 인간의 마음 안에서 적절하게 협동하고 기능한다. 그러나 원초아, 자아, 초자아가 조화를 이루지 못하고 충돌하고 어느 하나의 요소가 우세해지면 내적 갈등이 발생한다. 이러한 사람은 내적으로 불안감을 가지며 만족스럽지 못하고 대인

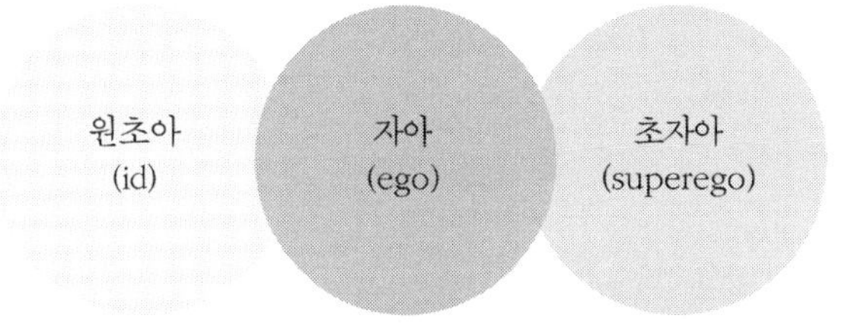

●그림 8-1● **무의식의 요소**

표 8-2 **인간 무의식의 구조**

구분	내용
원초아	1차적 정신 과정, 무의식에서 작용, 쾌락원칙(성욕, 공격성)이 지배, 모든 에너지의 근원
자아	2차적 정신 과정, 현실원칙이 지배, 원초아와 초자아 사이를 중재
초자아	부모에 의해 전달된 사회적 전통과 가치, 이성 추구, 도덕과 양심으로 구성

관계의 기능이 감소하게 된다. 즉, 문제와 증상을 갖게 된다.

3) 성격의 발달

Anna Freud는 인간의 갈등을 설명하기 위해 성격이론을 발달적 과정으로 설명하였다. 아동기의 정신분석적 재인식은 태어날 때 가지고 나온 유전적 특성만을 지니고 있는 유아기까지 거슬러 올라간다. 태어난 유아는 쾌락의 원칙이 지배하는 원초아에 의해 지배된다. 유아는 자신의 욕구를 충족하기 위해 부모에게 의존하지만 자신의 욕구를 항상 충족하거나 만족하지는 못한다. 왜냐하면 우리 주변의 모든 어머니가 자녀에게 사랑과 자비를 공평하게 주는 것은 아니기 때문이다. 또한 모든 아버지들이 아내와 잘 지내며 동시에 자녀로부터의 사랑과 존경의 대상이 되는 것은 아니기 때문이다. 정신분석적인 개념이 의미를 가지는 것이 바로 이 점이다. 비록 겉보기에 전혀 문제가 없어 보이는 아동도 내부에는 깊은 정서적 갈등을 가질 수 있으며, 반면에 외부적으로 가정생활이 비참한 가정의 아동일지라도 내면의 갈등이 의외로 덜 심각할 수 있다(정인석 역, 1999).

여기서 유아는 자신의 욕구를 충족시키지 못하는 현실과 원초아의 욕구 사이를 중재할 필요성을 갖게 된다. 이러한 일련의 과정을 통해 유아는 원초아와 더 나아가 초자아를 중재할 자아를 발달시키게 된다. 초자아는 부모에 의해 전달되는 사회적인 가치체계로서 윤리적인 측면을 갖기 때문에 본능에 의해 움직이는 원초아와는 반대적인 입장을 갖는다. 유아는 자아를 발전시키며 부모로부터 전수받은 초자아와 본능적인 원초아 사이를 중재하는 것을 배워 가게 되는데, 이러한 일련의 과정이 발달 단계를 통해 형성된다.

Freud에 따르면, 만 1~3세 이후 아동기의 심리적 · 성적 발달 단계가 성인기의 건강한 심리 상태를 결정짓는다. 이 시기의 부적절한 경험은 이후에 병리적 과제로 남는다.

(1) 구강기

만 1세인 구강기에서 자아가 발달되기 시작한다. 이 시기에는 배고픔에 대한 포만감이 만족의 필수적 요소다. 이때에는 우선 어머니와의 상호작용을 통하여 감정이 발달한다. 만약 이 시기에 부모가 잘못된 성역할을 유도한다면 유아는 이때부터 성역할 혼동을 경험한다. 그러므로 이 시기는 부모의 가치관이 중요한 역할을 한다.

Winncott에 따르면, 이 구강기를 통해 성격이 잘 발달되기 위해서는 어머니의 돌봄이 중요하다. 어린아이에게는 그의 욕구에 호응해 주고 긍정해 줄 따뜻하고 애정 어린 사람이 곁에 있어야 한다. 아동 발달에서 환경적 요인으로서 어머니와 가족이 담당하는 역할은 크게 세 가지로 안아주기, 일관성 있게 다루기, 아기의 욕구에 적응해 주기 등이며, 유아의 발달을 촉진하는 어머니는 이러한 유아의 필요에 능동적으로 대응한다(김재훈 역, 2000).

(2) 항문기

생후 15개월 이후에는 유아에게 개별화, 자율성 그리고 차별화에 대한 욕구가 나타난다. 만 2세가 되면서 유아는 활동적 성향이 강화되고 동시에 어머니로부터 독립해 나간다. 또한 아버지와 친숙해지려는 경향을 보인다. 이 시기에 특히 성역할의 차이가 강화되며, 인지행동의 발달이 이루어진다. 이 시기의 유아는 무엇이든지 자신이 스스로 해 보려고 한다. 이것은 이 시기에 나타나는 가장 중요한 동기다. 특히 '여기에 뭐가 들어있어?'라는 호기심 어린 질문 등을 통해 부모로부터 점차 독립해 나간다. 이 시기에 유아는 자신과 어머니를 분리시키는 단계에 도달한다. 차

츰 유아는 어머니와의 분리에 순응하면서 동시에 또 다른 환경에 적응해 간다. 처음에 어머니의 사랑이 인간에 대한 신뢰성으로 드러나고 그 사랑이 실제로 유아에게 환경적 요소에 대한 신뢰감과 확신을 주게 된다. 이것이 어머니와 유아를 연결하지만 동시에 분리시키기도 한다.

(3) 남근기(오이디푸스 콤플렉스의 단계)

만 3세 이후부터 유아는 자신의 신체에 대해 관심을 갖기 시작한다. 여자아이의 경우 아버지에 대한 호기심이 오이디푸스 콤플렉스의 첫 단계로 아버지와 남자형제와 자신이 다르다는 것을 느낀다. 소위 '미운 세 살'의 시기인 남근기는 자기 정체성의 시기인 동시에 어머니로부터 독립을 시작하는 단계다. 반면 남자아이는 다양한 영역 속에서 호기심이 시작되는 시기로서 같은 성별끼리 다툼이 잦으며 점차 수치감이 발달한다.

오이디푸스 콤플렉스의 극복을 위한 첫 단계로서 남자아이는 자신의 성기를 잃을까 봐 아버지를 두려워하고, 아버지와의 관계가 남자아이에게는 어려운 시기로 여겨진다. 아버지가 어머니의 실제 소유자인 듯 보일 때, 어머니와 외출할 때, 어머니와 아버지가 침실로 들어갈 때 등 남자아이는 아버지를 라이벌로서 증오한다. 그렇지만 남자아이는 아버지를 사랑하고 흠모하며, 아버지의 도움에 의지하고 아버지의 능력을 신뢰하고 미래에 아버지와 같이 되고자 한다. 여기서 아동에게는 깊은 모순이 일어나게 된다. 즉, 남자아이는 아버지를 사랑하며 동시에 증오한다. 아동은 자신의 이기적 욕구와 아버지의 책망과 사랑의 상실에 대한 공포, 어머니와의 관계 단절에 대한 두려움 등의 감정적 갈등을 경험한다. 이러한 갈등은 아동에게는 감당하기 어려운 고통이 된다. 모든 아동은 이처럼 어머니에 대한 전적인 의존, 초기의 질투, 생애 첫 몇 년간의 갈등단계를 넘어서서 성인으로 성장한다. 그러나 다투기 잘하고 반사회적이며 무엇에나 만족하지 못하는 사람들은, 질투의 대상인 자신의 형제

자리를 또래와 주변 사람들로 대체하고 자기 집에서 끝내지 못한 갈등을 계속해서 지속하면서 그들과 싸운다(정인석 역, 1999).

(4) 잠복기

잠복기는 만 6~8세에 시작되어 청소년기에 이르는 시기다. 오이디푸스 콤플렉스를 해결한 5~6세부터 12~13세까지 아동의 발달은 인지적이면서 사회적인 측면에 집중되는 대신에 심리 · 성적인 발달은 잠재되어 있다고 본다. 남근기에 보이던 성적 욕망, 적대적 감정, 공포 등은 어느 정도 감퇴된다. 이 시기에 아동은 학교에 들어가고 친구들과의 놀이에 열중하고, 부모의 말을 상대적으로 잘 듣는다.

(5) 성기기

사춘기와 청소년기가 시작되면서 성욕이 되살아나지만 남근기에 보이던 성욕과는 차이가 있다. 남근기에 보이던 성욕은 자신의 성감대로부터 욕구를 성취했다면 성기기에는 이성 간의 상호적인 만족을 추구한다. 이 시기에는 주변 환경과의 상호작용을 통해 사회화되며 자신의 욕구뿐 아니라 타인의 욕구를 수용하게 된다.

그러나 모든 아동이 성기기에 도달하는 것은 아니다. 발달 단계에서 스트레스를 경험하고 퇴행하여 항문기나 남근기에 고착된 아동은 적절한 성기기를 발전시키지 못한다. Freud는 성기기에 이루어진 심리 · 성적인 발달이 사춘기부터 노년기까지 연장되는 것으로 본다.

2. 정신병리와 방어기제

1) 노인과 정신병리

정신병리의 발생과 관련 깊은 발달 단계는 남근기로, 건강한 성격을 갖기 위해서는 이 시기에 오이디푸스 콤플렉스를 어떻게 건강하게 해결하였는지가 필수적이다.

정신분석적 관점에서 노인의 정신병리적 증상이나 문제는 남근기에 해결되지 못한 성적, 공격적 감정이나 본능과 연결된다고 본다. 이 시기에 해소되지 못한 감정은 성인기와 노년기까지 지속적으로 문제를 야기할 수 있다. Freud는 정신병리의 근본적 원인은 가족에게 있다고 보며, 신경증 환자는 마음 깊은 곳에 가족의 갈등을 품고 있으며 이것이 신경증의 원인이 된다고 보았다. Freud는 문제와 증상을 가진 노인 클라이언트 한 사람 한 사람이 바로 비극적 삶을 산 오이디푸스라고 보았다(Tyson & Tyson, 2001).

오이디푸스 콤플렉스를 잘 극복한 아동은 성인으로 성장하면서, 또한 노인이 되어서도 원초아, 자아, 초자아 중 성격구조 안에서 중재자의 역할을 하는 자아가 효율적으로 기능을 한다. 정신분석에서 말하는 심리적으로 건강한 노인은 자아가 잘 발전된 사람이며 반면에 건강하지 못한 노인은 자아의 기능이 저하된 사람이다.

정신분석에서는 노인 클라이언트의 문제 증상의 근본 원인을 자아의 발달장애로 보고 있다. 불충분하게 발달된 자아가 갈등을 적절하게 처리할 수 없을 뿐만 아니라 그 장애가 감정의 체험과 표현에 영향을 미치기 때문에 문제를 일으킨다. 자아를 발달시키지 못한 사람은 여러 가지 감정을 잘 구별할 수 없고, 불안 · 수치심 · 죄악감 등을 분별하여 묘사할 수 없다. 이들에게 감정이란 참기 어려운 것이며, 자신의 감정이 타인의 감정과 다르다는 것을 모르고, 또한 사회적으로 적합한 행동을 하지 못한다. 아울러 Freud에 따르면 자아가 발달하지 못한 노인은 내적 · 환경적으로 발생하는 불안에 대한 대응 능력이 부족하다. 이러한 사람은 불안을 느낄 때마다 무력감과 수치심에 의해 고통 당하며, 일상생활 속에서 직면한 문제보다 더욱 과도한 스트레스를 느끼며 좌절을 경험한다. 따라서 자아가 발달되지 못한 노인은 일상 속의 문제에 효율적으로 대처하지 못하고 더 나아가 노년기의 다양한 변화와 위기에 대해 적절하게 적응하지 못한다.

2) 방어기제

정신분석은 구강기, 항문기, 남근기, 잠복기, 성기기 등의 성격 발달 단계의 과정에서 발전된 원초아, 자아, 초자아 사이에 충돌과 불균형이 발생하면 불안과 내적 갈등이 발생하고 그 결과로 정신병리를 갖게 된다고 본다. 원초아와 초자아 사이의 균형을 자아가 적절하게 통제하지 못하면 자아는 발생한 불균형을 어떻게든 해소하기 위해 무의식의 법칙에 지배되는 자아의 방어기제를 사용하게 된다.

방어기제는 자아의 기능이 적절하게 기능하지 못하여 발생된 불안으로부터 자아를 보호하려는 무의식적인 반응으로서, 합리화, 퇴행, 투사, 부정, 전치, 억압, 반동형성, 승화, 동일시, 속죄양 만들기, 고립 등이 있다. 그런데 이러한 방어기제는 진정으로 문제를 극복하게 해 주는 것이 아니다. 일시적으로 감정을 속이거나 위장하면서 일시적으로 스트레스와 불안을 처리하려는 속임수인 경우가 많다. 방어기제는 짧은 시간 안에 평온함을 가져다주고 불안을 제거하지만 근본적으로 문제가 해결된 것이 아니기 때문에 다시 불안감이 되살아난다. 따라서 방어기제를 자주 사용한다는 것은 그 사람의 자아가 그만큼 연약하다는 것을 의미한다(Mertens, 1990).

따라서 정신분석에서 상담의 주요 목적은 노인 클라이언트가 방어기제를 가능한 적게 사용하고 자아의 힘을 통해 불안과 내적 갈등을 해결하도록 돕는 데 있다. 우리는 일상생활 속에서 수많은 좌절과 갈등, 압박, 스트레스를 경험한다. 방어기제는 이러한 문제와 위기에 대해 무의식적으로 해결을 시도하는 것이다. 대부분의 노인은 성인으로 오랜 생애주기 속에서 그만큼 사회화가 되었다. 따라서 노인의 방어기제가 어떤 유형인지는 평소에는 잘 나타나지 않을 수 있다. 그러다가 노인이 위기와 어려움에 직면했을 경우 자신도 모르게 사회화된 방식으로 행동하기보다는, 예를 들어 도피, 고립 등과 같이 무의식적으로 행동하게 된다. 이때의 행동 결과에 따라서 어떤 방어기제를 사용하는지 알게 되는 것이다.

3. 노인 클라이언트와 정신분석적 상담

1) 노인 클라이언트와 정신분석적 상담의 목표

정신분석적 상담에서 젊은 성인 클라이언트를 위한 상담 방식은 노인 클라이언트에게도 적용될 수 있다(Pollock, 1986). 따라서 자기통찰의 능력 또는 가능한 전이 상황의 조성을 위한 능력은 노인상담을 위한 중요한 전제에 속한다. 젊은 성인의 경우와 마찬가지로 노인 역시 무의식적 갈등을 언어를 통해 이루어지는 자유연상기법과 꿈이라는 형태 안에서 표현할 수 있다.

정신분석적 노인상담에서의 치료 목표는 다음과 같다.

- 자기통찰 능력 향상
- 전이의 형성 능력 향상
- 무의식적 자료의 도출 능력 향상
- 치료적 관계 형성
- 새로운 대상과의 관계 능력 향상

정신분석적 노인상담의 치료 기준은 새로운 대상과의 관계 능력이며, 특히 죽음을 가까이 둔 사람에게 이것은 더욱 중요시된다(Pollock, 1986). 또, 많은 경우 통찰력(insight)은 회상이 노인에게 치료의 효과가 있음을 나타내 준다. 노인이 과거의 갈등에 직면하도록 허락할 때 노인은 변화의 가능성을 갖게 된다. 따라서 노인에게 있어 과거는 치료적 도구가 될 수 있다.

한편, 노년기에 나타나는 독특한 상황과 관련이 있는 전이신경증에 대해 고전적인 정신분석적 상담이 선택될 수 있다. 문제와 갈등 상황이 만성적인 증상과 함께 오랫동안 지속될수록 정신분석적 상담이 갖는 치료 목표의 성공 가능성을 예측하기 어렵다(Radebold, 1979).

상담 과정에서 노인 클라이언트를 위협하는 다양한 증상에 대해 도달 가능한 목표가 선정된다. 심리적 · 신체적 영역(아동의 퇴행, 배후자의 사망, 기억의 상실, 신체적 질병)에서 가능한 제한적 변화를 통해 또는 인격의 전제를 통해 수정된 치료 목표를 생각할 수 있다. 노년기의 특수성에 근거하여 치료 목표에는 성격의 변화만이 아닌 이전 기능 상태로의 회복 또는 계속되는 상실에 대한 적응도 포함된다.

갈등 해결은 종종 오래되고 특별한 갈등에 집중된다. 또한 노년기의 특별한 심리사회적 과제로서 위협적이고 실제적인 상실의 문제 해결이 동시에 치료 목표가 될 수 있다. 게다가 현 시점에서의 삶의 정황을 명료화할 필요가 있으며, 실제적인 해결을 위한 도움도 필요하다. 따라서 사회치료(예: 사회적 만남의 중재, 휴식 제공, 적당한 운동과 식사)가 심리치료(상담)를 보충해 줄 수 있는 기회를 제공해야 한다.

노인상담이라는 맥락에서 노년기에 자신의 인생을 긍정적으로 정리하고 회고할 수 있는 자아통합이 상담 목표가 될 수 있다. 여기서 노년기에 겪게 되는 일정한 상실과 다른 사람을 의존할 수밖에 없다는 의존성이 다루어져야 한다. 계속해서 자신의 생애가(생애주기 이론에 따라) 종말을 고하고 죽게 된다는 사실과의 직면은 심리치료적 상황 속에 포함될 수 있는 마지막 삶의 단계에 속하는 것이다. Lazarus(1988)는 노년의 자기애적 신경증의 경우, 자기애적 발달의 성숙은 지나친 치료 목표라고 보았다. 오히려 노인 클라이언트에게는 관계에 대한 자신의 절박함과 필요성의 인정 그리고 자존감의 수정이 치료 목표가 되어야 한다고 하였다. 따라서 기존의 정신분석에서 노인 클라이언트의 가능성과 절박함, 상실 결과를 고려할 수 있으며, 마지막 생애 단계를 위해 중요한 심리사회적 과제(죽음의 문제와의 직면)를 포함할 수 있는 보안된 치료 모델을 생각할 수 있다.

표 8-3 **노인 클라이언트를 위한 정신분석적 상담의 치료 대상**

증상	치료 방법
전이신경증	전통적인 정신분석 장기 정신분석적 치료
자기애적 장애	나르시스적 전이에 대한 분석적 치료
실제적인 일상생활의 갈등	정신역동적 치료
매우 절박한 퇴행	임종 동행

2) 노인 클라이언트와 정신분석적 상담의 방법

정신분석적 상담을 통한 노인상담은 역시 오이디푸스 콤플렉스 시기에 형성된 심리적 갈등과 부모에 대한 감정적 딜레마를 인식하게 하여 적절하게 대처할 수 있도록 하는 것이다. 상담 과정에서 상담자는 노인 클라이언트에게 아동기의 부정적 경험을 일깨워 주고 그때 해소되지 않고 억압된 감정을 재경험하도록 도와준다. 노인 클라이언트는 과거 자신의 기억 저편 무의식 속에 있는 감정들을 인식하고 비로소 아동기의 감정을 해소하며 증상을 치료받게 된다.

Boscolo와 Bertrando(2000)에 따르면, 정신분석적 상담 모델에서의 클라이언트의 문제와 증상의 해결과 제거는 사실 상담자에게 우선적인 과제가 아니다. 상담에서 가장 중요한 것은 자신의 무의식적 갈등을 알게 하는 것에 있다. 즉, 정신분석에서 우선적인 목표는 갈등의 인식에 있지, 증상의 제거에 있지 않았다. 결과적으로 정신분석적 상담 모델에서 인식이 상담적인 도구가 되었다. Fromm 역시 정신분석의 목적이 '자신을 아는 것'이라고 하였다(호연심리센터 역, 2000). 정신분석의 주요한 가치는 증상을 치료하는 데 있는 것이 아닌 자신을 앎으로써 성격을 심리적으로 변화시키는 데 있다. 정신분석에서 자신을 아는 과정은 자신의 무의식의 억압과 상처를 알아 가는 과정이다. 나 자신이 누구인지를 알 때 문제, 증상, 상처, 억압으로부터 치료된다. 따라서 정신분석적 상담에서 상담자의 과제는 해결되지 못한 갈등과 문제, 그리고 이것들과 연관된 어려움을 규명해 내고 밝혀내는 데 있다. 상담자가 다루어야 할 이러한 미해결의 갈등은 문제를 발전시키고, 클라이언트의 심리적 · 사회적 삶의 자리에서 중심적인 자리를 차지할 수 있는 것이었다. 상담자와 클라이언트의 관계, 이 두 사람의 공통의 조사와 인식은 클라이언트의 갈등을 해결하기 위한 방법과 도구가 된다. 정신분석적 상담에서 상담자는 클라이언트가 그 자신이나, 다른 사람과의 관계 속에서 어떻게 전이를 일으키는지를 관찰한다. 상담의 목표는, 과거의 무의식적인 갈등이 현재의 관계성 속에서 왜곡된 전의로 표현되고, 두려움과 고통, 증상의 발전이 근본적 원인으로서 서술되는 것을 해결하는 데 있다. 상담자는 여기서 클라이언트의 무의식적인 방어기제를 변형시켜야 할 과제를 가진다.

정신분석적 상담에서의 실제적인 기본 기법에는 경청, 공감, 해석, 분석적 중립성 등이 있다. 자유연상법과 꿈 분석을 다른 상담 방법 없이 이러한 방법을 통해 진행한다. 정신분석에서 상담자는 클라이언트의 내적인 갈등을 해결하기 위해 우선적으로 감정에 집중한다. 그리고 상담자는 클라이언트의 감정에 초점을 맞추며, 또한 그와 같은 감정의 근원을 탐색하기 위해 다양한 질문을 던지며 상담을 시작한다.

정신분석적 노인상담에서는 일반적으로 많은 치료 시간을 요구하는데, 상담시간은 보통 50분이고 50~100회 이상의 시간이 필요하며, 상담은 보통 1~3년 정도의 장기간에 걸쳐 진행된다. 클라이언트의 그동안의 삶의 전기와 현재 다른 사람과 특히 상담자와의 관계에 대한 조사를 위해서는 당연히 많은 상담 회기가 필요하다.

표 8-4 감정의 근원 탐색을 위한 질문

- 당신의 느낌은 어떠한가?
- 당신은 과거 어느 때 그와 유사한 감정을 느꼈는가?
- 당신은 그보다 과거에 어떤 감정을 느꼈는가?
- 당신은 무엇이 생각나는가?

4. 노인 클라이언트를 위한 정신분석적 상담의 기술

정신분석의 기술은 노인 클라이언트에게 자신에 대한 통찰을 증진시키고, 무의식의 내용과 증상의 의미를 깊이 이해하도록 이끈다. 정신분석의 핵심 기술에는 자유연상, 해석, 꿈 분석, 저항분석, 전이분석 등이 있다.

1) 자유연상

자유연상은 정신분석적 상담의 핵심으로 클라이언트로 하여금 마음 속에 떠오르는 모든 것을 말하게 한다.

"너무 깊이 생각에 잠기지 말고 떠오르는 생각, 기억, 감정을 전부 말씀해주세요. 힘든 것, 참을 수 없는 것, 말할 필요가 없다는 것도 말해 주세요. 선생님의 마음에 생각난 것을 스스로 비판하거나 부정하시지 말고 있는 그대로 설명해 주세요."

자유연상은 클라이언트의 과거의 경험들을 떠오르게 하며, 과거의 힘들었던 사건과 상황과 관련된 감정들을 다루게 해 준다. 이를 통해 노인 클라이언트는 고통스러운 감정을 경감시킬 수 있다. 상담자는 여기서 더 나아가 클라이언트로 하여금 객관적으로 자기를 볼 수 있도록 도와준다. 이를 위해 클라이언트의 무의식 속에 억압된 채 존재하는 외상의 재료들을 찾아내는 것이다.

2) 해석

상담자는 클라이언트의 무의식에서 찾아낸 재료들을 해석하여 클라이언트를 괴롭히던 무의식의 고통을 객관적으로 통찰할 수 있도록 한다.

해석을 통해 무의식의 재료를 의식의 수준으로 통합하게 된다. 해석은 클라이언트 중심이어야 하기에, 상담자는 클라이언트가 받아들일 수 있는 단계에서 해석을 시도한다. 클라이언트가 저항과 방어기제를 사용한다면 무의식의 외상을 해석하기 전에 먼저 저항과 방어기제의 의미를 해석해 준다.

3) 꿈 분석

정신분석에 따르면, 꿈은 신체적 자극, 전날 생활의 잔재, 유아기부터의 모든 경험과 상처를 간직하고 있으며 어린 시절의 경험이 무의식적인 것으로 나타난 잠재적 사고에 의해 생긴다. 이러한 세 가지 요소들은 자아의 무의식적인 방어와 초자아의 검열을 통해 전위되고, 상징화되어 나타난다. 꿈은 우리의 마음의 무의식이 그대로 직접적으로 표현되지 않고 상징으로 변형되어 표현된다. 상담자는 꿈의 의미를 표출한 상징들을 연구하여 그 꿈속에 내포되어 있는 의미를 끄집어낸다.

4) 저항분석

고통스러운 외상의 기억을 떠올리거나 이야기하는 것은 고통스러운 것이기에 클라이언트는 자신도 모르게 피하려고 한다. 저항은 중요한 무의식의 심층과 관련이 되어 있어 치료적인 의미를 지니게 된다. 상담자는 클라이언트가 왜 저항을 하는지를 해석함으로써 클라이언트가 적절하게 대처하도록 돕는다.

5) 전이분석

전이는 클라이언트가 잊어버린 아동기의 기억과 억압된 무의식의 내용들을 최근 버전으로 무의식적으로 재연하는 것을 말한다. 전이분석을 통해 상담자는 클라이언트의 과거와 현재를 구별하도록 해 주며, 어린 시절의 무의식적인 힘을 통찰하도록 돕는다. 노인 클라이언트는 전이분석을 통해 그의 과거에 대한 병적인 집착과 상실에 대하여 통찰력을 얻게 되며, 그의 과거가 그의 현재의 삶에 어떠한 영향을 미치고 있는가를 발견하게 된다.

표 8-5 **정신분석적 상담의 분석기술의 전개**

단계	내용
초기	• 면담을 통해 클라이언트의 문제와 증상을 파악한다. • 클라이언트의 정서적 · 심리적 · 신체적 호소에 주목한다. • 클라이언트의 언어적 진술 속에서 외적 갈등과 무엇보다 내적 갈등의 주제를 추정한다.
↓	
중기	• 클라이언트의 어린 시절의 경험을 다룬다. • 클라이언트가 상담자에 대해 전이감정을 드러낸다. • 상담자는 전이감정을 다루어 클라이언트의 내적 갈등이 드러나도록 촉진한다. • 클라이언트의 전이와 저항을 해석한다. • 클라이언트의 통찰을 수용하고 격려한다. • 통찰을 보다 깊게 다루며 확대한다.
↓	
종결	• 상담 종결의 감정을 정리한다. • 상담자와 클라이언트의 관계를 정리하면서 분리를 시도한다. • 종결한다.

제9장

행동주의 상담 모델

행동주의 치료(behavioral therapy) 또는 행동주의 상담은 학습이론에 근거를 두고 있는 다양한 상담 방법과 기법을 의미한다. 오늘날 행동주의 상담은 어느 특별한 하나의 이론에 기초하지 않고 다양한 상담 기법과 상담 모델을 포함하고 있다. 이러한 행동주의 상담의 영역 속에 행동수정 또는 행동치료, 인지치료, 중다양식치료, 인지행동치료, 합리적 · 정서적 치료, 현실치료 등이 포함된다. 이와 같이 다양한 행동주의 상담 모델들은 정신분석과는 달리 문제행동의 무의식적인, 심리적 · 내적인 원인들을 가정하지 않는다. 정신분석에서는 클라이언트가 지닌 문제가 변화되기 위해서 무엇보다 문제에 대한 통찰이 중시된다. 그러나 행동주의 상담은 클라이언트가 자신을 이해하기 전에 행동이 변화될 수 있고, 행동이 변하면 오히려 자신을 깊이 이해할 수 있다는 것을 전제한다. 또한 행동주의 상담은 정신분석에서 치료를 위해 중시하는 과거의 경험이 현재의 부적응 행동에 대한 정보를 제공할 때만 중요한 것으로 여겨진다. 따라서 행동주의 상담은 정신분석과는 달리 과거를 탐색하여 현재 문제증상의 원인을 찾아내는 데 애를 쓰지 않고 문제행동과 이들 문제행동들을 유발하고 지속하는 현재의 환경과 사건들과의 관계적 요인에 초점을 맞춘다(Lazarus, 1989).

행동주의 상담은 치료기법으로 무엇보다 사회학습이론에서 기원된 행동기법들, 즉 강화, 모방, 조형, 인지재구성, 둔감법, 근육이완법 등을 사용한다.

행동주의 상담은 크게 세 가지 방향으로 발전되었는데, ① 자극과 반응을 통한 인간의 학습을 다루는 Pavlov의 고전적 조건 형성의 개념에 기초한 상담 방법, ② 행동과 그 결과를 통한 인간의 학습을 다루는 Skinner의 조작적 조건 형성에 기초한 상담 방법, ③ 입수된 정보의 정신적 조작을 통한 학습을 다루는 Bandura의 인지적 행동이론에 근거한 상담 방법 등이다.

1. 고전적 조건 형성에 근거한 상담

1) 주요 개념

Pavlov에 의해 발전된 학습 모델인 고전적 조건 형성은 Pavlov에 의해 최초로 시도된 실험을 통해 자세히 기술되었다. 그는 종이 울렸을 때 개가 조건 반응으로서 침을 흘리도록 훈련시켰다. 고전적 조건 형성에 있어서 무조건 자극(음식)은 반사, 즉 무조건 반응(침 분비)으로 연결되며, 조건 자극(종소리)에서도 같은 효과가 발생하였다. 그 결과, 조건 자극은 무조건 반응과 동일한 반응을 발생시킨다는 것을 입증하였다. 그 후

Watson과 Raynor(1920)는 11개월 된 '꼬마 알버트'에게 고전적 조건 형성의 원리를 실험하였고 조건화된 반응(공포)을 이끌어 낼 수 있음을 증명하였다. 이처럼 고전적 조건 형성은 상담자에게 조건화된 반응으로 획득된 부적응 행동을 수정하는 여러 과정을 제공하게 된다. 고전적 조건 형성의 개념에 기초한 기법으로 체계적 둔감법이 대표적이다.

2) 노인 클라이언트와 고전적 조건 형성에 근거한 상담 방법

고전적 조건 형성에 근거한 상담 방법으로 체계적 둔감법을 예로 들 수 있다. 이 기법은 Wolpe(1948)가 개발한 것으로, 특히 불안증, 공포증 치료에 큰 효과를 나타낸다. 그는 부적응적 불안을 적응적인 것으로 대체시킴으로써 불안이나 공포가 감소되거나 억제될 수 있다고 보고, 이러한 부적응적 불안을 감소시키기 위해 근육이완법을 사용하였다. 근육이완법은 불안과 공포증을 가진 노인 클라이언트뿐 아니라 긴장되고 경직되어 있는 거의 대부분의 클라이언트들에게 사용될 수 있다. 반면에 근육이완법은 신체적 장애를 갖거나 심각한 우울증 등으로 신체를 움직이는 것을 거부하는 노인 클라이언트에게는 적합하지 않다. 체계적 둔감법은 이러한 근육이완법 이후에 불안 위계 목록을 작성하며, 마지막으로 불안 목록에 대한 이완을 실행한다.

① 근육이완법 실시

근육이완법은 1930년대 외과의사인 E. Jacobson이 고안한 기법으로, 공포, 격한 분노, 긴장 등과 같은 감정을 푸는 데 도움이 된다. 클라이언트는 문제와 근심 앞에서 심리적 압박과 생리적 손상을 갖게 된다. 노인 클라이언트는 이 기법의 도움으로 근육의 긴장 완화를 통해 근심을 덜 수 있으며 문제 자체를 해결해 줄 수는 없지만 상당한 마음의 자유와 여

표 9-1 **긴장 완화를 위한 지침**

→ 눈을 가볍게 감거나 실눈을 뜨시고 가장 편한 자세를 취하세요. 여러분의 속도로 편하게 쉬십시오. 만일 마음속에 다른 생각이 든다면 염려하지 마시고, 부드럽게 그것들이 지나가도록 하고 조용히 다시 돌아와서 훈련에 집중하십시오.

→ 이제 신체를 느껴 보십시오. 어떻게 느껴지는지 주목하십시오. 오른팔과 손을 느끼십시오. 그것들이 어떻게 느껴지는지 주목하십시오. 신체의 다른 근육의 긴장을 푸시고, 팔목을 당신 쪽으로 잡아당기며 오른손을 당신 앞에 힘껏 뻗으십시오. 그것을 유지하십시오. 긴장이 생기는 것을 느끼십시오. 이제 손의 긴장을 풀고, 긴장이 밖으로 나가고 긴장완화가 들어오는 것을 상상하고 느끼는 동안 팔을 천천히 내리십시오. 팔과 손을 축 늘어뜨리고 긴장완화를 하십시오. 긴장이 풀어지는 것을 느끼십시오.

→ 이제 관심을 왼팔과 손으로 옮기십시오. 그것들이 어떻게 느껴지는지 주목하십시오.

→ 신체의 다른 근육에는 긴장이 풀리도록 하십시오. 그것들이 어떻게 느껴지는지 주목하십시오. 신체의 다른 근육의 긴장이 풀리도록 하고, 손목은 당신 쪽으로 잡아당기며 왼팔을 당신 앞에서 힘껏 뻗으십시오. 그것을 유지하십시오. 긴장이 생기는 것을 느끼십시오. 이제 손의 긴장을 풀고, 긴장이 밖으로 나가고 긴장이 풀어지는 것을 상상하고 느끼며 팔을 천천히 내리십시오. 팔과 손을 축 늘어뜨리시고 긴장을 푸십시오.

→ 이번에는 오른쪽 다리와 발로 옮기십시오. 그것들이 어떻게 느껴지는지 주목하십시오. 신체의 다른 근육의 긴장이 풀리도록 하고, 오른발을 당신 앞에 뻗고 오른발과 발가락을 당신 쪽으로 당기십시오. 그것을 유지하십시오. 긴장이 생기는지 느끼십시오.

→ 이제 오른쪽 발과 발가락에 긴장을 풀고 긴장이 나간다는 것을 생각하고 느끼며 발을 내리십시오. 오른쪽 다리와 발을 축 늘어뜨리고 긴장을 푸십시오. 긴장이 풀리는 것이 느껴지십니까.

→ 이제 왼쪽 다리와 발을 느끼십시오. 그것들이 어떻게 느껴지는지 주목하십시오. 신체의 다른 근육의 긴장이 풀리도록 하고, 왼쪽 발을 당신 앞에 뻗고 왼쪽 발과 발가락을 당신 쪽으로 당기십시오. 그것을 유지하십시오. 긴장이 생기는지 느끼십시오. 이제 왼쪽 발과 발가락의 긴장을 풀고 긴장이 풀린다는 것을 생각하며 발을 내리십시오. 왼쪽 다리와 발을 축 늘어뜨리고 긴장 완화를 하십시오. 긴장이 풀린 것을 느끼십시오.

→ 이제 주의를 두 발과 두 다리로 옮기십시오. 그것들이 어떻게 느껴지는지 주목하십시오. 신체의 다른 근육의 긴장이 풀리도록 하고 발과 발가락을 앞쪽으로 누를 동안 두 다리를 당신 앞에 뻗으십시오. 그것을 유지하십시오. 긴장이 생기는지 느끼십시오. 이제 발과 발가락을…….

▶ 근육 이완을 통해 분노, 공포, 긴장을 완화할 수 있다.

유를 갖게 한다. 이러한 효과는 상담 과정을 더욱 촉진한다.

② 불안 위계 목록 작성

상담자는 불안을 불러일으키는 상황들의 불안 위계(anxiety hierachy) 목록을 작성한다. 불안 위계 목록은 노인 클라이언트의 불안과 관련된 상황에 대한 내용으로 구성된다. 각 항목은 클라이언트가 불안을 느끼는 일정 사건이나 경험을 생생하게 상상할 수 있도록 충분히 자세하게 열거한다. 노인 클라이언트는 상담자의 도움을 통해 클라이언트에게 불안과 불편함을 증가시키는 일련의 목록들을 가장 불안을 덜 일으키는 것부터 시작하여 가장 많이 불안을 일으키는 항목까지 순서대로 서술한다.

③ 불안 목록에 대한 이완

상담자는 먼저 노인 클라이언트에게 불안을 일으키는 상황에 노출되어 있다고 상상하게 한다. 클라이언트가 상담자의 말에 따라 힘든 상황을 상상하는 동안 클라이언트로 하여금 이완하게 한다.

노인 클라이언트가 근육이완법을 통해 이완하는 것을 배우고, 불안 위계 목록을 작성하면 본격적으로 둔감화를 시작할 수 있다. 상담자는 불안을 일으키는 위계 목록의 장면을 하나씩 생생하게 제시하면서 클라이언트가 불안 상황에 직면하게 한다. 이때 상담자는 클라이언트가 이완하도록 하며, 계속 이완 상태를 유지하도록 이끈다. 불안을 발생시키는 목록이 하나씩 영상화되면서 클라이언트가 아주 작은 경미한 불안이라도 느끼게 되면 손가락 신호를 통해 신호를 보내게 된다. 이때 클라이언트는 상상하는 것을 멈추고 계속 이완을 한다. 클라이언트가 이완 후에 다시 동일한 목록을 재연한다. 불안이 발생하지 않더라도 한 번 더 시도하여 총 세 번의 연속적인 성공이 이루어진 후에 다음 목록으로 옮겨 간다. 보통 상담 회기 중에 위계 목록은 3~4개의 항목이 제시된다. 클라이언트는 가장 낮은 수준의 항목에서 서서히 가장 높은 불안을 일으키는 항목에까지 접근하여 둔감화를 경험하게 된다.

2. 조작적 조건 형성에 근거한 상담

1) 주요 개념

Skinner가 발전시킨 조작적 조건 형성에서 조작(operants)이라는 말은 자발적인 행동반응을 가리키는 것으로서 비자발적인 행동과는 반대된다. 여기서 긍정적으로 강화된 반응들은 보다 빈번하게 일어나지만 처벌받거나 무시된 반응은 자연히 소멸된다는 것을 가리킨다. 조작적 조건 형성의 특징은 바로 효과의 법칙을 가진다.

조작적 조건화에서 긍정적 강화(어떤 행동을 더 일으키게 함)와 부정적 강화(어떤 행동을 덜 일으키게 함)를 통해 만족스러운 결과를 가져오는 행동은 증가되도록 하고 불만스러운 결과를 가져오는 행동은 감소시킬 수 있다. 즉, 긍정적 강화는 계획했던 행동의 빈도를 증가시키는 데 사용되고, 부정적 강화는 부정적이거나 부적절한 행동의 빈도를 감소시키는 데 사용된다(Reinecker, 1999).

조작적 조건 형성은 긍정적 강화와 부정적 강화를 통해 인간의 행동을 수정하고 조절할 수 있다고 본다. 반면에 고전적 조건화는 인간의 행동을 수정할 수 없고 단지 둔감하게 만들 수 있을 뿐이었다.

Skinner의 조작적 조건 형성에 따라 클라이언트의 행동수정을 하기 위해서는 습득해야 할 행동, 즉 제거하거나 강화할 행동을 선정해서 객관적으로 정의를 하는 것이 선행된다. 따라서 상담자는 클라이언트의 행동을 주의 깊게 관찰한 후 그 빈도와 비율을 수량화하며 그 행위의 기능 분석을 위해 강화와 연관된 행동 결과를 관찰한다. 예를 들어, 알코올 중독 증상을 보이는 노인 클라이언트가 술을 마시기 위해 어떻게 가족과 주변 사람들에게 행동을 하며, 그 결과는 무엇인지를 관찰한다. 노인은 술을 마시기 위해 가족에게 돈과 술을 줄 것을 요구할 것이다. 가족은 노인 클라이언트가 단순히 요구하는 수준에서 벗어나 폭언과 폭력, 문제행동을 통해 계속적으로 요구를 하면 결국 노인의 요구를 들어주게 될 것이다. 그러나 클라이언트의 가족은 자신들이 원하지는 않았지만 오히려 노인이 술을 마시기 위해 계속적으로 폭력과 폭언을 동반한 문제행동을 유발하도록 강화하는 결과를 만들게 된다. 상담자는 클라이언트의 문제 행동과 주변 가족과의 관계 행동에 대한 관찰을 통해 적절한 강화의 원리를 시도하여 노인 클라이언트가 증상에서 벗어나게 만든다. 이러한 강화의 원리에 적용될 수 있는 기법으로는 선택적 행동강화기법, 소거(이전에 강화되었던 행동에 대해 강화를 억제함으로써 그 결과 그 행동의 빈도를 감소시키는 방법), 벌(罰), 교환계약기법 그리고 토큰 경제 등이 있다(Johnson, Rasbury, & Siegel, 1986). 다음에서는 그중 몇 가지를 살펴보도록 하겠다.

2) 노인 클라이언트와 조작적 조건 형성에 근거한 상담 방법

(1) 선택적 행동강화기법

가족이나 부부간에 갈등을 갖고 있는 노인 클라이언트에게 효과적으로 사용할 수 있는 기법이다. 부부간에 갈등을 경험하고 있는 노인 부부에게 그들 자신이 원하거나 원하지 않는 행동이 무엇이며 이러한 행동에 대해 각각 어떻게 반응해 왔는지를 찾아낸다. 그리고 서로 원하는 긍정적 행동을 강화하여 더욱 빈번하게 발생하도록 하며, 서로 원하지 않는 행동은 더 이상 강화되지 못하도록 감소시킨다.

이 기법은 자신들이 그동안 유지해 온 부정적인 행동, 즉 서로에게 상처를 주고 그 결과 부정적인 결과를 유발했던 행동을 탐색하고 그 행동을 감소 또는 제거하는 것이다. 예를 들어, 서로에 대한 지나친 잔소리와 참견은 부정적인 행동을 감소시키기보다 오히려 감정의 상처를 보복하게 하였다는 것을 인식하게 하며, 이를 통해 보다 긍정적인 행동을 촉진한다.

▶ 선택적 행동강화기법에서는 서로 원하는 긍정적 행동을 강화한다.

(2) 교환계약기법

갈등을 겪고 있는 노인 부부, 부모와 성인 자녀, 시어머니와 며느리, 장모와 사위는 각자 상대편이 변화되기 바라는 행동을 꼼꼼히 찾아내어 한 쪽이 어떤 행동을 바꾸는 대신 다른 한쪽은 일정한 행동을 중지하고, 다른 행동을 강화한다는 내용을 명시한 계약을 체결하는 것이다.

예를 들어, 갈등을 경험하고 있는 노인 부부의 경우 남편이 더 이상 아내를 구박하고 비하하는 말을 자제하는 대신에, 아내는 성인 자녀에게 남편에 대해 험담하고 하소연하는 것을 자제한다.

(3) 토큰 경제

토큰(token)을 강화물로 사용하는 강화 프로그램으로서 여기서 토큰은 돈, 점수, 별과 같은 조건화된 강화물을 말한다. 바람직한 행동에 대한 강화로 받은 토큰은 후에 클라이언트가 원하는 음식, 자유시간, 놀이, 돈과 교환된다. 이 기법의 성공 여부는 얼마나 일관성 있게 강화물인 토큰이 클라이언트에게 제공되는가에 달려 있다.

토큰 경제 기법은 개인상담을 요청한 클라이언트를 대상으로 하면 어렵지만 양로원이나 노인시설 등에 있는 노인을 대상으로 하면 효과적으로 사용될 수 있다.

3. 인지적 행동수정에 근거한 상담

1) 주요 개념

인지학습에 기초하는 인지적 행동수정은 고전적 조건 형성과 조작적 조건 형성에 대한 한계성에서 시작되었다. 고전적 조건 형성과 조작적 조건 형성이 인간의 학습을 외부 환경과 외부 요소들에서 찾았다면 인지학습이론은 인간의 내적인 구조에서 찾는다. 즉, 인간을 정보처리 능력을 지닌 존재로 인식한다. 인간을 더 이상 환경에 기계적이고 수동적으로 반응하는 존재가 아니며 스스로 자기통제와 자기관리를 가진 존재로 인식한다. 더 나아가 인간은 자기 스스로 행동을 수정할 수 있는 존재로 본다. Bandura(1986)에 따르면, 인간행동은 관찰학습과 모델링의 복잡한 과정을 통하여 발달된다. 따라서 그는 이 학습 과정과 인간행동을 수정하는 데 인지기술이 중요하다고 강조한다. 이러한 인간의 인지기술을 강조하는 인식의 전환 속에서 상담자는 클라이언트의 사고 형태, 기대, 태도, 신념 같은 인지 과정이 개인의 행동 방식에 영향을 줄 수 있다는 것을 인식한다. 또한 비합리적인 신념이나 부정적이며 자기패배적인 생각이나 말이 부적응 행동을 이끌 수 있다고 생각한다. 인지 과정에 대한 이러한 변화는 재구조화, 자기지시훈련 더 나아가 인지-정서치료 같은 인지치료의 발전을 가져왔다(Reinecker, 1999). 인지적 행동수정에 근거한 상담 방법은 노인상담의 영역 중 노년기의 위기 속에서 자주 발생하는 우울증을 가진 노인 클라이언트를 상담하는 데 유용하게 사용될 수 있다.

2) 노인 클라이언트와 인지적 행동수정에 근거한 상담 방법: 인지치료

(1) 인지적 행동수정의 목표

오늘날 우리 사회에서 노인의 우울증 발병률은 자살률과 더불어 급증하고 있다. 이러한 노인 우울증의 문제에 대해 도움을 줄 수 있는 상담 모델이 인지적 행동수정에 근거한 상담 모델이다. 이 상담 모델은 클라이언트를 우울하게 만드는 습관화된 부정적인 사고와 역기능적 신념을 찾아내고 인지의 변화를 목적으로 하는 인지적 행동수정을 통해 우울증을 유발하는 인지적 요인을 찾아내어 변화시키는 것을 목적으로 한다. 상담자는 클라이언트의 부적응적 행동을 변화시키기 위한 여러 가지 행동상

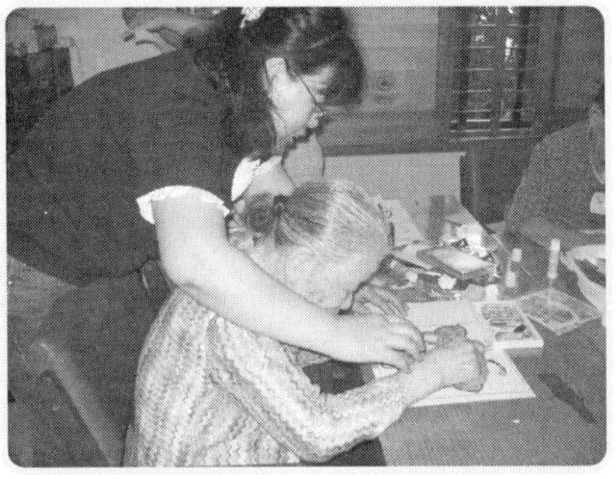

▶ 인지적 행동수정에서는 우울증을 유발하는 인지적 요인을 찾아내어 변화시키는 것을 목적으로 한다.

60세 노인 클라이언트의 예

A. 선행사건	B. 개입된 생각/비합리적 신념	C. 결과적 감정
자녀들의 무능력	자녀들이 이런 식으로 살다가는 제 할 일도 못하게 될 것이다. 이런 자녀들을 둔 내 인생은 이제 더 이상 희망이 없다.	우울증
아들의 알코올 중독	아들이 알코올 중독에 걸린 것은 내가 아들을 잘못 키웠기 때문이다. 아들을 통해서 보상을 받으려고 했는데, 보상은커녕 내 인생은 더 이상 걸 기대가 없다.	우울증

70세 노인 클라이언트의 예

A. 선행사건	B. 개입된 생각/비합리적 신념	C. 결과적 감정
아내의 상실을 겪음	아내가 먼저 저세상으로 갔으니 이제 나도 가겠군. 이제 더 이상 사는 것이 의미가 없고 죽고 싶은 생각뿐이다.	우울증 좌절감 삶에 대한 두려움

●그림 9-1● **노인 클라이언트의 예**

담기법을 함께 사용하여 치료의 효과를 극대화시킨다. 상담자는 노년기의 문제에 직면한 클라이언트가 자기 자신과 삶에 대해 보다 더 현실적이고 유연한 태도를 갖도록 유도하여 인생의 위기를 유연하게 극복하고 노년기 현실에 효과적으로 적응할 수 있도록 돕는 것을 목표로 한다.

(2) A-B-C 기법: 부정적 사고 자각하기

클라이언트의 감정 상태는 사고 내용과 밀접하게 연관되어 있으며 부정적이고 비관적인 생각은 클라이언트를 우울하게 만든다. 따라서 우울증을 극복하는 주요한 한 가지 방법은 우울한 기분을 유발하는 부정적인 생각을 자각하고 변화시키는 것이다. 부정적 사고를 확인하는 대표적인 방법은 Ellis가 제시한 'A-B-C 기법'이다. 여기서 A는 선행사건(Antecedent events)이고, B는 선행사건에 대한 사고 내용(Beliefs)을 뜻하며, C는 결과적 감정(Consequent emotion)을 의미한다(Cynthia & Hersen, 2000).

(3) A-B-C 기법을 적용한 실례

인지적 행동수정에서 우울증을 극복하는 중요한 작업은 우울하게 만드는 부정적 생각이 과연 올바른 것인지를 반문해 보는 것에서 시작한다(권석만, 1997).

1 객관성 탐색

상담자는, 클라이언트가 먼저 위기의 문제에 대해 객관적으로 볼 수 있도록 돕는다. 여기서 객관성이란 객관적인 생각으로 주관적 편견에 얽매이지 않는 것으로서 좀 더 실체에 가까운 생각을 의미한다. 클라이언트는 자신의 부정적 사고에 대해 '나의 생각이 그 사건에 대한 객관적인 생각인가?' '이렇게 생각할 충분한 근거가 있는가?' '다른 사람도 나와 같은 상황에 있다면 나와 같은 생각을 할까?' 등의 반문을 통해 부정적 사고의 정당성을 살펴보게 된다.

2 논리성 탐색

클라이언트는 부정적 사고에 대해 '이러한 생각들이 과연 논리적인 것인가?'에 대해 반문해 보는 것을 통해, 논리적으로 비약되고 과장된 부정적 생각에 의해 스스로 고통을 가중시키는 것을 방지할 수 있다.

3 유용성 탐색

클라이언트는 부정적 사고에 대해 '이런 생각이 과연 나에게 어떤 도움이 되나?' '이런 생각이 나의 목표를 추구하는 데에, 나를 기분 좋고 활기차게 만드는 데에 어떤 도움이 되나?' 등을 반문해 보는 것을 통해, 나에게 긍정적인 영향을 줄 수 있는 유용한 생각을 유도한다.

4 긍정적이고 대안적인 사고 발견하기

대부분의 클라이언트는 위기 상태에서 긍정적인 면은 축소시키고, 부정적인 면을 확대하여 보게 된다. 따라서 우울증을 해결하기 위한 중요한 과제는 부정적으로 편향된 위기에 대한 인식을 전환하는 것이다. 우울증을 유발하는 상황에서, 현실을 되도록 있는 그대로 객관적이고 사실적으로 해석하여, 현실적이고 합리적인 생각을 발견한다. 대안적 사고는 주어진 상황의 긍정적 측면과 부정적 측면 모두를 균형 있게 고려한 생각으로 자신이 수긍할 수 있는 것이어야 한다.

자신이 수긍할 수 있는 긍정적인 대안적 사고를 발견했다면, 부정적 사고를 대안적 사고로 대체하는 것이 중요하다. 우울증을 느끼게 했던 부정적 사고를 대안적 사고로 바꾸면 침체되었던 의욕이 다시 살아나고 삶에 대한 새로운 희망이 생길 것이다.

대안적 사고

아내가 먼저 저세상으로 갔지만 나는 나의 인생의 시간이 더 남아 있다. 나 역시 아내를 뒤따라 가겠지만 지금은 아니다. 아내가 없다는 것은 슬픈 일이지만 그렇다고 반드시 절망적인 것은 아닐 수도 있다.

●그림 9-2● **대안적 사고의 예**

4. 노인 클라이언트와 행동주의 상담의 주요 목표

노인 클라이언트에게 행동주의 상담을 적용해 보면 젊은 성인 클라이언트의 경우와 근본적으로 다른 차이점을 발견할 수 있다. 행동주의 상담에서 자기통제, 자기암시, 둔감화 등과 같은 기법은 클라이언트의 적극적인 협력을 필요로 한다. 그러나 이러한 클라이언트의 자발성을 필요로 하는 행동기법은, 많은 노인 클라이언트가 보이는 상담 과정에서의 수동성과 아주 퇴행적인 모습 앞에서 사용이 제한될 수밖에 없다. 따라서 종종 행동주의 상담의 기술은 개인상담에서 활용하기보다 양로원을 비롯한 노인시설과 같은 곳에서 노인들 모르게 사용된다. 즉, 행동주의적 상담 방식들은 대부분 심리치료적인 목표보다는 다음과 같은 사회치료적인 목표를 위해 사용된다. 즉, 식사, 신체위생, 걷기 등의 반복학습을 위해, 집단에 참여하고 활동하기 위해, 지적 능력의 훈련을 위해 사용된다.

이러한 사실에도 불구하고 행동주의 상담을 노인상담에 적용할 수 있는 요소들이 있다. 노인상담에서의 행동주의 상담의 치료 목표는 먼저 자기변화 능력의 학습 의지와 동기에 있다. 예를 들어, 다양한 사회적 능력은 생각과 감정 사이의 관계를 정서적으로 이해할 만한 능력을 전제한다. 또한 노년기의 다양한 문제에 대처할 능력의 향상이 치료 목표로 생각될 수 있으며 문제와 위기에 맞서서 매일의 삶 속에서 구체적으로 극복할 수 있는 능력도 첨가된다. Richards와 Thorpe(1978)는 노인 문제를 노인상담 목표를 위해, 특히 노년에 발생되는 문제(죽음), 노년과 상관없이 발생하는 문제(부부문제, 불안), 만성적인 신체적 질병의 극복과 같은 문제 등으로 구분하였다. 그들은 노인 클라이언트를 위한 행동주의 상담 기법의 활용에서 노인 클라이언트를 위한 특별한 기법을 만들기보다 젊은 성인의 경우와 비슷한 기법을 유지하면서 노인의 특수한 정황에 대한 고려를 전제하였다.

일반적으로 행동주의 상담의 치료 목표는 행동과 인식구조의 변화에 있다. 문제 중심의 치료로서 행동주의 상담은 노인 클라이언트의 현실적인 문제에 대한 치료 방식으로, 클라이언트의 문제 해결에 초점을 맞추며 제한된 시간적 공간 속에서 문제 해결에 집중한다. 따라서 노인상담에서 클라이언트의 문제 해결을 위해 효과적인 극복기제의 습득이 의미가 있다.

행동주의 상담 모델이 가진 장점은 단지 클라이언트의 문제에 대해 통찰을 얻게 하는 정도가 아닌 클라이언트의 행동의 변화를 위한 구체적인 행동 계획을 수립할 수 있도록 하는 데 있다. 이러한 행동주의 상담의 자원은 행동 계획서의 수립과 행동 양식의 품목을 작성함으로써, 특히 노인 클라이언트의 스트레스를 관리하며 고혈압과 같은 질병을 치료하는 데 도움을 줄 수 있다.

표 9-2 노인 클라이언트를 위한 행동주의 상담의 치료 목표

- 자기변화 능력을 위한 학습 의지
- 생각과 감정을 연결할 능력
- 문제와 위기를 직면할 수 있는 능력

문제 해결 방식과 더불어 목표로서 새로운 능력의 발달, 즉 독립심과 사회적 능력의 증가, 또는 일반적으로 인간 잠재성의 성장을 설정할 수 있다. 분석적 치료와 비슷하게 자아통합과 노령화 과정의 수용이 공식적인 치료 목표로서 고려될 수 있다. 뿐만 아니라 노년에 따르는 심리사회적 과제들을 목표 설정에 포함시킬 수 있다. 기술적인 형태와 관련해서 노년기의 변화된 학습능력에 대한 학습이론의 연구 결과가 고려될 수 있다. 예를 들어, 학습능력은 일정한 템포(tempo)를 통해 충분한 반복 또는 실제적 과제의 완수 이전에 언어적인 연습을 통해 좋아질 수 있다.

5. 노인 클라이언트를 위한 행동주의 상담의 기술

최근 우리 사회의 노인상담에서 가장 큰 주제는 노인자살의 문제다. 심각한 우울증으로 고통받는 상당수의 노인들은 자살할 가능성이 높기 때문에 대부분의 상담자들은 조급함과 초조, 불안을 갖는다. '지금 대화를 나누는 노인 클라이언트가 과연 다음 회기에 올 수 있는가?' '그 사이에 자살을 시도하는 것은 아닌가?'라는 질문을 갖게 된다. 이러한 상황에서 도움을 줄 수 있는 것이 행동주의 상담의 여러 기법들이다.

1) 위기의 장단점 목록 만들기

자살위기가 있는 노인 클라이언트의 상담의 첫 번째 목표는 라포관계 형성하기이며, 두 번째 중요 목표가 시간을 확보하기다. 우선적으로 상담자는 자살의 위험 시기가 지나갈 때까지 시간을 버는 것이 중요하다. 이를 위해 사용될 수 있는 기법으로 '자살의 장단점 목록 만들기'가 있다.

사실 자살 위험이 있는 노인 클라이언트에게 결코 자살을 하지 않겠다는 굳은 다짐을 받는 것은 별로 효과가 없다. 자살을 연기하는 약속이나 다짐은 죽음에 대한 강렬한 소망의 압력 앞에서 소용이 없기 때문이다. 따라서 상담자는 라포관계 형성을 통해 상담의 가능성에 대해 호기심을 유발하고 노인 클라이언트의 관심을 자극해야 한다. 노인 클라이언트에게 지금 무엇을 했으며 앞으로 어디를 향해 갈 것이라는 상담의 과정에 대해 알려 줌으로써 노인 클라이언트가 좀 더 상담 과정에 호기심을 갖고 몰입할 수 있도록 유도한다. 이러한 과정에서 중요한 요인은 바로 희망과 기대다. 플라시보(placebo) 효과로 상담 결과의 15% 정도가 영향을

표 9-3 자살의 장단점 목록

자살 가능성을 갖고 있는 노인 클라이언트에게 자살하는 것의 좋은 면과 나쁜 면의 모든 것을 종이를 두 칸으로 나누어 기록하여 목록으로 작성하도록 한다.

살아야 할 이유(자살의 단점)	죽어야 할 이유(자살의 장점)
1.	1.
2.	2.
3.	3.
4.	4.
5.	5.

상담자: 어르신, 어르신께서는 너무나 힘드셔서 빨리 죽는 방법 외에는 방법이 없다고 하셨는데, 죽는 것에 대한 장점과 단점을 찾아보도록 하겠습니다. 그리고 내가 죽어야 할 모든 이유와 내가 살아야 할 모든 이유를 찾아보도록 하겠습니다.

▶ 상담자는 장단점 목록 만들기를 통해 '살아야 할 이유'와 '죽어야 할 이유'를 이끌어낸다. 처음에는 살 이유를 끌어내는 데 어려움이 있을 수 있다. 그러나 여기서 중요한 것은 정말로 살아야 할 이유를 찾기보다는 목록 작성 과정을 통해 이전의 행복했던 시절의 살 이유를 점차 회상할 수 있게 만드는 것이다. 상담자는 과거에 타당했던 살아야 할 이유 중 현재에도 타당한 이유들을 찾아낸다. 상담자는 장단점 목록 만들기 기법을 통해 노인 클라이언트로 하여금 긍정적으로 자신의 삶을 바라보게 만들고 죽어야 할 이유를 미루고 시간을 확보하게 해 줄 수 있다.

받는다는 오늘날의 다양한 연구가 있다(Lambert, 1992). 기대와 희망은 노인자살상담에서 플라시보 요인이 된다. 노인 클라이언트에게 해결과 변화에 대한 희망과 긍정적 기대를 갖게 하는 것은 상담의 성공 가능성을 높일 뿐 아니라 시간을 연장할 수 있게 한다. 플라시보 효과는, 상담자가 상담이 노인 클라이언트에게 효과가 있을 것이라는 믿음을 갖고 있을 때 가장 성공적으로 발생할 수 있다. 또한 희망은 상담자가 상담을 통해 좋은 성과를 얻게 될 것이라는 노인 클라이언트에 대한 기대가 높아질 때 더욱 고무될 수 있다.

2) 자살하지 않겠다는 약속을 위한 절망감 다루기

자살 위험이 있는 노인 클라이언트에게 결코 자살을 하지 않겠다는 굳은 다짐을 받는 것은 큰 효과가 없다. 그러나 상담의 과정을 시작하기 전에 자살 시도를 하지 않겠다고 약속하는 것은 상담 계약을 하기 위한 전제 조건이 된다. 노인 클라이언트가 이것을 수행해야지만 다음 회기에서 상담자와 클라이언트가 만날 수 있기 때문이다. 노인 클라이언트가 쉽게 자살 시도를 하지 않겠다고 약속을 말하지 않더라도 상담자는 인내심을 갖고 약속을 만들어 가야 한다. 노인 클라이언트의 자살 결심은 이미 건너서는 안 될 강을 건너간 것이 아니라 살고자 하는 소망과 죽고자 하는 소망 사이의 갈등의 결과로 파악해야 한다. 따라서 상담자는 클라이언트가 사는 쪽으로 결과를 선택하도록 노력해야 한다.

노인 클라이언트가 상담자에게 자살 시도를 생각하거나 결심하지 않겠다고 약속하는 경우 자연스럽게 상담 계약을 진행할 수 있지만 그렇지 못한 경우 상담자는 당황하게 된다.

상담자: 어르신, 이제 더 이상 자살을 생각하지 않으실 건가요?

클라이언트: 아니요. 저는 분명히 말할 수 없어요. ……네. (자신 없는 목소리로)

위의 사례처럼 노인 클라이언트가 언어로는 자살을 시도하지 않겠다고 했어도, 비언어적 요소를 통해 부정적인 분위기를 보일 수 있다. 이러한 노인 내담자의 대답에 상담자는 어떻게 반응해야 하는가? 상담자는 다음의 사례에서처럼 클라이언트의 절망감을 다룰 수 있다.

노인 클라이언트가 자살하지 않겠다는 약속 자체가 자살을 막을 수 있는 것은 아니지만 상담자가 클라이언트에게 관심이 있으며 다른 선택을 하기를 바란다는 메시지를 전하는 데 효과를 갖는다.

절망감 다루기 사례

자살을 결심하는 노인의 대부분은 다양한 원인을 갖고 있지만 위기의 원인으로 인해 절망감을 갖는다는 공통점을 갖고 있다(Beck, 1997).

상담을 시작하면서 자살에 대한 생각과 결심을 바꾸지 않는 노인 클라이언트는 자신이 아무런 도피처도 없이 궁지에 몰려 있으며 이러한 상황을 변화시킬 수 없다고 믿고 있는 것이다. 따라서 자살을 절망적인 문제를 해결할 유일한 수단으로 보게 된다. 절망감 다루기 기법은 클라이언트 자신이 자의적인 절망적 결론에 얽매여 있다고 전제한다. 이러한 전제하에 클라이언트가 막다른 골목으로 몰고 가는 현재의 선택 외에 다른 대안이 있다는 점을 클라이언트에게 전한다. 클라이언트는 절망감 속에서 갖게 된 자신의 신념체계의 모순을 알게 해 주는 인지적 부조화를 깨닫게 될 수 있다. 상담자는 이것을 위해 클라이언트의 절망적 생각을 찾아내고 인지 왜곡을 발견하도록 이끈다.

상담자: 자살이 유일한 선택이라고 하셨는데 여기에 대한 이유를 말해 주시겠습니까?

클라이언트: 아내를 잃어버리고, 이제 더 이상 살 이유가 없습니다. 저는 아내와 같은 여자 없이는 살 수가 없습니다.

상담자: 어르신은 존재하기 위해서 항상 여자가 필요했나요?

▶상담자는 노인 클라이언트의 절망적 생각의 이유를 탐색하면서 절망적 생각 속에 있는 인지의 왜곡을 지적을 한다. 상담자의 질문에 클라이언트는 인지의 왜곡을 발견하게 된다.

클라이언트: 사실, 저는 아내를 만나기 전 오랫동안 혼자 살았답니다.

▶노인 클라이언트는 아내를 상실한 절망감 속에서 자신의 인생을 마감하고 싶은 충동에 놓여 있었다. 그러나 상담자의 질문을 통해 본인이 혼자서도 잘 지냈음을 기억해 내고 자신의 인지 오류를 발견한다. 클라이언트는 절망에 대해 다른 선택의 가능성을 인식하면서 앞으로 진행될 상담의 과정에 참여를 하며 자살을 시도하지 않을 것이라는 약속을 하게 된다.

제10장

인본주의 상담 모델

인간의 성장, 인간의 잠재력과 성취에 초점을 두는 인본주의 상담 형태와 관련해서는 게슈탈트상담, 심리드라마, 클라이언트 중심 상담 등이 있으며, 이 형태들은 인본주의적 바탕 위에서 나름대로 일정한 상담 목표와 기법들을 갖고 있다. 인본주의 상담 모델은 노인상담에서 가장 많이 사용하는 방법 중의 하나로 다양한 노인상담 현장에서 활용되고 있다. 클라이언트 중심 상담은 주로 개인노인상담을 통해, 게슈탈트상담과 심리드라마는 노인집단상담을 통해 많이 사용되고 있다. 이 중에서 심리드라마는 한편으로 유아기 갈등 경험의 재연출, 다른 한편으로 창조적 가능성의 놀이의 장과 대안을 제시하는 행동모형으로서 기여한다. 인본주의 상담에 있어 목표 설정은 과거의 수용과 통합 그리고 개인 성장 또는 정체성 발견 사이를 고정시키는 것이다. 이 장에서는 인본주의 상담의 대표적인 선구자인 C. Rogers의 클라이언트 중심 상담과 게슈탈트

(Gestalt)상담을 중심으로 인본주의 상담을 살펴본다.

1. 클라이언트 중심 상담

Rogers는 1940년대 상담자가 간섭하지 않는 것을 강조하는 비지시적(non-directive) 상담을 발전시켰으며, 이를 1950년대에 치료적 관계를 중시한 클라이언트 중심(client-centered) 상담이라고 고쳐 불렀으며, 1960년대에 인간 중심(person-centered) 상담이라고 부르게 되었다. Rogers는 자신의 상담 모델을 계속해서 발전시켜 1970년대와 1980년대에 초개인적 접근까지 사상이 변화되었다.

클라이언트 중심 상담은 단지 클라이언트의 문제와 증상을 해결하고 제거하는 것 이상의 것을 다룬다. 즉, 클라이언트의 성장과 발달에 초점이 놓여 있다. 이러한 상담 모델 안에서 상담자는, 클라이언트가 성장하도록 촉진하며 클라이언트의 내적 자원을 개발하도록 도와주어 현재와 미래의 문제를 더 잘 다룰 수 있도록 돕는 것을 목표로 한다. Rogers 이전의 상담 방법들은 클라이언트의 본성이 근본적으로 비합리적이며 스스로 문제를 극복하고 인식할 능력이 부족하다고 보았다. Rogers는 이러한 기존의 관점을 뛰어넘어 클라이언트 스스로 문제를 해결할 수 있는 능력을 가지고 있으며, 상담자의 적극적이고 직접적인 개입 없이 문제를 해결할 수 있다고 전제한다.

1) 성격이론과 주요 개념

여러 단계를 통해 발전된 Rogers의 성격이론은 두 가지 핵심적인 개념으로 구성되는데, 즉 유기체(organism)와 자아(self) 개념이다.

(1) 유기체

Rogers는 유기체라는 용어를 사용하여 인간의 본성을 설명하려고 하였다. 여기서 사용된 유기체라는 말은 모든 경험의 소재지로 간주될 수 있는 것으로 인간을 의미한다. 유기체로서의 인간은 모든 신체적 · 심리적 경험의 중심이다. 유기체로서의 인간이 어떤 자극에 대해 반응하거나 반작용하는 모든 것을 경험이라고 정의할 수 있는데, 인간의 세계는 인간 자신의 경험을 의미한다. 유기체로서의 인간은 자신이 현재 경험하는 것이 그의 유일한 현실인 것이다. 유기체의 세계 안에서 인간은 한 가지 기본적인 힘, 즉 자아실현의 경향성을 갖는다(Rogers, 1959).

(2) 자아

자아의식(sense of self)은 인간의 경험 결과에 따라 발달한다. Rogers가 말하는 자아는 자신이 어떤 사람인가 하는 개인적 견해다. 즉, 여기서 말하는 자아는 정신분석에서 말하는 자아(ego)와는 차이를 갖는다. Rogers가 보는 자아는 환경과의 상호작용 속에서 자기 경험에 대한 개인의 지각에 의해 발달된다. 즉, 다른 사람들로부터 받은 존중에 대한 자신의 지각에 근거하여 경험된 자아의식이다. 그런데 환경과의 상호작용을 통한 경험은 긍정적일 수도, 부정적일 수도 있다.

(3) 자아실현의 경향성

유기체로서의 인간은 자아실현의 경향성을 갖는다. 이것은 인간이 자기성장을 하고 발전시키는 방식으로 자신의 모든 능력을 발전시키는 개인적 경향성을 의미한다. 인간은 자신을 지각하기 시작하면서 다른 사람들로부터 긍정적 존중을 받으려는 욕구를 갖게 된다. 자아실현의 경향성은 남들로부터 긍정적인 존중을 받으려는 욕구와 자아존중(self-regard)의 욕구를 경험하면서 습득하게 된다. Hart와 Tomlinson(1970)에 따르면, 자기존중의 욕구는 긍정적 존중의 욕구가 만족되거나 불만족되는 것과 밀접하게 연결되어 발달된다. 다른 사람으로부터의 긍정적 존중의 욕구는, 예를 들어 유아가 부모에게 사랑받고 보호받음으로써 발달되며, 자아존중의 욕구는 유아가 부모와 주변의 다른 사람으로부터 수용될 때 발달된다. 그러나 유아가 언제나 긍정적인 존중을 경험할 수 있는 것은 아니다. 우리 주변에 언제나 한결같은 인내심을 갖고 유아를 양육하며 유아의 정서적 필요를 적절하게 채워 줄 수 있는 부모는 많지 않다. 또한 유아는 성장하면서 부모의 애정을 얻으려고 자신의 유기체적인 욕구를 억누르게 되며 자아에 왜곡을 일으키게 된다. 이러한 현실과 욕구 사이의 불일치는 인간에게 불안과 정신병리를 일으키는 원인이 된다. 만일 한 아동이 가정 안에서 착한 아이의 모습을 요구받게 되면 아동은 부모의 애정을 받기 위해 이러한 역할을 수행하지만, 자신의 생각과 느낌, 정서적 욕구는 억압당하게 된다. 이것은 아동의 내부에 갈등과 긴장을 유발한다. 인간의 기본적 성향인 자아실현을 이루기 위해서는 유기체적인 자기존재와 자신의 왜곡된 자아 사이의 불일치를 조정해야 한다. 따라서 상담자는 클라이언트에게 수용과 지지 그리고 관심을 통해 긍정적인 존중을 제공함으로써 클라이언트가 스스로 문제를 극복하도록 돕는다.

2) 노인 클라이언트와 클라이언트 중심 상담의 목표

표 10-1 노인 클라이언트를 위한 클라이언트 중심 상담의 목표

- 자기 경험에 대한 개방성으로 자기방어를 위해 현실을 왜곡하여 보지 않게 한다.
- 자신에 대한 올바른 이해에 바탕을 둔 신뢰감을 갖게 한다.
- 자신의 독특성에 근거하여 자신을 평가하게 한다.
- 좀 더 성장적이며 자연스럽게 살아가고자 하는 자발성을 갖게 한다.

클라이언트 중심 상담은 노인 클라이언트가 스스로 자신의 문제를 해결할 수 있는 능력이 있으며 상담자의 적극적인 개입 없이도 문제를 극복할 수 있다고 본다. 이러한 클라이언트 중심 상담에서 상담자는 클라이언트가 가진 잠재적 능력을 일깨워 주는 촉진자(facilitator)로서의 역할을 한다. 촉진자로서 상담자에게는 충고, 해석, 지시, 직면, 설득의 방법이 더 이상 무의미하게 된다. 상담자는 클라이언트가 자신의 감정을 표현하고 인식할 수 있도록 하며 자기 자신에 대한 올바른 인식을 갖도록 한다. 이러한 상담 과정은 클라이언트가 자신의 환경에 대한 왜곡된 지각을 변화시키고, 현실적 경험과 자아의식 사이의 조정을 이루며, 더 나아가 자아실현을 촉진하게 한다. Rogers에 따르면, 클라이언트는 다양한 문제를 갖고 상담실을 찾아오지만 이들의 실제적인 문제는 '나는 누구인가?'라는 질문에 답을 구하려고 온 것이라고 보았다(Rogers, 1961). 따라서 노인상담에서의 클라이언트 중심 상담은 클라이언트가 호소하는 직접적인 문제와 위기의 해결이 아닌 자아실현을 촉진함으로써 성장을 통한 해결에 초점이 맞추어져 있다.

클라이언트 중심 상담에서 상담자는 노인 클라이언트를 존중하고 신뢰하는 분위기를 만들어서 클라이언트가 스스로 자신의 문제를 인식하고 해결하는 내적인 자원을 발견하도록 돕는다. 이러한 내적 자원을 개발하고 성장을 촉진하는 방법에는 상담자의 솔직성, 무조건적인 긍정적 관심과 수용, 정확한 공감적 이해가 있다. 상담자가 상담 과정에서 솔직하고, 클라이언트를 충분히 무조건적으로 수용하고 존중하고 배려하고 깊이 이해하며, 이러한 상담자의 모습이 클라이언트에게 전달될 때 변화가 일어나게 된다. 클라이언트 중심 상담은 상담자와 클라이언트 사이의 관계가 무엇보다 중요하며 이러한 신뢰관계를 통해 클라이언트가 자신의 삶의 방식을 스스로 발견하며 선택하도록 촉진한다. 클라이언트 중심 상담에서 클라이언트는 자신의 감정을 허용하고 표현하는 것을 통해 최고의 자기이해와 자기일치에 도달하게 되며, 이를 통해 클라이언트는 과거와 미래의 문제들을 보다 가볍게 바라볼 수 있다.

이러한 클라이언트 중심 상담기법은 오늘날 상담 현장에서 단지 클라이언트 중심 상담 모델의 기법에 속하는 것이라기보다 보편적인 상담기법으로 활용된다. 특히, 노인상담의 영역에서 클라이언트의 감정 · 생각 · 상황에 대한 긍정적 수용과 지지, 신뢰관계 형성의 모습은 상담자가 다른 상담 모델을 통해 접근한다고 할지라고 기본적인 상담의 전제가 된다.

3) 클라이언트 중심 상담의 기술

클라이언트 중심 상담에서 노인 클라이언트에 대한 접근 방식은 성장이다. 클라이언트는 조금씩 성장하며 상담자는 성장을 촉진하는 존재다. 여기서 치료적 개입 기법은 공감적 이해, 무조건적인 존중, 진실한 태도이며, 상담 과정을 위한 특별한 기법이나 기술을 요구하지 않는다(자세한 설명은 제2부 노인상담의 기본 기술 참고).

표 10-2 **클라이언트 중심 상담의 전개 과정**

초기	• 노인 클라이언트가 증상을 호소한다. • 면담을 통해 클라이언트의 문제와 증상을 파악한다. • 클라이언트와 상담자 간에 라포관계를 형성한다.
중기	• 클라이언트의 정서적 반응에 대해 지지하고 자연스러운 언어적 표현을 촉진한다. • 상담자는 클라이언트의 긍정적 · 부정적 정서를 수용하고 인정하고 명료화한다. • 클라이언트가 상담자를 통해 자기에 대한 평가와 정서 반응을 객관적으로 보게 한다.

(계속)

	• 클라이언트가 긍정적 사고를 받아들이기 시작한다. • 상담자는 클라이언트가 자신의 문제를 더욱 객관적으로 보고 자신의 감정과 행동이 일치할 수 있도록 한다.
종결	• 클라이언트는 자기 자신과 긍정적으로 통합된다. • 클라이언트의 문제가 감소되고 고통스러운 감정이 완화된다. • 클라이언트는 지각된 자신과 이상적 자신 사이에 불일치가 감소되고 편안해한다. • 상담을 종결한다.

2. 게슈탈트상담

Perls에 의해 발전된 게슈탈트상담은 인본주의적 상담의 한 모델로서 실존적이고 현상학적인 상담의 특성을 갖고 있다. Perls(1988)에 따르면, 게슈탈트상담의 목적은 클라이언트가 다른 사람에 의존하지 않고, 그가 현재 할 수 있다고 생각하는 것보다 더 많은 능력과 자원을 가졌음을 인식하도록 하는 것이다. 따라서 게슈탈트상담은 인간은 누구나 자신의 인생문제를 스스로 극복할 수 있다고 전제한다. 상담자는 클라이언트가 갖고 있는 '미해결의 과제'를 '지금–여기'에서 직접 경험하도록 하여 그의 존재를 완전히 경험하도록 돕는다. 게슈탈트상담의 특징은 클라이언트가 가진 갈등과 문제에 대해 단지 이야기만 하는 것이 아니라, 상담 과정에서 갈등과 문제를 직접적으로 대면하고 경험하게 한다. 이를 통해 클라이언트는 자신의 모습을 이해하고 받아들이며 미처 알지 못했던 자신의 왜곡되고 해결되지 못한 성격의 부분들을 통합하게 된다.

따라서 게슈탈트상담은 상담자가 직접적으로 개입하여 해석하기보다는 될 수 있는 대로 클라이언트 자신이 스스로 자신의 문제를 자각하고, 스스로 해석하며, 자신의 진술을 통해 새로운 의미를 찾게 한다.

1) 게슈탈트상담의 주요 개념

(1) 게슈탈트

게슈탈트(gestalt)라는 말은 '형태' '전체' '형상' '모습' 등 여러 의미를 갖고 있는 독일어에서 기원되었다. 게슈탈트상담에서 게슈탈트라는 개념은 클라이언트에 의해 지각된 '유기체의 욕구와 감정'으로, 여기서 유기체의 욕구와 감정은 단순하게 인간의 욕구와 감정을 의미하는 것이 아니다. 인간이 자신의 욕구와 감정을 하나의 의미 있는 전체로 통합하여 지각하였을 때 비로소 게슈탈트가 만들어졌다고 말할 수 있다(Martin & Suess, 1970). Perls(1988)에 따르면, 인간의 모든 활동은 게슈탈트, 즉 '유기체의 욕구와 감정'을 형성함으로써 유지하게 된다. 그러나 게슈탈트를 형성하는 데 실패하면 여기서 신체적 · 심리적 장애가 발생한다고 본다. 따라서 건강한 삶이란 강하고 분명한 '유기체의 욕구와 감정'을 만드는 데 달려 있다.

(2) 현재에 대한 관심

정신분석적 상담에서는 과거가 중요한 역할을 하지만, 게슈탈트상담에서는 무엇보다 현재가 중요하다. 여기서 '지금-여기'라는 개념이 발생하게 된다. '지금'이라는 말은 이 순간을 의미한다. 클라이언트가 상담 과정에서 '지금'에서 벗어나 자신의 삶을 진술하거나 앞으로 발생할 미래의 것을 말한다면 이것들은 '지금'이 아니다. Perls는 많은 정서적 문제와 갈등이 현재에 집중하지 못하고 과거의 실패에 집착하거나 앞으로 올 미래에 대해 집착할 때 발생한다고 보았으며, 클라이언트가 갖는 불안은 '현재와 나중 사이의 간격'이라고 하였다.

게슈탈트상담은 '지금'에 초점을 맞추어 클라이언트가 현재에 접촉할 수 있도록 돕는다. 이러한 현재와의 접촉은 '왜(why)'라고 묻지 않는데,

표 10-3 **현재에 대한 관심을 위한 질문**

- 지금 무엇이 당신 안에서 일어나고 있는가?
- 지금 무슨 일이 진행되고 있는가?
- 당신은 무엇을 경험하고 있는가?
- 지금 당신은 무엇을 마음으로 깨닫고 있는가?
- 당신은 두려움과 불안을 어떤 방식으로 경험하고 있는가?
- 당신은 어떤 방법으로 이 순간을 회피하려고 하는가?

Perls(1969)에 따르면, '왜'라는 질문은 직면시키기보다 오히려 합리화와 저항을 불러오기 때문이다. '지금'에 대한 인식은 '무엇' '어떻게'라고 질문하는 것을 통해 시도된다.

(3) 미해결 문제: 노년기 분노 현상인 화병

게슈탈트상담에서 클라이언트의 문제를 해결하는 데 중요한 개념이 미해결 문제다. 한 사람이 어떤 게슈탈트를 형성하였지만 상황적 여건에 따라 이를 해결하지 못하였거나 게슈탈트의 형성 자체가 방해를 받았을 때 이것은 사라지지 않고 여전히 내면에 남아 있으면서, 계속해서 게슈탈트를 형성하려고 불안정한 상태로 존재하게 된다. 이렇게 해결되지 못한 또는 완결 짓지 못한 게슈탈트를 '미해결 게슈탈트' 또는 '미해결 문제'라고 부른다(김정규, 1997). 미해결 문제는 완결되고 해소되고자 하는 성향을 가진다. 만일 미해결 문제가 완결되지 못한 채 존재한다면 이것은 당사자에게 충동적인 행동을 유발하며, 불안이 엄습하고, 억압적이고 절망적인 행동을 하도록 이끈다. 미해결 문제는 보통 수치감, 죄책감, 미움, 불안, 절망, 고통, 슬픔 등의 상처가 표현되지 못한 감정들과 연결된다. 이러한 미해결의 감정들은 여전히 내면에 남아 있으면서 현재의 삶 속에서 자신과 타인과의 관계를 방해한다. Perls는 미해결 문제 중에 가장 근원적인 것이 분노라고 하였다. 분노라는 정서는 우리의 일상 속에서 가장 빈번하게 경험되는 정서 중 하나다. 특히 분노가 우리에게 의미있게 다가오는 이유는 통제되지 않은 분노는 대개가 부정적 결과, 즉 언어적이고 신체적인 공격, 폭력, 대인관계 손상, 사회적 문제, 가족 갈등, 직장에서의 관계 단절, 더 나아가 신체적인 증상, 즉 고혈압, 심장혈관질환과 같은 증상을 가져오기 때문이다.

이러한 분노는 인생의 각 발달 단계에 따라 다양한 원인과 차이를 보인다. 노년기는 분노 현상이 이전 생애주기와는 다르게 유발된다. 노년기는 삶의 주기의 마지막 단계로 은퇴와 역할상실, 노화와 건강문제와 같은 노년기 위기를 포함하고 있다. 모든 노인은 위의 문제와 직면해야 하며 이러한 문제에 대해 나름대로 적응하고 해결해야 한다. 노년기의 분노는 이러한 노년기의 특수한 상황과 연결해서 발생한다.

권혜진과 노은선(2000)은 우리나라의 문화와 관련된 분노 증상인 '화병'이 특히 노년기에 많이 나타나며, 노년기 남성보다는 여성에게 더 많이 나타난다고 하였다. 또한 교육수준이 높고 경제적으로 여유 있는 계층보다는 그렇지 못한 계층에서 많이 나타난다고 보고하였다. 최근에 화병은 DSM-IV에서 한국 문화와 관련된 증후군으로 인정되면서 화병이 하나의 증상으로 인정받게 되었다. 민성길 외(1997)에 따르면, 화병의 원인 요인으로는 가정적 · 사회경제적 · 개인적 문제가 많으며, 병의 증상은 몸의 열기, 답답함, 치밀어 오름, 소화가 안 됨, 잘 체함, 열이 치밀어 오름 등으로 흔히 나타난다. 민성길 외(1986)는 화병은 단일한 신경증적 진단이기보다는 몇 가지 증상들의 복합체로 나타난다고 하였다. 노년기의 화병의 원인으로는 가정에서 발생된 분노(며느리 혹은 자식과의 갈등), 교육받지 못한 것에 대한 분노, 과거의 가난과 고생에서 일어난 분노, 억울하게 당한 것에 대한 분노, 특히 노년기의 여성의 경우 가부장적 사회 안에서 여성으로서 당해야 했던 것들에 대한 분노 등이 있으며, 이러한 분노의 경험들이 후유증으로 남아 있거나 계속해서 반복될 때 화병이 발생한다.

이러한 노년기의 위기 상황과 밀접하게 연결되는 분노의 해결 방법으로 게슈탈트상담이 있다. 노인을 위한 게슈탈트상담의 중요 관점은 노인의 과거가 아닌 노인의 현재이며, 노인이 갖고 있는 미해결의 분노다.

인간은 분노의 미해결 문제를 갖게 되면 깊은 혼돈 상태에 빠지게 되며 자신과 타인과의 관계도 어려워진다. 예를 들어, 한 사람이 어린 시절 경제적인 문제로 가정이 해체되어 어머니의 사랑을 받지 못하였다고 느끼고 재정문제에 대한 분노를 갖게 되었다. 그는 이러한 미해결의 분노의 감정을 다른 방향으로 돌려 열심히 일함으로써 경제적으로 상당히 부유하게 되었다. 그러나 그는 과거의 상처 속에서 자신의 경제권을 자식이나 주변 사람들을 위해 전혀 사용하지 않고 꽉 쥐고만 있다. 미해결 문제에 대한 불안전한 추구는 그에게 경제적 부유함을 가져다주었지만 그것이 그에게 근본적인 만족을 주지 못하였기에 언제나 불안 속에서 자신의 돈에 대해 집착하게 하였다. 그의 부유함은 아무런 성취를 가져다주지 못하고 오히려 가족과 주변 사람들과 깊은 갈등을 경험하게 했다. 그는 먼저 과거의 분노, 즉 미해결 문제를 충족할 필요가 있다. 미해결 문제를 해소하는 방법은 '지금-여기'를 자각하도록 하는 것이다. 현재의 순간에서 미해결 문제를 드러내고 표면화하여 그가 가진 분노의 감정에 직면해야 한다. 게슈탈트상담은 이러한 미해결 문제의 완결을 위해 과거의 사건을 지금 이 순간에 일어난 것처럼 재연하여 현재로 가져오게 한다. 클라이언트의 분노, 즉 미해결 문제를 회피하지 않고 '지금-여기'에 떠올리고 드러내면 여기서 변화가 온다(Perls, 1969).

2) 노인 클라이언트와 게슈탈트상담의 목표

게슈탈트상담에서의 세 가지 치료 목표는 상처에서 비롯된 슬픔에 대한 심리적 대처, 자아통합, 사회적 능력과 자기책임성의 발전, 새로운 행동 모델의 연습, 노화와 죽음에의 직면 등을 도울 수 있다. 게슈탈트상담의 목표는 클라이언트가 자신의 내부와 주변에서 일어나고 있는 것에 대해 자각하는 것이다. 자신이 지금 무엇을 하고 있으며, 무엇을 생각하며, 무엇을 느끼는지에 대한 자각은 클라이언트가 자기의 갈등과 문제(미해결 문제)를 적절하게 바라보고, 효과적으로 다룰 수 있게 한다. 클라이언트는 부정해 왔던 자신의 감정을 자각을 통해 인식하고 그동안 인식을 방해하였던 장애들을 발견하게 된다.

그러나 노인 클라이언트를 대상으로 하는 게슈탈트상담에서 실제적인 상담 목표는 유동적이다. 또한 상담 과정에 따라서 기법의 선택과 구성을 새롭게 결정할 필요가 있다. 활력이 있고 상대적으로 건강한 노인 클라이언트에게는 갈등과 문제를 중심으로 이끌어가며 갈등과 문제에 직면시킨다. 반면에 심각하게 퇴행적인 클라이언트는 경험 중심, 훈련 중심으로 이끈다. 노인 클라이언트의 쇠약과 심각한 질환은 지지적인 형태 속에서 성장을 위한 긍정적인 경험으로 전달될 수 있다(Petzold, 1979). 동시에 치료 기법에서의 요구 사항은 클라이언트의 능력에 따라 조정된다. 예를 들어, 심각한 신체적 장애와 활력을 상실한 노인의 경우 상담자는 노인 클라이언트 스스로 침대보를 손으로 움직이게 하거나, 단

표 10-4 노인 클라이언트를 위한 게슈탈트상담의 목표

- 과거의 경험에 대한 상처 해결과 통합
- 현재 잠재성의 확증
- 자기성장의 새로운 능력의 발전

순한 긴장완화기법을 사용하기도 한다.

3) 노인 클라이언트를 위한 게슈탈트상담의 기술

게슈탈트상담은 노인 클라이언트의 삶 속에서 갈등과 문제를 발생시키는 과거에 완결 짓지 못한 미해결의 문제에 집중한다. 미해결 문제를 해결하기 위한 게슈탈트상담의 방법은 행동주의 상담처럼 행동을 구체적으로 수정하기보다 탐색을 하며, 정신분석적 상담처럼 상담자가 해석을 하기보다 클라이언트 스스로 해석을 발견하도록 이끈다. 이러한 주요 방법에는 자각과 접촉을 통한 방법이 있다. 자각은 클라이언트가 자신의 욕구와 감정을 지각하여 그것을 재형성하게 하는 것이다. 이러한 자각은 상담자가 유도한 환경과의 접촉을 통해 발생한다. 클라이언트는 자신의 문제와 갈등의 환경을 접촉하고 여기서 새로운 인식과 자각을 갖게 된다.

(1) 내가 책임지겠다

최근 들어 노인이 갖는 노인성정신장애 중에 편집증이 주요 증상으로 부각되고 있다. 자신의 불행감과 외로움을 끝없이 다른 사람에게 책임을 전가하고 원망하고 불평하는 노인들을 점점 많이 보게 된다. 노인성 편집장애를 가진 노인 클라이언트는 수없이 주변 사람들을 의심하고 불평하고 스스로를 고립시키게 된다. '내가 책임지겠다' 기법은 이런 노인 클라이언트에게 적절하게 사용될 수 있다.

상담자는 노인 클라이언트에게 한 가지 진술을 하게 하고, "내가 그것을 책임지겠다."라고 말하도록 이끈다. 예를 들면, "나는 외로움을 느낀다. 그리고 나의 외로움에 대해 내가 책임을 지겠다." 또는 "나는 지금 무엇을 할지를 모르겠다. 그리고 나는 내가 무엇을 할지 알지 못함에 대해서 책임을 지겠다."라고 말하게 하는 것이다.

이 기술은 노인 클라이언트로 하여금 인식의 수준을 확장하도록 돕는다. 그동안 클라이언트는 문제가 있을 때마다 다른 사람에게 감정을 투사하고 자기의 책임을 미루었다. 자신을 괴롭히는 문제가 늘 환경이나 다른 사람에게 있다고 인식하다가 자기 자신에게도 책임이 있다는 것으로의 인식의 전환은 노인 클라이언트로 하여금 적극적으로 자기 문제에 대응하도록 유도한다.

(2) 감정에 머물기

노인 클라이언트와 상담할 때 가장 어려운 것 중에 하나는 클라이언트가 감정에 머물려고 하지 않고 감정을 회피하려고 하는 데 있다. 감정을 회피하게 되면 상담 과정을 더 진행하기 어렵게 된다. 이런 경우 이 '감정에 머물기' 기법을 통해 노인 클라이언트가 자신의 감정과 자기를 좀 더 인식하도록 할 수 있다.

노인 클라이언트는 불쾌한 감정을 다룰 때 여기서 달아나고 싶은 큰 충동을 느끼게 된다. 대부분의 노인 클라이언트는 두려운 자극으로부터 도망하여 불쾌한 감정들을 회피하려는 욕구를 갖는다. 이때 상담자는 그 감정에서 계속 머물거나 그 감정을 유지하도록 요구할 수 있다.

제11장

가족상담 모델

문제 해결을 위해 보다 개인에게 초점을 두고 개인 심리의 변화를 일으키는 것이 개인상담이라면, 체계론적 상담은 가족을 비롯한 사회환경적 요인에 초점을 둔다. 개인상담에는 정신분석적 상담, 행동주의 상담, 인본주의 상담 등이 포함되며, 체계론적 상담에는 가족상담이 있다.

개인보다 사회적 요인에 중점을 두는 가족상담은 John Bell, Nathan Ackerman 같은 초기 가족상담사에 의해 시작되었다. 이들은 클라이언트의 문제를 해결하기 위해서는 가족 전체를 관찰해야 한다는 것을 치료 경험을 통하여 인식하였다. 이들은 상담에서 클라이언트만을 관찰하고 분석하기보다는 클라이언트 가족 전체를 포함시키는 것이 더욱 효과적이라는 것을 발견하였다. 이러한 상담자들은 가족이 하나의 체계를 이루면서 그 안에서 가족구성원 모두는 유기적으로 연결되어 있다고 인식하였다.

어느 구성원도 가족체계 안에서 독립적으로 따로 떨어져 있지 않고 끊임없이 가족 안에서 서로 영향을 주고받고 있다. 이러한 상호작용을 통해 가족 안에는 일정한 행동 양식과 언어적 습관 그리고 가족들 간의 일정한 관계 형태를 형성하게 된다. 한 가족이 오랫동안 상호작용을 통해 유지해 온 독특한 가족 문화는 이 가족의 규칙이 된다. 만일 한 가족이 문제를 가지고 있으며 이것이 한 가족구성원을 통하여 나타난다면, 이 문제의 해결은 그동안 가족구성원들이 유지해 온 가족 규칙의 변화를 통해서 이루어질 수 있다. 문제를 개인이 아닌 가족 전체를 통해서 바라보는 이러한 시각은 클라이언트가 갖고 있는 문제에 대해 새로운 이해를 준다. 예를 들어, 어느 가족의 노인이 우울증을 갖게 되면 이 우울증이라는 증상은 가족 전체를 통해서 파악된다. 우울증 증상을 가진 노인의 개인적 특성에서 문제의 원인을 찾기보다는 그 노인을 둘러싼 가족 전체를 통해서 관찰할 수 있다. 노인의 우울증은 이 가족이 가진 역기능적인 체계, 즉 그동안 가족이 유지해 온 잘못된 규칙과 의사소통의 유형, 왜곡된 관계 형태 등을 표출하는 도구로 인식된다.

가족과 가족구성원들의 문제와 갈등을 개개인의 특성에서 파악하지 않고 이들이 구성하고 있는 체계를 통해서 바라보고, 가족구성원 중 한 명이 가진 증상을 문제체계의 상징으로 파악하려는 관점은 가족상담에서의 문제 해결과 치료를 위한 전제가 된다.

1. 가족상담의 주요 개념

Hoffman(1984)이 지적하였듯이, 가족상담은 1950년대에 주로 미국을 중심으로 발전하였다. 1950년대는 심리치료의 태동기라고 볼 수 있다. 가족상담뿐 아니라 행동주의 상담, Rogers의 클라이언트 중심 상담, 게슈탈트상담 등이 태동하고 급격히 발전하던 시기 역시 1950년대다. 이 시기에는 이러한 분위기를 타고 정신분석적 치료의 한계성을 넘어 더 효과적으로 클라이언트를 치료하려는 다양한 시도들이 존재하였다. 가족상담의 시작은 정신분석을 비롯한 개인 중심 심리치료의 한계에서 시작된다. 정신분석은 클라이언트의 문제를 해결하기 위해서 개인의 역동성과 개인의 문제에만 초점을 맞추었다. 클라이언트의 갈등, 문제 및 증상은 오직 개인의 내적인 갈등에서, 즉, 개인의 감정에서 발생된 것으로 여겼다.

그러나 임상현장에서 많은 상담자들은 클라이언트를 치료하면서 클라이언트의 문제를 오직 클라이언트 개인에게서만 찾으려는 이러한 치료 방법이 때로는 애매하고 효과적이지 못하다는 것을 경험하였다. 클라이언트의 문제를 개인의 감정과 갈등에서 찾으려는 이러한 기존의 심리치료의 한계를 극복하기 위한 새로운 상담치료 방법이 시도되었다.

1940년 오스트리아 출신의 생물학자 Bertalanffy(1968)는 모든 생물체뿐 아니라 모든 인간의 행동까지 포괄하는 일반체계이론을 발표하였다. 이러한 체계이론을 바탕으로 한 가족 안에 있는 역기능적인 의사소통을 통해 가족구성원이 정신질환을 갖게 된다는 가족상담이 일어나게 되었다. 이 연구가들은 정신분열증의 원인을 개인을 둘러싼 복잡한 환경과 시스템에서 찾았다.

앞서 언급한 최초의 가족치료사로 불리는 Bell과 가족상담의 선구자인 Ackerman과 함께 이러한 연구는 특히 세 그룹을 중심으로 이루어졌다. 가족상담의 모태가 되었던 이 세 그룹에는 정신건강연구소(Mental Research Institute), 예일대학의 예일정신의학연구소(Yale Psychiatric Institute), 국립정신보건원(National Institute for Mental Health) 등이 있다(Guntern, 1980). 먼저 팔로 알토(Palo Alto)에 있던 정신건강연구소(Mental Research Institute)의 연구원들이다. 이 연구원들에는 Bateson,

Jackson, Haley, Weakland이 있으며, 후에 Satir와 Watzlawick 등이 가세하였다. 이들은 정신질환자를 가진 가족을 연구하면서 체계이론과 사이버네틱스이론을 근거로 연구하였다.

1) 미국 서부지역의 가족상담 모델과 이론

캘리포니아의 팔로 알토는 실리콘밸리가 있는 곳으로 오늘날 미국 첨단산업의 본거지다. Bateson, Jackson 등의 연구가들은 미국의 실리콘밸리에서 기계공학이론의 원리인 사이버네틱스이론과 체계이론을 가지고 가족상담을 연구하였다. 이 연구그룹의 리더인 인류학자이자 철학자이며 가족치료연구가인 Bateson(1980)은 정신질환자가 병원에서 회복되고 상태가 좋아져서 퇴원하였을 때, 많은 경우 집으로 돌아간 후 오히려 상태가 다시 악화되어 반복적으로 병원에 입원하는 것을 보았다. 그는 여기서 왜 병원에서는 상태가 좋아져서 집으로 돌아가면 다시 병이 재발하고 악화되는가를 관찰하였다.

Bateson과 동료 연구가들은 정신병을 가족을 둘러싼 사회적 체계라는 관점을 통해서 보았고, 정신병이 역기능적인 의사소통에서 발생한다는 것을 발견하였다. 이 역기능적인 의사소통을 '이중구속(double bind)'이라고 한다. '이중구속'의 발견은 가족상담의 역사에서 획기적인 사건으로 가족상담의 시작으로 볼 수 있다. 이 이론은 다른 말로 이중 메시지, 즉, 역설의 의사소통이라고 불린다. 이 이론에 따르면, 정신병은 부모와 자녀 간의 역기능적인 의사소통에서 발생한다. 정신병자는 단지 어떤 한 번의 놀라운 충격으로 정신병을 갖게 되는 것이 아니라 지속적이고 반복적인 역기능적 의사소통을 통해 갖게 되는 것이다.

아동이 '이중구속'의 의사소통을 통해 모순된 이중 메시지에 직면하게 되면 이럴 수도, 저럴 수도 없는 혼란에 빠진다. 이런 왜곡된 의사소통을 반복적으로 계속 접하게 되면 아동은 논리적 사고능력을 상실하게 된다. 그러나 모든 '이중구속'의 의사소통이 언제나 정신질환을 유발하는 것은 아니다. 이러한 '이중구속'이 정신질환으로 연결되려면 '이중구속'에 장기간 반복적으로 노출되어야 하며, 가족처럼 피할 수 없고 달아날 수 없는 관계성을 전제해야 한다.

Bateson과 동료 연구자들은 이와 같은 역기능적인 의사소통이 가족 안에서 한 구성원에게 정신분열의 장애를 발생시키는 한 원인이 될 수 있음을 발견하였다. Jackson은 자문 및 슈퍼바이저로 이 연구에 참여하였고, 그는 후에 '가족항상성의 원칙'을 발전시켰다. 이 원칙에 따르면, 모든 가족구성원들은 가족 안에서 무게와 균형을 일정하게 유지하기 위해 각기 서로 유사한 행동양식을 갖고 있다. 예를 들어, 만일 가족의 한 구성원이 알코올 중독에 걸려 자신의 행동에 변화를 갖게 되면 이것은 다른 가족구성원들의 행동에 영향을 미친다. 이 가족은 가족 안에서 일정한 무게를 유지하기 위해 한 가족구성원의 변화에 대해 공격적인 태도로 반응하는 등 가족 안에서 일정하게 균형을 유지하려고 한다.

Haley는 가족의 문제가 왜곡된 의사소통에서 발생한다고 보았고, 따라서 가족의 문제를 해결하기 위해서 의사소통시스템의 변화가 전제되어야 한다고 보았다. 그는 이러한 생각을 더욱 발전시켜서 전략적 가족치료로 발전시킨다. 정신건강연구소(Mental Research Institute) 연구팀에 뒤늦게 참여하였던 Satir는 가족상담연구가 중 몇 안 되는 여성으로 후에 성장 중심의 가족상담을 발전시켰다.

2) 미국 동부지역의 가족상담 모델과 이론

Bateson과 동료 연구자들이 미국의 서부지역에서 연구를 통해 가족상담이론을 발전시키고 있을 때, 반대편인 동부 해안에 있는 예일정신의학연구소(Yale Psychiatric Institute)의 Lidz와 동료들도 정신분열증을 가진 가족을 연구하였다. 그들은 이러한 연구를 통해 '결혼 분열(marital schism)'과 '결혼 왜곡(marital skew)'이라는 개념을 만들었다. '결혼 분열'은 부부간의 갈등으로 부부 사이에 금이 가고 이것이 부부만의 분열이 아니라 다른 가족구성원들을 끌어들여 한 가족 안에서 두 집단으로 나뉘는 관계를 말한다(Simon, Clement, & Stierlin, 1999). 갈등을 겪고 있는 부부는 자녀를 자신의 계파로 끌어들이고 반대편 집단에 반목과 갈등 관계를 형성하게 하며 자기 집단 안에 지나친 밀착과 충성이 유지되도록 한다. '결혼 왜곡'은 부부 중 어느 한쪽이 심각한 정신장애 때문에 다른 쪽에 지나치게 의존하고 있거나 다른 한쪽이 우세한 경우에 발생한다. 이러한 가족은 가족의 역기능성을 있는 그대로 자녀에게 알리기보다는 정상적인 것으로 보이려고 한다. 아버지가 정신적 장애로 가정 안에서 적절한 역할을 수행하지 못하고 아들에게 남성 역할의 모범을 보여 주지 못할 때 부부가 이러한 상황을 자녀들에게 오히려 긍정적인 것으로 받아들이게 한다면 현실 왜곡이 발생된다. Lidz와 동료들에 따르면, 이러한 결혼 분열과 왜곡은 자녀에게 정신질환을 일으킨다.

3) 워싱턴 지역의 가족상담 모델과 이론

정신건강연구소(Mental Research Institute)와 예일정신의학연구소(Yale Psychiatric Institute)가 각기 서부와 동부에서 정신질환자를 가진 가족 연구를 통해 가족상담이론을 발전시키고 있을 때, 워싱턴 근처에 위치한 국립정신보건원(National Institute for Mental Health)에서 Bowen과 Wynne은 연구를 통해 가족상담에 중요한 공헌을 하였다.

Bowen은 정신병이 한 세대에 갑자기 발생하는 것이 아닌 여러 세대의 미성숙의 단계를 걸쳐 나타나는 것으로 보았다. 그에 따르면, 정신질환자를 가진 부모는 부부 사이에 일정한 '정서적 이혼'을 갖는다. '정서적 이혼'은 Lidz와 동료들이 정신분열의 한 원인으로 제안한 '결혼 분열'의 개념과 유사하다. '정서적 이혼'은 부부 모두 지나치게 높은 자아정체감을 가지거나 아니면 지나치게 낮은 자아정체감을 가지고 있어서 중도적이고 유동적인 태도를 취하지 못한다. 부부 중 지나치게 높은 자아정체감을 가진 쪽은 항상 실제보다 강하고 확신에 차 있으며, 반면에 지나치게 낮은 자아정체감을 가진 쪽은 실제보다 심한 무력감을 갖는다 (Cecchin, 1987).

Bowen은 상반된 정체감을 가진 두 사람이 결혼하면 곧 부부간에 갈등이 일어나는 것을 관찰하였다. 결혼 초기에 부부는 어느 시기보다 서로 결정해야 할 다양한 문제들에 직면한다. 한쪽이 지나치게 확신에 차 있다면, 강하게 자기주장을 나타내려 하고 한쪽이 위축될 것이다. 만일 여기서 한쪽이 실제보다 심한 무기력증을 갖고 있다면 그 반대적인 성향을 가진 쪽으로부터 더욱 위축될 것이다. 두 부부가 이러한 상황 속에서 서로를 조정하고 이해하는 과정을 포기한다면 부부 사이에 놓여 있는 상호 불안과 갈등을 회피하기 위해 '위장된 평화'를 선택하게 된다. 겉으로 보기에는 부부 사이에 별문제가 없어 보이지만 내면에는 '정서적 거리감'을 유지하고 있다. 즉, 외부에서 볼 때 그들의 결혼생활은 좋아 보인다. 겉모습만 행복해 보이는 것이다. 하지만 표면 아래를 들추어보면, 갈등과 고통, 고독이 자리를 잡고 있다.

이런 관계에 놓여 있는 아동은 부부관계의 핵이 된다. 이 가족은 부부 갈등의 긴장을 자녀를 통해 해소한다. Bowen은 이러한 '정서적 이혼'을 유지하고 있는 가정의 아동은 청년기에 도달하였을 때 분화에 커다란 문제를 갖는다고 보았다. Goldenberg와 Goldenberg는 특히 어머니는 자녀에게 자신의 지나치게 높거나 낮은 자아정체감을 투사하고 자녀가 이를 수용하게 하며 자녀를 부적절한 역할로 묶어 놓고 의존적인 관계를 유지하고자 한다고 하였다(장혁표, 제석봉, 김정택 역, 1990). 이러한 역기능적 상황에 놓인 자녀는 심각한 정서적 갈등을 경험하고 정신질환을 일으키게 된다.

국립정신보건원(National Institute for Mental Health)의 Bowen의 뒤를 이은 Wynne은 정신분열증 환자가족을 연구하였다. Wynne과 동료들은 연구를 통하여 '거짓친밀성(pseudomutuality)'과 '거짓적대성(pseudohostility)'의 개념을 발표하였다. 거짓친밀성은 겉으로 드러난 가족구성원 사이의 친밀한 상호작용이 진실이 아니라 거짓된 모습임을 나타내는 용어로서, 거짓상호성을 보이는 가족은 가족원 간의 갈등이나 이견이 표면에 드러나서는 안 되고 모두가 결속된 모습을 보여야 한다고 믿는다. 한편 거짓적대성은 가족구성원들이 서로 친밀한 모습을 보이는 것이 아니라 거리감을 두거나 적대적인 방식으로 상호작용하는 상황을 나타낸다. 이 두 가지 모두 의사소통을 왜곡하고, 현실에 대한 지각손상을 일으키므로 관계에 대해 논리적인 사고를 방해한다(정문자, 정혜영, 이선혜, 전영주, 2007).

지금까지 언급한 정신건강연구소(Mental Research Institute), 예일정신의학연구소(Yale Psychiatric Institute), 국립정신보건원(National Institute for Mental Health) 등을 중심으로 활동한 연구가들 외에도 다양한 가족상담 연구가들이 있다.

2. 가족상담의 주요 모델

가족상담은 오늘날까지 미국과 유럽을 중심으로 다양한 가족상담 모델을 통해 발전되어 왔다. 다양한 가족상담이론과 치료 기법은 체계가족상담의 성장에 중요한 공헌을 하고 있다. 처음에는 사이버네틱스이론과 체계이론을 배경으로 가족을 치료하던 사이버네틱스 제1규칙의 치료 방법

표 11-1 가족상담의 주요 모델

상담 모델	이론적 토대	주요 개념	주요 기법
구조적 가족치료 (Minuchin)	일반체계이론	구조, 경계, 위계	경계 설정, 하위 체계 강화, 합류
경험적 가족치료 (Satir, Whitaker)	인본주의 심리학	자아존중감, 자아성장, 자기결정과 책임 강조	명확한 의사소통 기법, 가족조각
다세대 가족치료 (Bowen Boszormenyi-Nagy)	정신분석	자아분화, 삼각관계, 세대 간의 보이지 않는 구속, 원초적인 가족 질서	탈삼각화, 인식의 변화, 세대 간의 역동과 충성심 설명
전략적 가족치료 (Haley Madanes)	사이버네틱스	의사소통 과정, 위계질서사이버네틱스와 자율통제	역설적 기법
밀란 가족치료 (Selvini Palazzoli)	사이버네틱스	가족게임, 언어게임	순환적 질문, 중립성, 가설 세우기
언어적 치료 (Anderson Goolishian)	사회구성주의 (Gergen)	언어를 통한 사회적 실체와 사회 구성	우호적인 관계성 창조, 의미 창조, 반영 팀의 양 방경
이야기치료 (White)	포스트모던 철학 (Derrida, Foucault)	체계는 이야기 속에서 존재, 인간은 이야기 재구성자	문제의 외재화, 표출화, 의미 창출, 예외 찾기
해결 중심 치료 (de Shazer Kim Berg)	언어철학 (Derrida)	언어게임: 언어 속에서 벗어날 수 없음	해결 중심, 기적질문, 예외질문, 과제 주기

을 가족상담이라고 불렀으며, 이것은 거듭된 발전을 통해 사이버네틱스 제2규칙으로의 진보를 이루었고, 이제는 체계가족상담이라고 불린다.

앞서 살펴본 것처럼 가족상담은 정신분석이나 클라이언트 중심 상담 등과 같이 몇 명의 카리스마적인 인물에 의해 발전된 것이 아니라 수많은 다양한 인물들에 의해 시작되어 발전하였다. 가족상담은 그동안 다양한 선구자들의 창조성을 통하여 실행되었으며 그들에 의하여 가족을 하나의 시스템으로 보는 가족상담 모델들이 발전되어 왔다.

사이버네틱스 제1규칙은 1980년대 이전의 가족상담이라고 볼 수 있다. 여기에는 Bowen의 다세대 가족상담, Minuchin(1987)의 구조주의 가족상담, Satir의 성장 중심의 가족상담, Haley의 전략적 가족상담, Palazzoli의 밀란가족상담 등이 포함된다. 이러한 사이버네틱스 제1규칙의 모델들은 Bertalanffy의 체계이론과 Wiener의 사이버네틱스이론에 기초한다. 사이버네틱스 제2규칙에는 후기 밀란가족상담과 김인수의 해결 중심 가족상담, Anderson, Goolishian의 언어적 가족상담, White의 이야기 가족상담 등이 포함된다.

3. 노인 클라이언트와 가족상담

1) 노인시설과 가족상담

문제 해결을 위해 클라이언트의 환경에 관심을 가지는 가족상담은 노인시설 등과 같은 기관에 적용할 수 있다. 시설 노인의 환경을 변경함으로써 노인의 행위를 변화시키는 것은 매우 성공적으로 취급된다. 가족상담은 부적응 행동은 환경으로부터의 기대 및 기회에 대한 직접적 반응의 결과로 나타난 것이라고 가정한다. 따라서 가족상담의 목표는 각각의 클라이언트가 긍정적 수준의 신체적 · 사회적 · 심리적 유용성을 갖도록 돕는 것이다. 즉, 자아존중감, 자아 강화, 공격적 행동에 대한 수긍할 만한 표현, 사회화, 기억, 집중 등을 얻게 되는 것이다(Smith, 1980). 이 모델은 주로 시설에서 생활하는 노인을 대상으로 진행되며, 자신의 환경을 바꿀 수 있는 통제력이 있는 클라이언트로 제한된다. 따라서 시설 등과 같은 환경 자체가 치료를 위한 도구가 될 수 있다. 환경은 보다 가정 같은 분위

▶ 시설과 같은 환경 자체가 치료를 위한 도구가 될 수 있다.

기를 제공하며, 개인은 보다 책임감과 새로운 기술을 습득할 수 있도록 하며, 새로운 환경이지만 결정 과정에 참여할 수 있도록 하는 것이다. 활동, 자기보호, 자기가치 등을 향상시키는 것이 가족상담의 목표다(Capuzzi & Gross, 2001). 이는 개인과 집단 모두에서 사용 가능하다.

2) 노인 클라이언트와 가족상담의 목표

가족상담은 가족이 '상호작용하는 인간의 체계'라는 전제에 기초한다(Jones, 1995). 체계 안에 있는 요소들은 각각의 인간이며, 체계가 가족이라면 가족구성원은 가족이라는 체계를 이루는 요소가 된다. 가족체계의 요소인 가족구성원은 각기 체계 안에서 다른 가족구성원과 상호작용을 한다. 가족구성원이 상호작용을 통해 다른 구성원에게 나타내는 신호와 표시, 행동, 대화 등 모든 것이 의사소통이다(Schlippe & Schweitzer, 1999). 따라서 인간 상호 간의 체계들은 서로 의사소통을 하는 체계로서 서술된다.

가족상담 안에서 노인 클라이언트의 인식과 행동은 가족체계의 구조와 형태에 커다란 영향을 받는다. 한 클라이언트는 그 가족이 가진 체계

속에서 각기 하나의 요소를 이루는 대상이 된다. 가족상담에서 노인 클라이언트는 가족 안에 있는 관계체계와 의사소통체계를 구성하며 상호작용을 통하여 가족이라는 체계를 형성하고 있다고 본다. 따라서 가족 안에서 갈등으로 어려움을 당하는 노인 클라이언트의 문제는 더 이상 노인 개인의 성격과 개인적인 특성에 의해서 비롯되는 것이 아니다. 가족 안에 있는 개인 간의 갈등은 그 가족체계의 복잡성과 그 가족의 다양한 환경과 밀접하게 연결되어 있다. 여기에서 노인 클라이언트의 갈등과 문제를 보는 새로운 시각의 전환이 요구된다.

이러한 가족상담적인 관점에서 노인 클라이언트를 보면, 노인 클라이언트가 경험하고 느끼는 위기와 갈등의 문제들은 그 가족체계가 가지고 있는 역기능이 표현된 것으로 볼 수 있다. 가족 안의 갈등의 발생은 그 가족체계가 왜곡되어 있다는 것을 나타내며, 즉 역기능적인 체계를 가지고 있음을 나타내는 것이다. 정신역동적 상담에서 상담자의 과제는 해결되지 못한 갈등과 클라이언트의 문제가 연관되어 있음을 규명하고 밝혀내는 데 있었다. 이와는 달리, 가족상담에서는 상담의 목표가 행동주의 상담과 유사하게 클라이언트의 증상 해결에 초점이 맞추어져 있다 (Boscolo & Bertrando, 2000).

노인상담자는 가족상담의 관점에서 개개인의 증상보다는 클라이언트가 처한 상황과 전반적인 가족체계를 바라보는 눈을 갖게 되며, 이것은 노인 클라이언트의 문제를 보다 효과적으로 다룰 수 있게 한다. 따라서 상담자는 가족상담을 통해 문제의 해결을 위해 가족체계라는 맥락에 접근한다. 이러한 맥락에서 가족상담에서의 상담 목표는 개인과 개인의 문제에 접근하기보다는 갈등을 겪고 있는 가족체계를 비롯한 노인 클라이언트의 환경체계를 변화시키는 데 있다.

가족상담적 관점을 통해서 노인 클라이언트의 문제를 변화시키기 위한 우선적 과제 중 하나는 무엇보다 개인과 그의 문제에 접근하기보다는

표 11-2 **노인 클라이언트를 위한 가족상담의 목표**

- 노인 클라이언트에게 가족 생활주기의 단계 과정들을 이해하도록 한다.
- 문제체계를 변화시키기 위한 최소한의 행동변화 요소를 파악하고 실제로 클라이언트가 실천하도록 한다.
- 클라이언트가 문제체계를 바라보는 인식에 변화가 일어나도록 한다.
- 클라이언트와 그의 가족이 갖고 있는 문제체계의 변화를 위한 자원을 촉진한다.

역기능을 겪고 있는 체계 자체에 관심을 기울여야 한다는 것이다. 문제해결을 위해 상담자는 사람들 사이에서 역기능을 발생시키는 역기능적 구조를 발견하고 이 역기능적인 구조의 변화를 시도해야 한다. 여기서 문제 해결을 위한 상담자의 개입은 자율성의 원칙을 전제한다. 문제체계의 변화를 위해 가족체계를 억지로 변화시키려는 것이 아닌 그 체계가 가진 자원을 촉진하며 문제를 보는 인식의 변화를 이끌어 낸다.

Einstein에 따르면, 문제를 만들어 낸 것과 같은 종류의 사고로는 문제해결이 불가능하다(Selekman, 1993). 따라서 해결을 위해서는 원래의 행동 방식과 이제까지 해 온 해결 방식에서 벗어난 새로운 인식과 행동이 필요하다. 여기서 상담자의 역할은 체계를 변화시키는 조정자가 아닌 체계의 구성원들이 스스로 문제를 발견하게 하여 그들이 가진 자원을 통해 해결하도록 돕는 해결의 도우미인 것이다. 가족구성원으로 하여금 지금까지 문제를 다루어 왔던 기존의 방식과는 달리 행동적 · 인지적 · 정서적 상호작용 방식을 찾을 수 있도록 도와줌으로써 체계의 변화를 이끌어 낼 수 있다. 체계의 변화는 잘못된 부분을 고치거나 제거함으로써가 아니라 인식의 변화를 통하여 체계 안에서 다른 구성원의 기능을 변화시키거나 서로 간의 의사소통과 관계를 바꾸는 것이다. 문제에 대한 새로운 인식의 변화는 체계의 일부분에서 변화를 일으키고 이 변화는 물결처럼 번져서 체계의 다른 부분에 변화를 이끌어 낸다.

3) 노인 클라이언트에 대한 가족상담의 방법

단기치료적인 가족상담에서 상담자는 먼저 클라이언트에게 그 자신의 문제를 정의하고, 자신이 어떤 문제를 해결하기를 원하는지 결정을 하며, 성공적인 문제 해결을 위한 방법을 탐색할 것을 요구한다.

상담자는 제한된 시간과 공간 속에서 치료 회기를 약 10회로 제한하고, 대부분 4~6회로 제한되는 가족상담 기법을 통해 클라이언트의 문제 해결을 돕는다. 치료 과정을 통해 증상이 사라지게 되면 치료는 종결된다. 여기서 중요한 치료 기준은 바로 증상 제거다. 이 가족상담 모델에는 정상과 비정상(또는 병리)이라는 말이 구별되지 않는다. 클라이언트의 어려움 그 자체가 본질적인 문제로서 관찰된다. 사이버네틱스의 관점에 따라서 가족상담자는 클라이언트의 다양한 개인적인 요소인 동기, 환상, 생각, 감정 등을 취급하지 않는다(Kenney, 1992). 즉, 가족상담자는 클라이언트의 과거와 그의 생애의 전기를 중시하지 않는다. 가족상담의 개입 기법은 클라이언트의 현재적이고 사회적인 주변 환경과의 관계에 초점을 맞춘다. 이 사회적 관계는 현재 증상을 유발하는 역기능적인 행동모형들을 가져올 수 있는 것이다. 가족상담은 계속 문제를 일으키는 역기능적인 의사소통 유형과 행동 유형을 찾아내고 변화시킴으로써 클라이언트의 문제를 해결하려고 한다.

가족상담의 다양한 모델들 속에서 각 모델의 선구자들은 가족문제의 회복과 변화를 위해 나름대로의 방식을 갖고 있다. 먼저 Bowen은 문제 체계를 치료하기 위해 자아 분화가 높아지도록 했으며, Satir는 의사소통의 변화를 통해 근본적으로 자존감의 회복에 초점을 맞추었다. Satir는 역기능 가족이 낮은 자존감에서 시작된다고 보며, 낮은 자존감이 가족구성원으로 하여금 자신의 입장, 판단, 느낌, 욕구를 믿지 못하게 하며 자기불신을 가져온다고 생각하였다. 이러한 자기불신, 즉 자기 자신에 대한 신뢰감의 결여는 의사소통의 문제를 유발한다고 전제한다. Minuchin은 가족체계 안의 경계선의 변화를 유도하였으며, 가족체계 안에 건강한 경계선의 변화를 통해 가족체계의 문제를 회복하고자 하였다.

4) 노인 클라이언트에 대한 가족상담의 적용 사례

75세인 김 할머니는 오래전에 남편을 여의고 두 아들을 키웠으며, 현재 여러 가지 신체 증상으로 거동이 불편한 상태로 누군가의 돌봄이 절실한 상태에 놓여 있다. 할머니는 두 아들 중에서 둘째 아들 부부에 대해 심하게 불평하며, 아들 부부가 자신이 살든지 죽든지 아무 관심이 없다고 하였다. 가족면담이 이루어졌고, 둘째 아들은 어머니에 대해 부정적으로 말하였고, 그는 어머니의 신체적 불편함을 주변 사람들의 관심을 끌려는 꾀병으로 여기고 있었다. 그는 어머니와 사이가 좋은 형이 다 알아서 할 것이라고 말하였다. 그는 이렇게 어머니와의 힘든 관계를 말하면서 다른 한편으로 그가 어머니에게 아무것도 해 주지 않는 것에 대해 죄책감을 갖고 있었다. 첫째 아들은 동생과는 달리 오랫동안 어머니와 밀착 관계를 유지해 왔다. 그러나 그는 점점 더 어머니에 대해 책임감을 느끼고 있었고, 어머니를 제대로 돌보지 못하는 것에 무기력감과 죄책감을 갖고 있었다. 그는 갈수록 힘들어지는 어머니에 대한 돌봄에서 자신이 고갈되어 가고 있다고 느끼고 있었다.

가족면담을 통해 드러난 김 할머니의 만성적인 질병과 이를 둘러싼 가족의 문제에 대한 접근에서는 Walsh(2002)의 노인 클라이언트의 문제 해결에 대한 다음과 같은 기본 전제가 가족개입에 포함되어야 한다. 즉, 노인 클라이언트의 스트레스 감소, 노인의 의료적 상태, 기능할 수 있는 능력과 한계, 보호, 문제 해결, 적정 기능을 유지하기 위한 자원 촉진, 가족의 노력을 지원하기 위한 보충적 서비스의 연결들이 개입에 포함되어야 한다. 이러한 노인 클라이언트에 대한 개입 전제를 바탕으로 상담자는 Minuchin의 가족체계 경계선의 변화를 통한 문제 해결을 시도할 수 있다.

가족체계의 경계는 그 체계를 보호하고 한정하는 데 기여하며, 가족 내에 영역을 나타내는 표시 역할을 한다. Minuchin(1979)은 가족체계의 경계선(boundary)의 기능이 체계의 분화를 지키는 것이라고 한다. 경계선은 누가 어떻게 참여하는가를 규제하는 눈에 보이지 않는 장벽으로, 개인, 하위 체계, 전체 가족은 대인관계상의 경계선에 의해 구분된다. 경계선은 가족구성원 간의 위계와 거리를 조정하면서 가족 안에서 자율성을 보장하며 자신의 정체성을 유지하게 해 준다(Cloud, 1990). 이러한 경계선은 가족이 가지고 있는 규칙에 따라 유지되며, 반면에 가족의 규칙은 가족 내에서 구성원 간의 경계선을 설정한다.

이러한 경계선은 정도와 형태에 따라 명확한 경계선, 산만한 경계선 그리고 경직된 경계선으로 나눌 수 있다. 이 중에서 산만한 경계선은 가족 간에 분화가 안 되어 있고 외부의 방해와 간섭으로부터 자유롭지 못하다. 이러한 산만한 경계선을 가진 가족체계는 다른 가족으로부터의 지나친 개입으로 인해 내부적인 혼동이 일어날 수 있으며, 이러한 상황에서 가족은 긴장을 느끼며 지나친 부담을 받게 될 것이다. 경직된 경계선은 가족성원들 간에 의사소통이 어렵고, 분리된 상태를 의미한다. 산만한 경계선과는 달리 외부의 간섭과 개입은 적지만 반대로 고립되어 있는 가족관계를 가진다.

Minuchin(1979)에 따르면, 대부분의 역기능적 가족은 이러한 산만한, 경직된 경계선을 가지고 있으며, 적절한 개방과 폐쇄가 불가능한 가족체계를 가지고 있다. 명확한 경계선은 가장 기능적인 것으로 가족과 주변 환경과 원활한 피드백의 교환이 일어나면서, 가족구성원 간에 적절한 자율과 독립을 가지며 동시에 역시 분리되거나 고립되어 있지 않은 경계를

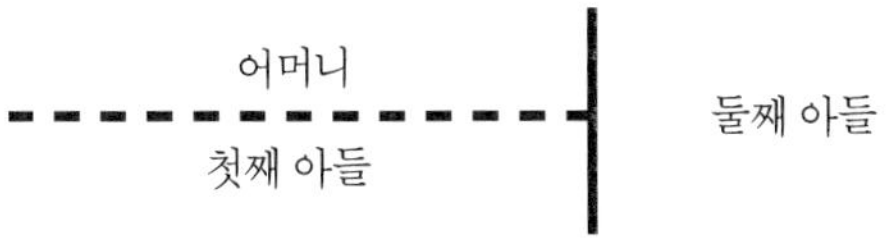

●그림 11-1● **사례 가족체계의 경계선**

의미한다. 가족이 적절하게 기능하기 위해서는 가족 하위 체계의 경계선이 명확해야만 한다. 가족 내에서 경계선의 명확성은 가족의 기능을 평가하는 유용한 기준이 된다. 이러한 Minuchin의 경계선의 개념을 앞서 언급한 사례에 적용하면 다음과 같다([그림 11-1] 참고).

첫째 아들은 어머니와의 사이에 산만한 경계선을 가지며 경계선이 너무 약해서 지나치게 어머니에 밀착되어 있으며, 이러한 밀착은 아들에게 과중한 부담과 책임감을 갖게 하여 어머니와의 관계 속에서 탈진 상태를 갖게 하였다. 반면에 둘째 아들은 어머니와 지나치게 경직된 경계선을 가지며 어머니로부터 정서적으로 분리되어 있었다. 김 할머니의 가족은 극단적으로 산만한 경계선과 경직된 경계선이 연속선상의 끝에 놓여 있다.

김 할머니가 지나치게 자녀에게 의존적임에 따라 첫째 아들이 불안과 과중한 책임감을 갖게 되었으며, 반대로 둘째 아들은 어머니와 형으로부터 소외받고 있다는 고립감이 더욱 어머니와 형과의 사이를 멀어지게 하였다. 이러한 악순환의 패턴은 가족체계 내의 경계선의 변화를 통해 그 변화가 시도되었다. 상담자는 과도한 책임감을 가진 첫째 아들이 어머니를 위해 모든 것을 최대한 해 주려고 하다가 탈진되는 것을 막으려고 하기보다는 김 할머니에게 자신이 할 수 있는 것과 없는 것을 구분하고 할 수 없는 것을 받아들이도록 하였다. 상담자는 첫째 아들에게 김 할머니가 가능한 몸을 움직일 수 있는 범위 안에서 돌봄을 제공하고 과거와 같이 모든 돌봄을 제공하지 않도록 하였다. 이렇게 함으로써 첫째 아들과 어머니 사이에 형성되어 있던 산만한 경계선을 명확한 경계선으로 전환하였다.

또한 그동안 어머니 일에 관여하지 않던 둘째 아들은 형을 도와 그의 부담을 덜어 주게 유도하였다. 이러한 과정에는 첫째 아들이 어머니에 대해 느꼈던 과중한 부담감을 솔직하게 동생에게 털어놓게 하였고, 둘째 아들은 이러한 형의 상황을 이해하게 되었고 반대로 자신이 느꼈던 소외감을 말하게 하였다. 이러한 가족 의사소통체계의 회복과 동시에 둘째 아들의 어머니에 대한 관여는 어머니와 둘째 사이에 놓여 있던 경직된 경계선을 명확한 경계선 쪽으로 이동하도록 하였다. 이러한 체계의 변화에 대해 김 할머니는 첫째 아들과의 경계선이 산만한 것에서 명확한 것으로 이동하면서 불안해하고 저항하였지만 둘째 아들의 접근을 통해 만회되었다.

이로써 가족체계 내에 불안이 줄어들게 되었고, 그동안 갈등 관계였던 두 아들이 어머니에 대한 돌봄을 함께하고, 또한 아들 모두 과거보다 더 만족스러운 감정을 갖고 어머니를 돌보게 되었다. 이러한 가족체계의 변화에 김 할머니는 눈에 띄게 달라졌으며, 오히려 할머니의 신체적 증상에 대한 호소가 감소하고 혼자서 활동하는 영역이 넓어졌으며 사고도 더 분명해지게 되었다.

노년기라는 제한성 속에서 노인의 갈등과 문제는 갈등을 경험하는 당사자의 개인적 문제에서 기인하기보다는 개인을 둘러싼 환경과의 상호작용에서 발생되는 것이다. 특히 노인은 노년기 안에서 어느 시기보다 더 가족과 주변 사람에게 의존하거나 그들의 영향을 많이 받는다. 노인 클라이언트의 문제와 위기를 다루는 상담자는 이러한 노년기의 제한성 때문에 노인이 속한 가족이라는 환경체계의 구조와 복잡성에 더욱 의존하게 된다. 따라서 가족상담은 노인상담의 영역에서 중요한 가능성으로 인식될 수 있으며, 가족상담의 체계적 관점과 생태적인 인식론은 다른 상담 모델을 통해 노인상담을 시도하려는 모든 상담자에게 상담의 기본적 전제 개념으로 활용될 수 있을 것이다.

그러나 이러한 역기능 가족체계의 변화의 기본 전제는, 상담자가 클라이언트의 문제체계를 변화시키는 사람이 아니며 가족체계의 변화를 가능하게 하는 사람은 바로 가족 모두라는 사실이다. 상담자는 가족에게 스스로 자신들의 문제를 파악할 수 있도록 촉진하는(문제를 지적하기보다는) 촉진자다. 상담자 자신이 기능적인 의사소통의 모델이 되어 가족 모두가 서로에게 마음을 개방하고 기능적 의사소통을 할 수 있도록 이끌어야 한다.

제12장

임파워먼트 상담 모델

임파워먼트는 사회적 약자인 클라이언트에게 적용될 수 있는 개입 방법적 성격을 가지고 있다. 그러나 임파워먼트에 대한 논의가 노인에게 적용되어 사용된 경우는 매우 드물다. 따라서 이 장에서는 임파워먼트 상담 모델의 개념 및 철학적 토대, 노인에 대한 적용 필요성을 살펴보고, 노인을 위한 임파워먼트 상담 과정을 제시한다.

1. 임파워먼트 접근의 철학적 토대

1) 임파워먼트의 개념

임파워먼트는 클라이언트를 문제 중심으로 보는 것이 아니라 강점 중심으로 봄으로써 클라이언트의 잠재역량(potential competence)과 자원을 인정하고 클라이언트 내외에 회복력(resiliency)이 있음을 전제하여, 클라이언트가 삶을 결정할 수 있도록 권한 혹은 힘을 부여하고자 하는 접근이다. 기존의 노인복지 실천을 위한 패러다임은 주로 기능이 쇠퇴한 노인을 대상으로 이들의 장애와 경제적 문제에 초점을 맞춘 의료 모델과 문제 해결 모델이 주종을 이루어 왔다. 그러나 이러한 모델들은 노인의 권한이나 자기결정권에 대한 강조보다는 단순한 수혜자로서의 노인에 초점을 두어 온 것이 사실이다. 노인복지에서 가장 중요하게 강조되어 온 것이 노인의 존엄성이었음에도 불구하고, 이러한 기존의 모델에서는 노인의 존엄성이 크게 부각되지 못하였다.

1970년대부터 사회복지실천에서 클라이언트의 자기결정권이 중시되고, 클라이언트 중심의 실천적 모델인 임파워먼트 상담 모델이 소개되기 시작하였으며(Shera & Page, 1995), 최근에는 사회복지실천 현장에서 광범위하게 사용되고 있다(Gutierrez, Parsons, & Cox, 1998). 임파워먼트 상담 모델은 바라보는 이의 시각에 따라 과정, 결과, 사회사업 실천과 연구를 위한 개념적 틀 또는 접근법 등으로 다양하게 이해되어 왔다(Ackerson & Harrison, 2000).

전통적으로 사회복지에서 가장 먼저 떠오르는 키워드가 '욕구'와 이를 통한 문제의 해결이었다면, 이제는 '권한'과 '억압받은'이라는 수식어구가 나타내는 다른 개념들이 있다. 더 이상 행복(wellbeing)의 상태만을 추구하는 것이 아니라 자기 삶에 대한 통제력의 향상과 억압된 지위의 향상이라는 좀 더 주체적인 상태를 추구하게 되었다. 이는 이전보다는 좀 더 활동적이고 능동적인 관점으로 전환된 것이라고 볼 수 있다. 임파워먼트의 기본 가정에는 '억압'이라는 개념을 사용하고 있다. 이는 임파워먼트 접근에서 억압이 구조적 차원으로 일어나는 현상이며, 개인과 지역사회에 매우 광범위한 영향을 미친다는 점을 기본으로 가정하고 있다. 이 가정은 자아가 타인과 지역사회의 관계 속에서 발전될 수 있음을 의미하며, 억압의 문제를 다룰 때 환경을 변화시키고 자아를 강화하는 이중 초점이 항상 요구된다고 말하고 있다. 임파워먼트 상담 모델에서는 개인의 강점, 교육, 상호부조, 자조활동 등을 강조한다(Cox & Parsons, 1996). 사회복지 실천을 위한 접근법으로서 임파워먼트 모델은 개인적 이슈와 정치적 이슈를 통합할 것을 요구하며, 욕구에 대한 정의가 클라이언트로부터 정의될 것을 요청한다(Chapin & Cox, 2001: 172).

노인복지를 위한 패러다임의 변화를 모색하고 있는 외국의 연구들은 강점기반(strengths-based) 또는 임파워먼트(empowerment)라는 패러다임의 적용을 시도하고 있다(Fast & Chapin, 2000, 2001; Cox & Parsons, 1996; Browne, 1995; Cox, 2002; McDermott, 1989). 그러나 우리나라에서 임파워먼트 상담 모델을 노인에게 적용한 연구(이윤화, 윤경아, 2000; 최선화, 2003)는 소수에 불과한 실정이다. 아직도 노인의 시각에서 임파워먼트 모델에 대한 인식이 어떤 것인지 명확하게 정리되지 않은 것이 사실이며, 임파워먼트의 시각에서 개입이 어떻게 이루어져야 하는지에 대한 임파워먼트 상담 모델 시각의 실천 과정 역시 구체적으로 제시되고 있지 못하다. 또한 이것이 노인에게 미치는 영향은 무엇인지에 대해서도 연구된 것이 거의 없다(Cox, 1999).

이러한 임파워먼트 접근을 노인상담 현장에 적용해 보면, 상담자는 노인의 관점에서 노인이 내는 목소리를 잘 들을 수 있어야 하고, 노인이 상담 서비스를 선택하고 참여할 수 있도록 하며, 스스로 상담 서비스를 통제할 수 있도록 해야 한다. 상담 서비스가 필요한 노인의 경우 최상의 임파워먼트는 노인 스스로 상담 계획과 관리에 대해 완벽하게 통제할 수 있으며 자신의 운명을 결정하는 데 모든 위험을 감수할 수 있게 되는 것까지를 포함하게 된다.

2) 철학적 토대

Clark(1989)는 그의 논문 「임파워먼트의 철학적 토대」에서 노인과 그들의 건강 서비스를 임파워먼트의 측면에서 네 가지 차원으로 설명하고 있다. 이 네 가지 측면은 숙고와 도덕적 반영의 과정(empowerment as effective deliberation and moral reflection)으로서의 임파워먼트, 개인적 과정으로서의 임파워먼트, 정치적 행동과 사회적 과정으로서의 임파워먼트, 균형과 독립으로서의 임파워먼트다.

첫째, 숙고와 도덕적 반영의 과정으로서의 임파워먼트는 의사결정 과정에서 개인이 많은 의사결정 부분에 참여하여 그 반영이 이루어짐을 의미한다. 예를 들어, 의사결정이 어떻게 이루어지고 무엇을 결정하느냐가 개인의 삶의 질에 영향을 미친다는 의미에서의 반영이며, 의사결정에서 '자율성'은 중요한 의미를 가진다. Collopy(1988)는 자율성을 "개인에 의한 자기결정, 자유, 독립, 선택의 자유와 행동을 포함한 개념들의 충위"라고 하였다. 많은 사람들이 자율성과 노인의 관계에 대해서 논의할 때, 일반인이 판단하기에 위험한 상황이나 최선의 선택이 아닌 상황에 대해서도 노인이 이를 인지하지 못하고 선택할 수 있다는 점에 대해 걱정한다. 이러한 상황에 대해 Young(1990)은 "자율성의 성질에는 그들이 원한다면 그들 자신에 반하는 선택을 할 수 있다는 것이다."라고 하였다. 이것은 노인에게 자율성은 그 자신을 위해 가장 좋은 선택을 하는 것과 그것이 본인에게 위험할 수도 있다는 자율성의 본질적인 딜레마를 가지고 있음을 의미한다.

둘째, 개인적인 과정으로서의 임파워먼트는 노인이 직면한 미래의 도전들(예: 신체적으로 연약해짐)을 해결하기 위한 지지체계를 사정하고 준비하는 사전 계획을 위한 시간을 획득하는 것을 말한다. 이러한 과정을 통해 개인과 가족을 도우며, 그들의 가치와 선호도, 감정, 그리고 앞으로 노인으로서 겪게 될 상황들에 대한 두려움까지 명확히 하게 된다. 노인이 자신의 미래를 위해 사전에 계획하는 것은 도덕적 책임감과도 관련이 있지만, 대부분의 노인들은 알지 못하는 미래, 대개는 희망적으로 보이지 않는 미래에 대해서 미리 계획하지 않는다. Gibson(1991)은 개인적 임파워먼트의 정의를 "개인이 자신의 욕구를 충족하기 위한 개인의 능력을 인식하고, 이를 촉진하고 활성화하여 그들 자신의 문제를 해결하고 그들 자신의 삶의 통제감을 느끼기 위해 필요한 자원을 동원하는 것"이라고 내렸다. 임파워먼트를 쉽게 이해하기 위해서는 임파워먼트가 되지 않은 상태—즉, 힘 없고, 무기력하고, 희망이 없고, 가부장적이고, 외부에 의해서 통제받고 의존적인 상태—를 이해하는 것이 더 쉬울 수도 있다.

셋째, 정치적 행동과 사회적 과정으로서의 임파워먼트다. 정치적 행동과 사회적 과정은 개인적 과정보다 환경적인 측면에서의 강화를 강조한다. Kari와 Michels(1991)은 개인의 삶에서 선택할 수 있는 충분한 사회적 자원이 고려되지 않는다면 개인의 임파워먼트를 이야기하는 무의미하다고 하였다. 선택 사항이 없는 상황에서 개인에게 결정하도록 요구하는 것은 명색뿐인 임파워먼트(mockery of empowerment)라고 할 수 있다. 미국의 경우 미국퇴직자협회(American Association of Retired Persons: AARP)라는 옹호단체가 노인의 안정적인 삶을 마련하기 위해 역할을 수행하고 있다.

넷째, 균형과 독립으로서의 임파워먼트다. Clark(1989)는 임파워먼트에 대한 해석에서 균형에 대해 이야기하고 있다. 사람들의 삶은 의존과 독립이 혼재되어 있다. 이는 개인의 삶의 경험과 상황에 의해 균형이 맞추어진 것이다. 그는 임파워먼트에서 강조하는 자율성이 많은 도움을 필요로 하는 신체적으로 허약한 노인에게 상호 의존적인 의미 있는 관계망을 축소시키는 역할을 할까 걱정을 하며, 임파워먼트의 이상적인 상태를 Rawls의 반성적 평형(reflective equilibrium)의 상태로 설명하기도 하였다.

2. 노인에 대한 임파워먼트 상담 모델 적용의 필요성

임파워먼트 접근법의 특성은 노인복지 상담 모델에서 임파워먼트 상담 모델의 필요성 및 적용 가능성을 시사한다. 임파워먼트에 대한 개념적 정의의 다양성에도 불구하고 임파워먼트의 다차원적 구조에 대한 합의는 전반적으로 공유되고 있다. Cowger(1997)는 임파워먼트를 개인적 임파워먼트와 사회적 임파워먼트의 이중 구조로 설명하였다. Cowger (1997)에 따르면, 개인적 권한 구조는 자기결정과 유사한 개념인 반면, 사회적 임파워먼트는 사회적 환경과 사회적 정의의 주제로 이해될 수 있다. 여기서는 Cowger가 분류한 기준인 개인과 사회로 나누어 노인에 대한 임파워먼트 적용의 필요성에 대해 살펴본다.

1) 노인의 개인적 차원에서 임파워먼트의 필요성

(1) 노인 부양

임파워먼트는 궁극적으로 개인이 자신의 삶을 통제할 수 있도록 돕는 과정으로 정의된다(Pease, 2002). 이에 근거하여 노인복지상담에서 임파워먼트란 노인이 삶의 주체로서 자신의 노년기 삶을 통제할 수 있도록 돕는 과정 또는 그에 따른 결과로 정의될 수 있다. 신체적 · 인지적 기능의 저하로 특징되는 노년기는 노인의 권한 상실의 시기다. 노년기는 노인의 의존적 특성이 강조되고, 노인은 자신의 삶의 수동적 존재로 간주된다. 노년의 삶은 노인의 통제권을 벗어나 가족 또는 타자에 의해 결정되기도 한다. 이에 관한 대표적 예로 노인 부양 문제를 고려해 볼 수 있다.

의존적 노인을 위한 가족 부양은 부양을 받는 노인과 부양을 제공하는 가족 부양자의 관계로 구조화된다. 노인은 가족 부양자에 의해 제공되는 보살핌의 실질적 소비자임에도 불구하고 자신의 부양 문제에 관한 의사결정 과정에서 배제된다. 보살핌을 제공할 가족구성원의 선택, 보살핌을 받게 될 장소의 결정, 보살핌의 내용 등 노인 부양에 대한 핵심 사안은 노인을 제외한 채 논의된다. 따라서 노인의 의사와 관계없이 계획되고 진행되는 가족 부양을 통해 노인은 자신의 삶에 대한 수동적 주체로 남게 되며 삶의 통제력 상실을 경험하게 된다.

노인은 자신의 부양에 관한 문제가 가족 갈등의 원인을 제공한다는 이유에서 자신의 부양에 관한 의사결정 과정을 의도적으로 외면하고 무관심한 경향이 있다. 가장 바람직한 접근은 노인 스스로가 의사결정 과정에 직접 참여하여 자신의 이익을 옹호하고 자신의 삶에 대한 결정권을 회복하는 것이다. 노인에 대한 임파워먼트를 통해, 노인 부양에 관한 의사결정 과정에서 소외되어 온 노인을 의사결정의 주체로 재정립하고 자신의 삶에 대한 통제력을 회복할 수 있다(Parsons & Cox, 1989). 따라서 노인 상담에서 임파워먼트의 적용이 필요하다고 할 수 있다.

노인의 입장에서 볼 때 일반적인 모델은 노인을 개별화하여 접근하기보다는 노인문제의 총체적인 관점에서 노인의 부양 문제와 장기요양 서비스에 대한 욕구 유형을 분류하여 서비스를 제공하려는 경향을 보인다. 그러나 임파워먼트 상담에서는 노인에 대한 획일화된 서비스의 제공보다는 노인의 개별적 특성을 파악하여 서비스를 제공하는 점이 강조된다. 한 노인의 문제가 다른 노인과 비슷하다고 하여도 그 개인이 가지고 있는 문제의 심각성이나 문제의 심각성에 대한 인식은 매우 다르다는 점을 임파워먼트 상담 모델은 인지하고 있다. 따라서 노인 부양 문제와 관련해 임파워먼트 상담 모델의 적용이 필요하다고 할 것이다.

(2) 대인관계

대인관계는 개인이 타인과의 연계를 인지할 수 있는 통합을 의미한다.

이와 같은 대인관계는 소속감과 애정, 상호 의존 또는 부조 그리고 친밀감과 애정 등 인간관계의 본질적인 구성 요인과, 이를 다양한 차원을 발전시키기 위한 계속적인 상호작용을 요구한다(Miller, 1986). 특히 노인의 대인관계는 사랑하는 배우자의 상실, 친한 친구의 상실 등과 같은 생애사건에 의해 축소되며, 때로는 의존적인 관계로 전락하기도 한다. 예를 들어 여성 노인의 경우, 전통적으로 남편과 사별한 여성 노인은 자녀와 의존적인 관계를 형성하게 된다. 여성 노인은 남성 노인과 비교해 상대적으로 소속에 대한 욕구가 강하고, 연계와 관계, 집단과 공동체 이익 등에 집착하는 경향이 있다. 따라서 여성 노인에 대한 임파워먼트의 필요성이 제기된다.

여성노인에 대한 임파워먼트는 통제와 독립을 성공적 노년의 상징으로 여겼던 전통적 개념에 근거한 권한의 재해석으로부터 시작되어야 한다(Browne, 1992). 권한에 대한 신개념은 사회적 지지, 우정, 공동체와의 연계, 자조, 집단적 행동 그리고 비판적 사고능력을 포함해야 한다. 인간관계를 통한 임파워먼트의 신개념은 새로운 관계를 수립하는 것과 상호성과 호혜성을 갖도록 과거의 관계를 재구조화하는 것을 의미한다. 따라서 자조, 상호부조 활동 등 대인관계의 상호성을 강조한 실천적 적용을 통한 노인에 대한 임파워먼트는 노년기 삶의 다양한 도전들에 대한 대처능력을 증진하고, 의미 있는 인간관계 형성을 통한 삶의 질을 증진한다(Cox & Parsons, 1996).

2) 노인의 사회적 차원에서 임파워먼트의 필요성

사회적 차원에서 노인은 더 이상 생산적인 존재가 아니다. 노인은 사회에 의존하는 존재로 인식되고 있으며, 젊은 사람에 의해 부양받아야 하는 사람으로 간주된다. 이러한 시각에서 노인은 더 이상 권리를 가지고 있는 인구로 간주되지 않는다. 여기서 고령차별(ageism)이 출발하는 것이며, 일반인의 노인에 대한 인식 역시 긍정적인 단어보다는 부정적인 단어가 더 많은 비율을 차지하는 것으로 나타나고 있다(김미혜, 2003). 노인이 사회에 공헌을 했기 때문에 은퇴 후에도 사회로부터 부양을 받아야 한다는 교환이론에도 불구하고, 사회는 노인이 마땅히 대접을 받아야 할 존재가 아닌 부양부담을 안겨 주는 존재로 인식하는 것이다. 사회의 이러한 편견은 노인 자신에게도 영향을 미쳐 노인 스스로도 권리에 대한 주장을 할 수 없는 존재로 인식하게 한다. 노인 스스로도 자식에게 부양부담을 주는 것에 대해 상당한 부담을 가지고 있는 것으로 나타났다.

또한 노인은 나이가 많기 때문에 고용 시에도 차별을 받는다. 사회에서는 노인이 힘이 없고, 쇠약하기 때문에 주어진 일을 책임감 있게 감당할 수 없다고 간주한다. 따라서 사회는, 노인이 되면 더 이상 새로운 일을 시작하기 어렵고, 더 이상 사회에 기여할 수 없게 된 존재로 장기요양에 필요한 많은 사회적 부담을 가지고 있는 존재로 간주한다.

이렇듯 여러 가지로 사회에서 차별과 편견을 받고 있는 노인에 대한 사회 정의적 측면에서도 임파워먼트의 접근은 필요하다. 사회가 노인 자신이 가지고 있는 임파워먼트를 발휘하는 데 장애가 되는 여러 가지 장애물들을 만들기 때문에 이러한 장애물을 제거하고 노인도 젊은 사람과 동등하게 성장하는 존재로서의 이미지로 바꾸어 놓을 필요가 있는 것이다. 이는 사회정의적인 측면에서도 매우 필요한 접근이라 할 수 있다.

3. 노인을 위한 임파워먼트 상담 실천 과정

1) 노인을 위한 임파워먼트 상담 모델의 개입 과정

노인을 위한 임파워먼트 상담 과정의 모색을 위해 Miley, O'Melia와 DuBois(1999)가 제안한 절차를 준거의 틀로 하여 각 과정에 필요한 노인 클라이언트와 상담자의 역할과 과제에 대해 제시하고자 한다. Miley 등은 일반주의적 사회사업실천에서 임파워먼트 접근에 대한 것을 접목하여 임파워먼트 실천의 절차를 대화(dialogue), 발견(discovery), 발전(development)의 3단계로 제안하였다. 대화의 단계에서는 대화를 통해 상담자와 클라이언트가 협력적 파트너십을 개발하여 파트너십에서 해야 할 일의 목적을 정의하는 과정이다. 발견의 단계는 상담자와 클라이언트가 변화 계획에 따라 자원을 사용하는 과정이다. 발전의 단계에서는 상담자와 클라이언트가 대인 간, 시설 간 자원을 활성화하고, 다른 사람과 체계 간의 연결을 만들며, 사회를 위해 자원을 분배하는 새로운 기회를 만드는 것이다(Miley & DuBois, 1999: 5, 재인용). 〈표 12-1〉은 이러한 3단계에 따른 활동과 특성, 과제를 보여 준다.

표 12-1 노인을 위한 임파워먼트 상담 모델의 개입 과정

단계	특징	과정	활동
대화 (dialogue)	지속적인 대화를 통해 노인의 목표, 강점을 파악하며, 협력적인 관계를 형성	1. 파트너 관계를 형성하기 2. 상황을 명확하게 하기 3. 방향을 정하기	1. 노인의 독특함을 존중하고 그들의 편견도 인식하기 2. 목표를 달성하기 위한 노인의 경험을 인정하고 다양한 차원 간의 관계 인식을 통한 도전적인 상황을 사정하기 3. 노인의 동기를 활성화할 수 있는 우선적인 목표를 결정하고 관련된 자원들을 탐색하기

발견 (discovery)	노인과 상담자는 지속적으로 사정을 하며, 해결책을 위한 자원을 탐색하기	1. 강점을 정의하기 2. 자원의 역량을 사정하기 3. 해결책을 세우기	1. 일반적인 기능, 상황에 대처 전략, 문화적 정체성, 역경을 극복한 경험에서 노인의 강점 찾기 2. 가족, 사회적 집단, 조직, 지역사회 기관과의 관계를 포함하여 노인이 관계를 맺고 있는 환경 속에서 자원들을 탐색하기 3. 바람직한 목표를 달성하기 위해 노인과 환경의 자원을 활용할 수 있는 달성 가능한 실천 계획을 구성하기 4. 노인 클라이언트가 기존에 가지고 있는 것과 스스로도 인지하지 못한 자원 찾기 5. 강점을 이끌어 내는 데 방해되는 장애물 찾기 6. 네트워크 형성
발달 (development)	기회의 확장 지속적 협력 종결	1. 자원을 활용하기 2. 동맹관계 만들기 3. 기회를 확장하기 4. 성공을 인식하기 5. 목표를 달성한 것을 통합하기	1. 상담, 자원관리, 교육을 통해서 이용 가능한 자원을 동원하고 실천 계획을 실행하기 2. 노인들 간에, 노인들의 자연적인 지지체계와 서비스전달체계 안에서의 역량을 강화할 수 있는 동맹관계 구성하기 3. 프로그램 개발, 지역사회 조직 그리고 사회행동을 통하여 새로운 기회와 자원들을 발전시키기 4. 달성한 목표를 인지하고 목표를 달성하기 위해 변화한 노력들을 평가하며 지속적으로 실천할 전략들을 공지하기 5. 문제를 해결하는 과정에서 변화들을 정리하고 달성한 것들을 축하하고, 긍정적인 변화들을 지속시키기 6. 종결

출처: Miley, O'melia, & Dubois (1995), p. 108.

2) 단계별 적용

(1) 1단계: 대화

1 초기 관여와 관계 형성

임파워먼트 상담 모델에서는 상담자와 노인 클라이언트와의 관계 형성이 가장 중요한데, 여기서는 파트너십 관계가 가장 중요한 과제가 될 수 있다(Fast & Chapin, 2000: 23). 파트너십에서는 수동적인 클라이언트의 역할에서 벗어나 클라이언트 주도적인 관계가 강조되며, 상담자와 노인 클라이언트의 관계에서 노인 역할의 중요함에 대한 인식을 갖게 해야 한다. 따라서 상담자와 클라이언트의 관계는 평등한 것이 전제가 되며, 문제 해결을 위해서 동등하게 기여하고 협력할 것이 강조된다.

이 단계의 일차적인 목적은 상담자와 클라이언트가 서로를 잘 알아 가는 것에 있으며, 상담자는 클라이언트가 자신의 상황을 개선하기를 희망하는 마음으로 상담자를 만나러 왔거나 의뢰되었음을 인지해야 한다. 또한 상담자는 자신의 존재가 클라이언트의 문제에 대한 해답을 제공하기 위한 것이 아니라 클라이언트 스스로 자신이 가지고 있는 문제를 해결할 수 있도록 돕는 데 있음을 클라이언트가 알도록 해야 한다.

성공적인 관계 형성은 클라이언트와 정규적이고 자주 접촉을 유지하는 것에 의해 달성되므로 직접적인 대면이 어려울 때는 편지나 전화와 같은 간접적인 수단을 이용해 관계를 개발하는 과정을 지속할 수 있다.

2 노인 클라이언트의 경험과 역할 존중

상담자와 노인 클라이언트가 상호 협력적인 관계, 즉 파트너십을 형성하게 되면서 중요한 것은 클라이언트의 과거의 경험을 존중하고, 현재 클라이언트의 역할의 중요성을 강조하는 것이다. 여기서 필요한 행동과 과제에 대해 구체적으로 살펴보면 다음과 같다. 노인 클라이언트의 과거 경험 중에서 성공적이었던 기억과 경험을 존중해 주고 이러한 경험을 살려 현재에 반영될 수 있도록 하기 위한 노력을 기울여야 한다. 자기 자신의 역사에 대해 명확하게 아는 것은 변화를 위한 매우 강한 힘이 된다. 자신의 과거에 대해 모르고, 자신이 어떤 방법을 통해 성공했고 실패했는지에 대해 모른다면 현 상황에 대처하기 어렵기 때문이다. 따라서 자신의 역사를 명확하게 이해하고 그것을 현 상황에 대치하여 클라이언트가 스스로 해결책을 찾아갈 수 있도록 배려하는 것이 관건이다.

상담자는 클라이언트가 한 일이 무엇인지 알고 배워야 하며, 클라이언트가 그 일을 어떻게 수행했는지, 그 일을 수행하면서 배운 것은 무엇인지, 그 일을 수행할 때 관여한 사람이 누구인지, 클라이언트가 자신의 문제를 극복하기 위해 사용 가능한 자원은 무엇인지 등에 대해 알아야 한다. 임파워먼트 상담 모델에서 강조하는 것은 클라이언트에 대한 부정적인 기억이나 해결 방법이 아니라 클라이언트가 과거에 경험했던 긍정적인 방법에 대한 것이다. 과거에 클라이언트가 인생의 어떤 문제를 해결하는 데 성공적이었던 방법이 있다면 이에 초점을 두고 현재의 문제 해결을 위한 연결선상에서 생각할 수 있도록 돕는 것이 상담자의 역할이다.

(2) 2단계: 발견

1 임파워먼트 사정

임파워먼트 상담 모델에서 사정은 상담자에 의해 이루어지는 진단의 과정이라기보다는 총체적인 과정으로 이해될 수 있다. 단순히 클라이언트가 가지고 있는 문제를 나열한다거나 질병에 대해 나열하는 것과 같은 기능적 사정은 클라이언트가 가지고 있는 강점, 대처 능력, 동기, 변화에 대한 잠재력 등을 정확하게 찾아낼 수 없게 만든다(Fast & Chapin, 2000: 24). 임파워먼트의 견지에서 사정은 부정적인 낙인을 사용하지 않는다(Glicken, 2004: 20). 예를 들어, DSM-IV의 진단 범주에 의한 반복적인 정서적 장애 진단을 부정하는 것은 아니지만, 임파워먼트 사정에서는 진단 범주는 단지 많은 사람들을 분류하기 위한 것으로 개개인에게 변화할 여지가 충분히 있다고 판단한다. 일반적으로 DSM-IV는 클라이언트가 변화할 수 있는 잠재력이 제한적이라고 가정하지만, 임파워먼트 상담 모델은 클라이언트가 긍정적인 변화의 힘을 가지고 있다고 가정하는 것이다.

노인에 대한 임파워먼트 상담 모델에서의 사정은 노인 클라이언트가 가지고 있는 문제는 물론, 클라이언트의 성공에 대한 사정이 함께 이루어져야 한다(DeJong & Miller, 1995). 즉, 노인을 대상으로 한 임파워먼트 상담 모델에서의 사정은 노인의 존엄성과 노인 스스로의 가치를 인정받을 수 있도록 확약되어야 한다. Rapp(1998: 30-34)은 개인의 가지고 있는 임파워먼트를 열정(aspirations), 역량(competencies), 자신감(confidence)의 세 가지를 가지고 설명하였다. 또한 그동안 쉽게 드러나지 않았던 노인의 임파워먼트를 찾으려는 노력도 이 단계에서 이루어져야 한다.

다음으로 노인에 대한 사정에서 중요한 것은 노인의 임파워먼트를 이끌어 내는 데 장애가 되는 것이 무엇인지에 대한 장애물 사정이다. 임파워먼트에 대한 장애물로는 가난, 노인에 대한 편견, 서비스를 제공받는 약자라는 인식 등이 될 수 있다. 일반적으로 장애물에 대한 사정은 잘 이루어지지 않는 편인데, 여기에서는 이 부분을 강조하고자 한다. 자신의 효능감과 자신감을 이끌어 내는 데 방해가 되는 어떤 것이 존재하여 지금까지 노인 클라이언트가 자신의 자원을 사용하지 못하는 경우가 있을 수 있다. 이러한 장애물은 노인 자신의 내부에 있을 수도 있고, 노인의 외부에 존재할 수도 있다.

2 자원의 획득

자원은 노인상담에서 가장 중요하게 생각하는 요소다. 임파워먼트 상담 모델에서도 자원을 중요한 것으로 간주하는데, 특히 자연적 자원의 파악을 강조한다. 우선 노인 클라이언트의 자원을 찾기 위해 가장 먼저 고려해야 할 이슈는 자연적 자원에 대해 이해하고, 이것을 찾는 것이다. 자연적 자원이란 비공식적인 자원을 나타내며, 기꺼이 클라이언트를 도와줄 만한 가족이나 친구, 이웃 등이 포함된다. 다음으로 지역사회에 있는 활용 가능한 자원을 찾게 된다.

여기서 주의해야 할 것은 지역사회에 자원이 존재함에도 불구하고, 클라이언트가 이를 전혀 인지하지 못하는 경우, 이것을 탐색하는 것이 매우 중요한 과제라고 할 것이다. 일반적으로 인생에서 성공한 사람들은 그들의 목표를 달성하기 위해 필요한 자원에 접근하여 자원을 잘 이용한 사람들이다. 그러나 그렇지 못한 사람들은 자원을 잘 파악하지 못할 뿐만 아니라 자원이 있어도 자원에 접근할 수 있는 권리가 제한되어 있는 경우가 많다. 또한 자원이 존재하는 사실조차 모르고 있는 경우도 많다.

자원에서 고려할 수 있는 다음 요소는 기회에 대한 것이다. 지역사회에는 많은 기회가 존재함에도 사람들은 이러한 기회를 잡지 못해 실패하는 경우가 많다. 특히 기회는 눈에 보이지 않는 것이어서 앞서 언급한 자원과는 상당한 차이가 있다. 예를 들어, 어떤 사람은 오전에 시간이 한가하여 무엇인가를 위해 시간을 사용하려고 하지만, 어디서 사용해야 하는지를 몰라서 누군가가 그 시간을 사용할 곳을 찾아주기를 기다리고 있다. 만약 이러한 사실을 알고 있다면 오전 시간에 혼자 있는 클라이언트를 돌보아 줄 사람을 찾는 사람은 쉽게 사람을 찾을 수 있을 것이다. 또 혼자 사는 클라이언트가 누군가 자신과 벗해 줄 사람을 찾고 있지만, 마땅한 사람을 찾지 못한다면 서비스가 적절하게 연결되기 어렵다. 따라서 환경 내에 존재하는 기회에 대해서도 고려해야 할 요소라고 할 수 있다.

자원의 획득을 위해 고려해야 할 또 하나의 요소가 연계다. 기관 간의 연계가 법적인 구속력이 없는 상황에서 기관들이 서로 협력하기 위해서는 서비스 제공자의 속성(Alter & Hage, 1993; Boys, 1984; Woodard & Doreian, 1994)과 개별 기관의 속성(Chung, 1996; Gillespie et al., 1993; 이현주, 1997) 그리고 네트워크 내 관계(Wellman & Berkowitz, 1991)가 중요한 영향을 미치게 된다. 사회복지기관들의 상호작용에 관한 많은 연구는 노인 클라이언트를 위한 자원 획득에 매우 중요한 의미를 지닌다. 효과적인 서비스 제공을 위해 거의 모든 사회복지기관들은 다른 사회복지기관들과 관계를 갖게 되는데, 이 관계들은 상대적으로 각 기관들이 행동하는 데 또는 그들로부터 서비스를 제공받는 클라이언트에게 중요한 영향을 미치기 때문이다(정순둘, 1997). 따라서 이 점에 대한 고려가 필요하다.

(3) 3단계: 발달

1 옹호의 사용

옹호는 노인 클라이언트에게 임파워먼트를 하기 위한 중요한 과정으로 활성화되지 않은 자원을 활성화하거나 노인을 위한 권익보호를 위해 필요한 것이다. 옹호에는 개인에 의한 자기옹호, 부양제공자에 의한 옹호, 전문가에 의한 옹호, 시민단체에 의한 옹호 등이 있다. 필요한 경우 클라이언트가 자기옹호, 즉 자기주장을 할 기회를 만들어 줄 수 있다. 그러나 클라이언트 혼자 자신의 삶에 대한 주장이나 옹호를 하기 힘든 경우 부양 제공자나 전문가에 의한 옹호가 이루어질 수 있다. 부양자에 의한 옹호는 비슷한 처지의 부양 제공자들의 조직을 만들어 옹호 활동을 할 수 있도록 돕는 것이다. 예를 들어, 알츠하이머와 같은 치매를 겪고 있는 노인들의 가족은 서로 연대하여 그들을 위한 정보를 공유하고, 치료를 위한 옹호 활동을 전개하기도 한다. 전문가에 의한 옹호는 사회복지실천가, 간호사, 심리치료사, 정신과 의사 등과 같은 전문가가 노인문제를 위해 팀을 이루어 일을 하다가 지역사회에 대한 옹호가 필요할 때 설득 등의 활동을 하는 것이다. 그리고 시민단체에 의한 옹호는 시민단체가 약자를 보호하기 위해 행동이 필요하다는 것을 인지하게 하거나 옹호활동의 필요성을 알려 옹호하도록 하는 것이다.

다음은 Fast와 Chapin(2000: 72)이 제안하는 옹호의 단계로, 실천 활동에서 고려해 볼 만하다. 첫 번째 옹호의 순서는 주어진 자원의 사용 가능성에 대한 점검이다. 예를 들어, 누군가가 가지고 있는 자원이 동의를 얻어 클라이언트를 위한 자원으로 활용이 가능한지를 살펴보아야 한다는 의미다. 두 번째 옹호의 순서는 자원에 대한 접근에 있어서 장애물, 예를 들어 교통수단의 부재, 가파른 계단 등의 문제가 있다면 이것에 대한 파악을 하고 있어야 한다는 점이다. 이 장애물은 클라이언트가 자원을 획득하는 데 지장을 초래하는 것이므로 제거되어야 하며, 예방되어야 할 것이다. 세 번째 옹호를 위한 순서는 얻은 자원이 어떻게 하면 적절히 클라이언트의 욕구를 충족시키기 위해 사용될 수 있는지를 파악하는 것이다. 예를 들어, 클라이언트의 가정은 현재 냉방 · 난방, 해충으로부터 보호 등의 안전을 위한 최소한의 기준을 충족시키고 있는가다. 옹호를 위한 마지막 단계는 자원이 어떻게 적절하게 역할을 하느냐에 대한 것이다. 노인을 장에 데려다 준 택시운전사가 단지 노인을 장에만 내려주고 간다면 이는 자원 활용이 적절하게 되었다고 간주하기 어려운 것이다. 택시운전사를 교육하여 장에서 직원이 노인을 안내해 갈 때까지 기다리도록 교육하는 것이 방법이다. 옹호전략은 사회복지사가 임파워먼트 사정 도구를 통해 노인 클라이언트가 진정 원하는 것의 우선순위가 무엇인지를 제대로 파악하고 노인의 임파워먼트 위에 자원의 지위를 바꾸는 것과 함께 사용되어야 한다.

[2] 지속적 협력

지속적 협력은 상담자와 클라이언트의 관계, 상담자와 지역사회 내의 서비스 제공 주체들과의 관계, 이 양자의 측면에서 이루어져야 한다. 상담자와 클라이언트의 지속적 협력 관계를 유지하려면 우선 힘의 균형 관계가 깨져서는 안 된다. 임파워먼트는 처음 시작부터 클라이언트의 창의성과 임파워먼트를 진작시키기 위한 클라이언트 주도의 활동이었으며, 이에 전문가로서 상담자는 클라이언트의 숨겨진 재능과 자원의 발견을 돕는 역할을 하였으므로 이러한 서로 간의 합의와 역할이 지속되어야 한다. Gutierrez, Parsons와 Cox(1998)도 임파워먼트 상담에서 상담자와 클라이언트는 힘과 통제를 공유하도록 요청된다고 하였다. 이 시각은 노인의 기능이 쇠퇴하여 움직임에 문제가 있거나 치매 등의 정신적인 질환으로 인지적인 능력이 약하다거나 하는 제약에 상관없이 상담자는 클라이언트와 동등한 입장에서 장기요양보호에 대한 서비스를 제공하기 위해 지속적인 협력관계를 유지해 나가야 한다는 것을 의미한다.

다음으로 상담자와 클라이언트의 협력적인 관계 유지를 위해 해야 할 일은 양자 사이의 정보가 공유되어야 한다는 것이다. 의사소통 과정을 돕기 위해서 상담자는 조사연구의 결과로부터 정보를 접하고 이를 클라이언트와 함께 공유해야 한다. 이것은 상담자가 경험적 정보의 원천을 알고 있어야 하며, 이러한 원천에 대해 클라이언트에게도 설명할 수 있어야 함을 의미한다. 임파워먼트 관점의 목표는 클라이언트가 그들의 복잡한 현 상황에서 벗어날 수 있도록 스스로의 자원을 사용할 수 있도록 임파워먼트하는 것이므로, 이미 시행된 조사연구의 결과를 알려 주고 정보를 공유하는 것은 협력적 관계의 지속적 유지를 위해 좋은 방법이다.

또한 지역사회 내 자원들과도 협력적인 관계를 유지해 나가야 한다. 지역사회 내 자원들로는 클라이언트의 자연적 자원과 지역사회 내에 공식적으로 존재하는 공식적 자원이 있다. 이 자원들과 상담자가 협력적인 관계를 유지해야 함은 물론 클라이언트 역시 이 자원들과 협력적인 관계를 유지할 수 있도록 해야 한다. 자원의 기능은 클라이언트가 독립적으로 자신의 문제를 해결하고, 강점을 가지고 살아가게 하는 것이므로 자원들이 이러한 기능을 발휘하도록 하려면 협력적인 관계를 갖도록 조장하고 유지시켜 주는 역할을 해야 한다.

③ 종결

일반적으로 종결은 서비스 보호 계획의 영향을 평가하여 서비스를 종결할 것인지, 지속적으로 서비스를 제공할 것인지, 아니면 다른 계획을 가지고 서비스를 제공할 것인지를 결정하는 것이다. Kane과 Kane(1987)의 연구에 따르면, 장기요양에서 노인 개인에 대한 평가는 프로그램 비용, 서비스 질, 서비스 시스템에 대한 접근 등으로 이루어진다. 서비스의 질 부분에서도 클라이언트 개인의 생활방식과의 관계보다는 서비스 기관의 수행 수준에 더 관심을 갖는다. 즉, 면허, 정부 보조를 받기 위한 자격, 보호에 대한 검사, 규칙 등이다. 반면에 정신건강 분야의 사례관리 평가에서는 시스템에 대한 고려를 배제하지 않으면서 개인에 대한 효과를 강조하는 경향이 있다.

그러나 임파워먼트 상담 모델에서 실천 활동에 대한 평가는 쉽지 않다. 그 이유는 임파워먼트 자체가 과정이자 결과이기 때문이다. 전통적으로 평가는 변화가 일어난 정도를 사정하는 것이지만, 임파워먼트 상담 모델의 과정에서는 클라이언트의 평가 노력을 협력적이고 지속적인 것으로 간주한다. 상담자가 도움의 관계를 종결한다고 해도 변화는 지속적으로 일어날 수 있다. 따라서 임파워먼트 상담 모델에서 클라이언트는 서비스 프로그램에서 행했던 역할과는 다른 역할을 자신의 삶 속에서 지속적으로 수행하는 것과 같다(Gutierrez et al., 1998: 19). 지속적인 평가는 도움을 전 과정을 통해 지속하는 것이다. 상담자가 클라이언트와 초기 관여를 시작할 때부터 상담자는 그들이 함께 일하는 것이 효과적인지를 과학적으로 평가해야 한다. 따라서 상담자와 클라이언트는 함께 변화에 대해 평가할 수 있는 전략을 마련해야 하고, 그 방향을 모니터링해야 한다.

제13장

상담 모델: 통합적 접근

이제까지 살펴본 정신분석적 모델, 행동주의 상담 모델, 인본주의 상담 모델, 가족상담 모델, 임파워먼트 상담 모델 중 어떤 것이 노인상담에 가장 효과적인가를 말하기는 어렵다. 각 모델들은 나름대로의 장점과 단점이 공존하기 때문이다. Corsini(1991)는 통계 자료를 인용하여 현재 대부분의 상담자들이 실제로는 통합적 상담을 하고 있다고 하였다. 또한 많은 상담자들이 클라이언트에게 가장 적절한 상담 방식을 선택하고 모든 것을 선별적으로 사용하는 통합적 상담 방법이 보편화되고 있다고 하였다. 통합적 접근 방식을 통한 상담 형태는 역시 노인상담의 분야에서도 마찬가지 현상일 것이다. 아마도, 노인 클라이언트의 문제를 해결하기 위해 상담자가 폭넓은 상담 모델을 통해 클라이언트를 이해하고 문제를 해결하는 것은 보다 생산적인 결과를 가져올 것이다.

노인상담에서 통합적 접근은 여러 상담 모델에서 비롯된 다양한 이론과 기술들을 자유로이 사용하는 상담 방식을 의미한다. 상담자는 정신분석적 상담, 행동주의 상담, 인본주의 상담, 가족상담뿐만 아니라 이외의 다른 상담 모델(예: 놀이치료, 미술치료, 실존주의 상담)의 방법과 개념을 모두 활용한다. 이러한 통합적 접근 방식의 전제는 노인 클라이언트의 다양한 문제에는 역시 다양한 상담 접근이 필요하다는 것이다. 따라서 상담자는 노인 클라이언트의 문제에 보다 효과적인 상담 모델과 방법을 선택하여 적용하게 된다. 종종 노인상담에서 통합적 접근을 하는 상담자들은 서로 차이가 나는 상담 개념들을 응용하여 적용하기도 한다.

표 13-1 통합적 노인상담 접근의 전제 사항

- 어떤 상담 모델이 '좋다' 라고 말할 수 없기 때문에 상담자에게 가장 맞는 접근법을 구성하고, 사고 · 감정 · 행동을 통합한다.
- 상담자에게 맞는 상담 방식을 발전시키기 위해서는 먼저 한 가지 상담 모델을 깊이 있게 익히고 나서 이를 토대로 다른 모델로 확장을 한다.
- 다양한 상담 모델을 공부한 후에 각각의 상담 모델의 이론과 기법의 차이점과 공통점을 확인한다.
- 상담자의 기질과 성격에 맞는 창조적인 통합적 상담 모델을 지속적으로 개발한다.
- 상담 모델의 통합은 일정한 목표와 원칙을 유지하며 동시에 융통성 있게 발전시킨다.

Johnson, Rasbury와 Siegel(1986)은 이러한 통합적 상담 모델이 상담자들이 여러 곳에서 획득한 지식을 무원칙 속에서 활용하거나 비빔밥과 같이 여기저기의 상담 방법을 뒤섞는 것은 피해야 한다고 주장하였다. 통합적 상담 모델은 무엇보다 '목적 있는 통합주의'의 원칙 속에서 추정한 효과에 근거한 상담 방법의 선택에 기여하는 변인들을 철저하게 고려해야 한다고 하였다. Johnson, Rasbury와 Siegel가 언급한 '목적 있는 통합주의'라는 원칙에 대한 고려와 더불어 통합적 노인상담 접근에서 필요한 개념은 융통성이다. 상담 모델을 부적절하게 활용하는 사례 중의 하나는 특정한 상담 방식과 기술을 경직되게 활용한다는 것이다. 클라이언트의 특성을 고려하지 않고 무조건적으로 상담자 자신에게 익숙한 방법을 활용하는 상담자는 대개 융통성이 부족하다. 상담현장에서 상담 모델은 일종의 안내자 역할을 하지만, 클라이언트의 필요에 따라서 융통성 있게 활용되어야 한다(Egan, 1994).

앞에서 살펴본 노인상담 모델과 기술들에서 노인 클라이언트를 위한 목표 설정은 젊은 성인 클라이언트를 위한 경우와 상당 부분 유사하다고 볼 수 있다. 그러나 동시에 이 상담 방법들은 노년에 대한 일정한 이해를 고려하고 있다. 예를 들면, 노화와 죽음과의 직면과 같은 것에 대해 고려하고 있다. 말하자면, 노인상담 모델들은 노인 클라이언트를 위한 독특한 별도의 방법을 말하지 않지만 노년기의 독특성을 전제한다.

흥미로운 사실은, 다양한 상담학파들 속에서 노인 클라이언트를 위한 상담 목표가 일정 부분 서로 일치한다는 것이다. 이러한 공통점은 자아통합을 돕고, 자율성과 자기책임감을 촉진한다는 점이다. 갈등 해결, 사회 능력 훈련, 경험 중심의 방법 등을 통한 사회적 능력의 개선의 세 가지 요소가 다양한 상담학파에서 공통적으로 의도하고 있는 것이다. 노년의 독특한 문제로서 상실의 문제와 노화와 죽음과의 직면이라는 사실을 모든 노인상담 방법들이 주목하고 있다. 이와 동시에 현 상황의 해결과 명료화와 같이 강한 현재 중심적 경향이 발견된다. 노인 클라이언트를 위한 실제적인 문제 해결을 위해 노인의 사회적 요소를 고려하는 가족상담적 방법들이 상담 과정에 도움을 줄 수 있다. 게다가 노인 클라이언트를 위한 상담에서 이러한 사회적 요소를 포함함으로써 인본주의 · 정신분석적 · 행동주의 상담이 어느 정도 방법론적으로 일치되기도 한다.

지금까지의 내용을 정리하면, 전통적인 상담학파의 노인 클라이언트를 위한 치료적 전제들은 젊은 성인을 위한 치료의 경우와 유사하다. 그럼에도 대부분의 상담학파들은 각각 발전한 나름대로의 전형적인 상담 형태들을 노인 클라이언트에게 맞게 수정하고 있다. 즉, 상담 목표와 상담 기술을 노인 클라이언트들의 능력과 한계에 맞추어 실제적인 상담 성공의 가능성을 높이고 있다.

표 13-2 노인 클라이언트를 위한 상담학파들의 공통된 상담 목표

- 자율성과 자기책임감의 촉진
- 사회적 능력의 개선
- 상실 문제의 극복
- 노화와 죽음에 대한 직면
- 현재 중심적 경향의 촉진
- 실제적인 문제 해결

제 5 부

국내 노인상담 현황

제14장

한국노인의전화

우리나라에서 노인상담과 관련하여 연구된 결과는 다음과 같다. 김태현의 논문(1985) 「노인상담의 기초적 연구」는 노인상담에서의 기초적인 측면, 즉 노인상담의 정의, 필요성, 상담의 이론적 틀, 노인상담자의 역할, 노인상담의 영역 등 일반적인 내용을 다루었으나, 초창기 노인상담에 대한 접근이라 많이 인용되었던 자료다.

현외성 외(2003)의 『노인상담연습』은 McDonald와 Haney의 책을 번역한 것으로, 참고서로서는 적합하지만 우리나라의 실정에는 다소 맞지 않는 부분이 있다. 미국에서의 노인상담을 위해 필요한 지식과 기술에 대해 이론적 · 학문적으로 소개를 하고 있으며, 이것을 미국의 실제 상황에 맞게 노인상담 연습을 하도록 하고 있다. 노인상담의 예들이 알코올 중독증, 우울증 등이어서 우리의 현실과는 다소 다른 학문적 발달과 문화적 차이 등을 보이고 있다.

윤경아 외 2인 공저의 『노인복지론』(2000)에서 한 장으로 다루어진 노인상담은 사회복지현장에서 사회복지사에 의해 이루어지는 노인상담의 일반적인 상담원리와 지침이 적용되고 있다. 일반적인 상담의 원리와 기술에 기초하되 노인상담에서 특별히 강조되어야 할 점에 초점을 맞추는 노인상담의 목적, 종류, 기술 및 과정에 대해 살펴본 일반적인 노인상담을 다루었다. 노인상담의 영역별 사례 분석, 상담 이론 및 모델 등의 이론적 체계와 실제적인 접근 등이 다소 미흡한 편이다.

이제까지의 국내 연구들은 노인상담의 필요성은 인지하고 있었으나 노인상담에 대한 구체적인 방법이나 시각은 결여되어 있다. 특히 전문가와 준전문가, 동료들이 사용할 수 있는 노인 원조 관련 이론 모델 그리고 원조 방법에 관한 실천적인 훈련을 겸비한 교재는 거의 전무한 실정이었다. 또한 우리의 현실을 반영한, 공감할 수 있는 노인상담 사례의 제시와 이를 통한 상담 사례 분석 훈련을 구체적으로 제시하지 못하고 있다.

1. 처음 실시된 노인전문상담전화의 배경

노인 및 노인 가족이 가지고 있는 다양한 욕구 및 심리적 · 사회적 문제들을 파악하여 상담하고 적절한 서비스 및 노인복지 관련 정보를 제공하여 대상자의 문제를 해결함으로써 지역사회에서 보다 정서적 · 신체적으로 건강한 삶과 편안한 노후생활을 살아갈 수 있도록 지원하기 위하여 한국노인의전화의 설립과 함께 노인전문상담이 시작되었다.

한국의 전화상담 사업은 노인복지관, 사랑의전화, 생명의전화 등을 통해 이루어지던 상담이 1994년 사단법인 한국노인의전화가 설립되면서 노인만을 대상으로 한 전문상담전화가 개설되었다. 그 후 노인들은 집에서 손쉽게 전화로 도움을 받을 수 있었다. 상담시간은 오전 9시부터 저녁 7시까지이며, 그 외 시간에는 자동응답기를 통해 차일 상담을 받을 수 있었다. 노인전문상담센터의 설립으로 노인상담은 연 2,000여 건에 달했으며, 특히 거동이 불편한 노인에게 안부전화와 친구의 역할을 하고 있다.

2. 노인전문상담전화를 시작하게 된 동기

노인상담은 도움을 필요로 하는 노인이 전문적 훈련을 받은 상담자와의 관계에서, 개인적 · 경제적 · 신체적 문제를 해결하고 감정 · 사고 · 행동 측면의 인간적 성장을 가져와서 성공적인 노후생활을 영위하기 위하여 노력하는 과정이다.

노인상담은 노인이 접하는 모든 사회관계 중에서 그 중요성이 새롭게 인정될 필요가 있는 노인복지 과제의 한 측면이다. 즉, 은퇴로 인한 역할 상실이나 재취업 등의 외부적 · 환경적 상황과 노인의 정서적 불안정, 소외, 죽음 등의 내적 심리 상태에서 오는 불안과 긴장을 완화하기 위해 제공되는 지적 · 정서적인 도움이다.

이에 한국노인의전화는 노인 및 노인 부양 가족들의 소리에 귀기울임으로써 다양하고 실제적인 심리사회적 욕구를 파악한 후 관련 정보를 제공하고 개별 대상에 적절한 서비스를 제공 및 연결하고 있다. 이를 통해 신체적 · 사회적 건강과 성공적인 노후생활을 영위할 수 있도록 도우며, 궁극적으로 노인과 가족의 삶의 질을 향상시키기 위한 수준 높은 상담서비스를 제공하는 것을 목적으로 설립되었다.

3. 한국노인의전화 상담 현황

1) 상담 기간

1994년 3월 3일 ~ 2012 현재

2) 상담 시간

월~금요일: 오전 9시 ~ 오후 6시

토요일: 오전 9시 ~ 오후 3시

* 야간 및 공휴일은 자동응답기에 메시지를 남기도록 하고, 다음날 상담함

* 사이버상담은 24시간 운영

3) 상담원

- 사무국장
- 상담 직원
- 100시간의 노인복지상담원 전문교육(1~21기)을 수료한 상담원

* 1994년부터 2000년까지는 노인상담원들의 활동이 컸다.

노인상담의 특성을 고려해 볼 때, 노인의 고민이나 속내 이야기를 털어놓게 하기 위해서는 노인세대의 정서, 생활, 가치관, 시대배경을 잘 이해해 줄 수 있는 동년배 집단인 노인상담원이 상담을 받는 것이 효과적이다.

따라서 노인의전화 초창기에는 노인상담원 20여 명이 요일별로 2인 1조를 이루어 상담을 받았다.

또한 요일별로 특화상담을 실시하여 월요일 법률 상담, 화요일 취업 상담, 수요일 가족관계 상담, 목요일 시설문의 상담, 금요일 건강 상담의 주제를 갖고 특별히 전문가 상담을 제공하였다.

4) 상담 내용

주요 상담 내용에는 가족관계(노부부관계, 부모-자녀관계) 상담, 시설문의(주거복지시설: 양로시설, 의료복지시설: 요양시설, 여가복지시설: 복지관, 노인대학, 재가복지시설: 주간보호 · 단기보호 · 가정봉사원파견서비스) 상담, 고독과 소외(고독 · 외로움, 이성교제 · 성) 상담, 실버용품, 학대, 죽음, 건의 등에 관한 상담이 있었다(7장 참조).

5) 상담 방법

주요 상담 방법은 전화상담(02-303-0070), 면접상담(내방상담, 방문상담), 사이버상담(www.kisca.or.kr), 서면상담(서울시 서대문구 남가좌2동 326-30), 출장상담 등이다.

4. 한국노인의전화 상담 결과 분석

노인들의 수적 증가와 노인들의 욕구 수준의 변화에도 사회와 가족이 노인들의 욕구 수준을 충족시키지 못함으로써 노인문제는 사회문제화되고 있다. 이러한 시점에서 노인상담의 중요성이 더욱 부각되고 있으나

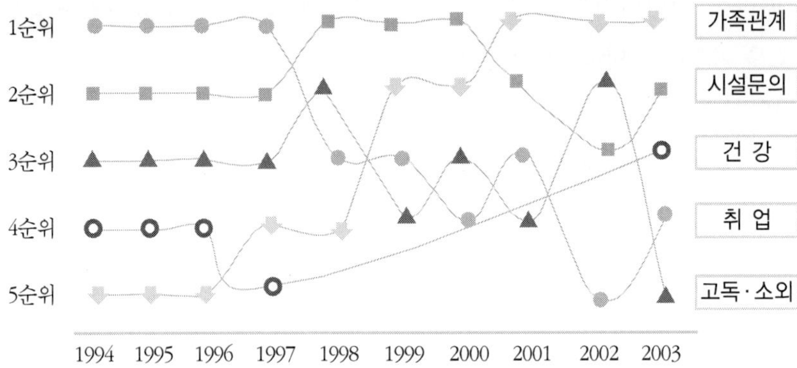

●그림 14-1● **한국노인의전화 상담 순위(1994~2003)**

실제적으로 노인상담은 가족이 전담하는 비율이 높아 질적 서비스를 위한 전문적 노인상담의 필요성이 큰 실정이다.

이에 1994년에 한국노인의전화가 설립되면서 노인상담의 이용 폭이 확대되었고, 1999년부터 2003년까지 상담받은 내용을 모아 통계 처리한 결과 취업 문의, 시설 문의, 가족관계 상담이 1위를 차지하는 것으로 나타났다([그림 14-1] 참고).

1) 취업 상담

한국노인의전화에서는 구직과 관련하여 개별적으로 접수를 받아 무료로 구인처와 연결하고 있으며, 그 외에도 구직과 관련된 각종 정보(각 지역 고령자취업센터, 취업교육 안내 등)를 제공함으로써 노인의 구직 욕구를 해결하고자 노력하고 있다.

[그림 14-1]에서 볼 수 있듯이 가장 상담이 많았던 주제는 1994년부터 1997년까지는 단연 '노인의 취업 문제'로 나타났으나, 1998년에는 노인복지시설에 대한 문의가 급증하여 1순위를 나타냈고, 노인 취업에 대한

상담은 3, 4순위로 내려갔다.

또한 노인이 취업을 원하는 이유도 1994년부터 1996년까지는 '소일거리를 갖기 위해서'였던 것에 반해 1997년에는 '생계를 위하여' 취업을 원한 것으로 나타나 1997년 이후 불어닥친 경제한파가 노인에게도 큰 영향을 미치고 있는 것으로 나타났다.

노인이 취업하고자 희망하는 직종을 살펴봤을 때 '(직종에 관계없이) 아무거나, 무슨 일이든' 하겠다는 경우가 가장 많았다. 즉, IMF 이후 노인의 취업이 더욱 어려워졌으나 여전히 절실히 요구되고 있는 것으로 파악되었다.

2) 시설문의 상담

노인복지 관련 시설에 대한 상담은 1997년까지는 취업 상담이 가장 많았던 것에 비해 1998년에는 예년과 달리 노인을 모시고 있는 가족들로부터 노인복지시설에 대한 상담이 많았다.

노인복지시설 중에서도 의료복지시설 관련 상담이 가장 많았고, 의료복지시설 중에서도 치매시설에 대한 문의가 많았다. 신체적 · 정신적 어려움을 겪는 노인들이 주로 입소하는 노인의료복지시설은 그들의 일상생활에 도움을 주고, 기능 회복 및 기능의 악화를 예방하는 데 일익을 담당하고 있다.

노인을 시설에 모시려는 이유를 물어본 결과 '노인의 건강이 나빠진 경우'와 '부양가족에게 사정이 생겨 더 이상 노인을 부양할 수 없게 되어서'인 것으로 나타났으며, 그 구체적인 내용으로는 노인을 부양하던 가족이 건강이 악화되었거나, IMF 이후 맞벌이를 하게 되면서 노인을 더 이상 가정에서 부양할 수 없게 되어 시설을 문의한 경우가 많은 것으로 나타났다.

또한 기타의 이유로는 그동안 시설에 모셔왔는데, 대소변 기능저하 및 뒤 처리 불가 등 상태가 악화되어 다른 시설을 문의한 경우이거나, 그동안 병원에 입원해 있었는데 퇴원하면 모실 곳(자식)이 없어서 시설을 문의한 경우도 있었다.

의료복지시설을 문의할 때 가장 관심을 나타내는 부분은 시설의 입지나 지리적 위치였다. 즉, 노인을 먼 곳에 보내기보다는 가까운 지역에 모셔 두고 주말에 자주 방문하길 원하는 경우가 많았다. 그러나 주거복지시설을 문의한 경우에는 시설의 보증금, 월생활비 등의 경제적 측면에 우선적으로 관심을 보였다.

의료복지시설과는 달리 주거복지시설을 문의한 사람은 노인 본인인 경우가 가장 많았다. 즉, 의료복지시설을 문의한 경우에는 대상 노인이 치매나 중풍인 경우가 대부분이어서 시설 이용의 절대적 필요성을 느낀 반면, 주거복지시설을 문의한 경우는 노인 본인이 외롭거나, 미래가 걱정되거나, 자녀와의 갈등 때문에 시설을 문의한 경우가 많았다.

3) 고독과 소외

고독과 소외에 대한 상담은 1994년부터 2003년까지 3~4번째로 많은 순위를 유지하고 있다. 고독감과 소외감은 그 자체로서 끝나는 것이 아니라 심한 경우 우울증으로 진행되고 자칫 노인자살로 이어질 수 있는 매우 위험하고 조심스러운 상담이라고 할 수 있다.

예전에는 '중년기 우울증'이라는 말을 많이 들을 수 있었는데, 최근에는 우울증으로 고민하는 여성노인의 상담이 급격히 늘어나고 있다. 고독과 소외 관련 상담은 1회성 상담보다는 연속상담의 비율이 높으며, 때로는 출장상담으로까지 이어지는 경우도 있다.

고독과 소외로 인하여 이성교제를 원하거나 혼자된 노인의 모임인 '알찬 노후를 생각하는 모임'에 대하여 문의하는 상담이 늘어나고 있다.

노인이 이성교제를 원하는 이유를 보면 '결혼 또는 성(性)'과 관련된 이유보다는 '외로움과 고독' 때문 또는 '친구가 그리워서'인 경우가 많았다.

노인의 재혼은 초혼보다 한층 더 적응이 어렵기 때문에 어떠한 목적에 의하여 결혼으로 맺어지는 경우에는 파탄에 이를 가능성이 크다. 특히 여성 노인의 재혼은 남성 노인의 경우보다 한층 더 신중함이 요구된다. 남성 노인은 재혼 대상을 10세 이상의 연하를 원한다고 하는데, 그렇게 되면 여성 노인은 또다시 배우자와의 사별을 겪게 될 확률이 크다는 것을 염두에 두어야 할 것이다. 노인에게 재혼을 강요할 필요는 없으나 당사자가 원하면 주변에서 그에 대한 이해는 물론 성사될 수 있도록 도와줄 필요가 있다.

고독과 소외에 대한 상담은 노인 본인이 의뢰한 경우가 대부분이었고, 주로 60대의 사별한 여성 노인의 욕구가 큰 것으로 나타났다.

4) 가족관계 상담

10년 동안 한국노인의전화에 의뢰된 상담 중 눈에 띄게 많아진 상담은 '가족관계' 상담이다. 이는 1999년도까지는 5위를 나타내다가, 1998년에 4위, 1999년과 2000년에 계속 2위에 머물고, 2001년에는 1위로 올라왔다. 이 사실은 현대사회의 고령화, 핵가족화, 경로사상 약화, 부양의식 약화, 개인주의적 성격 발달 등의 이유로 자녀 및 배우자와의 갈등으로 고민하고 있는 노인이 늘고 있음을 시사하는 것이라 할 수 있다.

가족관계 상담은 '노부모-성인 자녀 관계'에 관한 상담과 '노부부' 간의 갈등에 대한 상담으로 구분하였는데, 최근 들어 '노부부' 간의 갈등, 이혼, 재혼 등에 대한 상담이 증가하고 있는 것으로 나타났다.

또한 2002년 12월에 설립된 노인학대상담센터를 통한 학대상담의 증가도 '가족관계' 상담이 1순위로 뛰어오르는 데 기여한 것으로 볼 수 있다.

월별로 상담수를 비교해 본 결과, 매해 5월에 상담이 가장 많이 이루어졌고, 12월에 상담이 가장 적었던 것으로 나타났으며, 계절별로 보았을 때도 봄에 상담이 가장 많았다.

5. 노인복지상담원 전문교육

노인복지상담원을 양성하고 있는 교육으로는 한국노인의전화에서 연 2회 실시하고 있는 '노인복지상담원 전문교육'이 있다.

1) 교육 목적

노인복지상담원 양성교육을 통하여 노인 및 노인 부양 가족, 노인문제에 관심 있는 사람들에게 심리적 만족감을 줄 수 있는, 전문적이고 질 높은 상담과 유용한 정보(경제, 사회, 문화, 심리, 건강, 법률, 취업 등 노인과 관계된 다양한 정보) 그리고 보다 체계적이고 유효 적절한 노인복지 서비스를 제공한다.

(1) 노인복지상담원 양성

강의, 집단토의 모의상담, 실습 등 다양한 방법을 통한 교육으로 노인 및 그 가족들의 욕구와 문제를 정확히 파악하고 해결해 줄 노인복지상담원을 양성한다.

(2) 노인상담의 전문성 증대

노인복지상담원이 전국 각 지역의 관련 기관에서 활동하게 됨으로써 노인상담의 전문성을 증대시켜 나가도록 해야 한다.

(3) 노인 및 노인 가족에게 적절한 상담 및 정보서비스 제공

교육을 통해 노인복지상담원이 상주함으로써 시기적절한 상담 및 다양한 정보서비스를 제공한다.

(4) 노인문제의 직간접적인 해결

노인과 그 가족들이 갖는 문제의 본질에 가까이 접근함으로써 직접적으로 해결하거나, 타 기관과의 연계 혹은 관련 정보의 제공 등 측면 지원을 통해 간접적으로 해결할 수 있도록 한다.

표 14-1 노인복지상담원 전문교육 과정

	구분	교육시간	교육과목
노인복지상담원 전문교육 과정	이론 과정	40시간	〈표 14-2〉 〈표 14-3〉 참조
	실습 과정	60시간	

* 이론 과정 : 1일 2과목 교육(13 : 00~17 : 00) → 총 교육기간 2주
* 실습 과정 : 1일 8시간 실습(09 : 00~17 : 00)

표 14-2 노인복지상담원 전문교육 이론 과정 (40시간)

횟수	시간	강의 내용
1	13:00~14:50	개강식 / 노화와 노인에 대한 일반적 이해
2	15:00~16:50	노인교육 활성화 방안
3	13:00~14:50	노인학대의 이해 - 실태, 원인
4	15:00~16:50	노인자원봉사 활성화 방안
5	13:00~14:50	가정폭력상담에 관한 전반적 이해
6	15:00~16:50	상담이론
7	13:00~14:50	노년의 심리적 특성과 성공적 노화
8	15:00~16:50	성공적 노화 · 최선의 노화

(계속)

9	13:00~14:50	치매노인 돌보기 및 간호자의 소명의식
10	15:00~16:50	노인성 질환과 예방대책
11	13:00~14:50	치매의 이해와 가족상담
12	15:00~16:50	노인학대개입 – 사례분석
13	13:00~14:50	한국 실버산업의 실태와 전망
14	15:00~16:50	재가노인복지사업 현황과 과제
15	13:00~14:50	노인의 취업과 창업
16	15:00~16:50	노인복지정책 방향 및 「노인복지법」 개요
17	13:00~14:50	노인학대상담을 위한 법률적 기초
18	15:00~16:50	노인의 이성교제, 재혼과 성
19	13:00~14:50	노인상담사례연구
20	15:00~16:50	전화상담의 과정과 기법 / 수료식

표 14-3 **노인복지상담원 전문교육 실습 과정(60시간)**

일차 (시간)	실습 부서	실습 내용	실습 시간
1~3일차 (24시간)	현장견학	유형별 노인복지시설 견학 실버타운, 요양원, 양로원, 미인가시설, 노인종합복지관, 노인전문병원, 재가복지센터 등	1일 2개 기관 견학 1일 8시간×3일 = 24시간
4일차 (7시간)	상담센터	한국노인의전화 사업소개 실습 오리엔테이션 노노클럽, 전화결연 노인과 전화상담	10:00~11:00 기관 · 실습OT 11:00~16:30 상담실습 · 기록 16:00~17:00 슈퍼비전, 정리
5일차 (7시간)	주간보호	프로그램 진행 보조 노인상담 노인케어	10:00~10:20 OT 10:20~12:00 프로그램보조, 노인케어 13:00~14:00 노인상담 14:00~16:00 프로그램보조, 노인케어 16:00~16:30 기록 · 슈퍼비전 16:30~17:00 정리

(계속)

6일차 (7시간)	노후복지 센터 상담센터	노후복지센터 이용 노인 전화 상담 백내장수술 받은 노인과 전화 상담	10:00~10:30 OT 10:30~15:00 백내장노인과 전화상담 15:00~17:00 노후복지센터 이용노인과 전화상담
7일차 (7시간)	상담센터	피학대노인과 전화상담	10:00~10:30 OT 10:30~14:00 상담실습 14:00~16:00 상담실습 · 기록 16:00~16:30 슈퍼비전 16:30~17:00 정리
8일차 (7시간)	노인학대 상담센터	학대노인상담센터 사업소개 지역사회복지관 방문홍보 지역 노인정 방문홍보	10:00~10:30 OT 10:30~12:00 기관방문 13:00~16:00 노인정 방문홍보 16:00~17:00 슈퍼비전, 정리
9일차 (1시간)	평가회	60시간의 현장견학 및 상담실습 소감 공유	

6. 한국노인의전화의 향후 과제

한국노인의전화는 1994년에 설립되어 연간 2,000여 건의 노인전화상담을 해 왔다. 처음 설립 취지는 '노인문제에 관한 한 114'의 역할을 할 것을 계획하였다. 그러나 그 후 상담 내용의 복합성 · 심각성에 따라 단순한 114의 역할에서 벗어나 상담사례에 대한 적극적인 개입과 조치가 이루어지면서 재상담 및 연속상담의 비중이 커지고 있다.

또한 노인전화상담을 중간 매체로 하여 노인복지서비스와 연결된다는 점을 생각해 볼 때 한국노인의전화의 역할은 앞으로 더욱 확대될 것으로 생각된다. 즉, 서비스 계획 및 제공에 앞서 실제적인 욕구조사가 요구되는데, 노인상담 중에서도 손쉽게 이용할 수 있는 노인전화상담을 통하여 현시대 노인의 욕구 및 필요한 사항들을 정확하게 파악할 수 있다는 점에서 그 중요성이 더해진다고 할 수 있다.

앞으로 한국노인의전화는 10년 동안 축적된 노인상담기술의 전문성과 노하우를 발판으로 하여 노인사이버상담의 활성화, 방문 및 출장상담의 정기화, 연속상담의 강화, 연계기관 의뢰상담 강화, 상담기록의 전산화 등을 통하여 전화상담이 더욱 확대 · 성장할 수 있도록 다양한 방법을 모색할 것이다.

1) 노인사이버상담의 활성화

최근 노인종합복지관에서 진행되고 있는 노인 컴퓨터교실은 노인들에게 매우 인기가 높으며, 초급 · 중급 · 고급 과정을 모두 마친 노인들 또한 많다. 고급 과정까지의 교육을 통해 한글은 물론 파워포인트, 홈페이지 만들기 등 고급 기술을 가진 노인들이 많음에도 불구하고 노인상담에서 사이버상담이 활성화되지 못하고 있는 이유는 다음과 같다. 첫째, 컴퓨터를 활용하지 못하는 노인 인구층이 훨씬 더 많기 때문이다. 둘째, 보다 직접적인 문제를 가지고 상담을 요청하는 노인들의 대부분이 질병과 싸우거나 방치되어 있거나 생계가 급급한 노인들이기 때문에 집에 컴퓨터가 없거나 신체적 어려움으로 컴퓨터를 활용하기 어렵기 때문이다. 셋째, 노인의 특성상 사람이 아닌 컴퓨터라는 기계를 앞에 두고 상담을 하는 것이 정서에 안 맞기 때문일 수 있다. 따라서 컴퓨터 교육의 활성화와 함께 컴퓨터 교육 시 사이버상담의 장점에 대한 교육이 함께 이루어져 보다 많은 노인 및 가족들이 사이버상담을 이용할 수 있도록 홍보 및 교육에 더 많은 노력을 기울여야 할 것이다.

2) 방문 및 출장 상담의 정기화

현재 노인의전화상담은 연속상담, 재상담이 아닌 경우 대부분 걸려오는 전화상담에 개입하고 있다. 노인이 안고 있는 문제가 아무리 심각한 상황이라 하더라도 노인이 자신의 문제 해결을 위한 정보를 활용할 수 있다는 점에서 볼 때, 더 심각한 부분은 상담전화를 이용조차 못한 채 집에 있는 노인들일 것이다. 또한 노인인구수 대비 연간 상담 건수를 볼 때 상담을 통해 자신의 문제에 해결 및 도움을 얻는 노인은 빙산의 일각에 지나지 않는다. 따라서 앞으로는 요청되는 상담뿐 아니라 '찾아가는 상담, 찾아가는 서비스'가 될 수 있도록 노력해야 할 것이다. 현재 거동이 불편하거나 시각장애 등을 가지고 있는 노인을 대상으로 전화결연이나 매주 안부전화를 거는 상담 프로그램이 있다. 이 내용의 강화와 함께, 전화상담으로 접수된 상담이 연속상담이나 재상담으로 이어질 경우 방문상담을 통해 노인이 갖고 있는 문제와 욕구에 대해 보다 정확하게 사정하여 효과적인 상담서비스가 제공될 수 있도록 해야 한다. 또한 현재 인근 노인종합복지관에 본 기관의 전문상담원이 매주 화요일에 파견되어 노인학대 상담과 성상담을 하는 출장상담을 진행하고 있다. 이와 같은 출장상담도 보다 적극적인 상담 형태로 볼 수 있으며, 보다 많은 노인들에게 상담의 기회를 제공할 수 있으므로 앞으로 더욱 확대되어야 할 것이다.

3) 연속상담의 강화

한국노인의전화에서 이루어지는 상담의 90% 이상이 전화상담의 형태다. 전화상담은 익명성과 함께 편리성, 신속성, 단회성 등의 특성을 갖고 있어서 노인상담 시 대부분이 1회 상담에서 종결되는 경우가 많다. 그러나 문제의 심각도와 보다 적극적인 자세로 개입을 할 경우 재상담 또는 연속상담으로 이어질 수 있을 것으로 보인다. 따라서 보다 적극적인 개입 및 상담의 자세로 문제에 대한 실제적인 서비스를 제공해야 할 것이다. 연속상담의 강화를 통하여 '문제성 욕구'의 해결뿐 아니라 '심리적 · 정서적 욕구'의 해소까지도 이루어져야 할 것이다.

4) 상담기록의 전산화

현재 노인의전화상담은 각 센터별로 준비된 상담기록지에 수기로 기록하고 있기 때문에 사례의 공유나 통합의 기능이 이루어지지 않고 있다. 따라서 전국 지회가 공유 프로그램을 이용하여 매일의 상담 현황을 기록함으로써 노인상담의 전국 추이 및 통계가 주기별로 집약될 수 있도록 해야 할 것이다.

5) 상담원의 전문화

노인상담은 직원과 훈련받은 자원봉사자에 의해서 이루어지고 있다. 노인상담을 하기 위해서 사전에 최소 100시간이라는 상담 관련 교육을 받고 실습을 거쳐 전문상담원으로 활동을 하게 된다. 초기에는 많은 교육이 투입되는 데 비해 전문상담원이 된 이후 실제 현장에서의 정기적인 교육은 잘 이루어지지 않고 있다. 교육이 부족한 상태에서 계속 상담을 받는 상담원들은 점점 소진되어 갈 수밖에 없다. 이러한 현실을 감안하여 한국노인의전화에서는 상담원의 전문성 및 통찰력 향상을 위해 가정폭력상담교육, 성폭력상담교육, 집단상담이론 등 타 기관에서 주관하는 교육에 참여하거나 사이버상담교육을 수강하여 노인상담에 적용함으로써 보다 전문적인 상담이 이루어질 수 있도록 하고 있다. 이와 같은 재원 확보와 함께 기회의 확장을 통해 많은 상담원에게 계속적인 동기부여가 될 수 있도록 해야 할 것이다.

6) 전국 노인의전화 연계

한국노인의전화는 전국에 12개의 지회망을 가지고 노인상담을 해 오고 있다. 그런데 전국의 노인상담 실태를 파악해 보았을 때 지역 간의 내용별, 사례 수별로 많은 차이가 나타나는 것을 알 수 있었다. 예를 들어, 서울센터에서는 노인들이 다양한 욕구를 해소하기 위해 상담을 의뢰하였고, 특히 자신의 권리를 찾고자 하는 노인학대 상담, 고독과 외로움을 달래고자 하는 이성교제, 재혼, 성상담이 증가하고 있는 반면, 지방에 있는 센터에는 농번기에는 상담전화가 거의 전무한 형편이여서 상담원들이 안부전화 형식으로 전화를 걸어서 상담을 하는 경우가 많다. 이러한 상황을 보다 자세하고 정확하게 분석하여 노인복지 프로그램 및 정책 개발에 반영하고, 시시각각으로 변하는 우리 사회의 노인문제의 흐름을 종합 분석하기 위해서 전국 지회의 연계가 잘 이루어져야 한다. 또한 전국 단위의 상담 추이 및 분석, 전국 단위의 노인 관련 프로그램 및 서비스 개발을 위해 힘을 모아야 할 것이다.

제15장

경기도 노인종합상담센터*

경기도노인종합상담센터는 경기도의 지원으로 노인과 노인 가족을 대상으로 전화상담, 면접상담, 집단상담, 온라인상담과 심리검사 등 종합적인 상담을 수행하고 있는 기관이다. 상담실은 도움이 필요한 노인에게 적절한 복지정보와 전문적인 심리상담 서비스를 제공함으로써 노인 및 노인 가족의 심리적 안정과 삶의 질 향상을 목적으로 한다. 또한 2009년 경기도노인자살예방센터로 지정되어 31개 시 · 군에 42개 노인자살예방센터를 지정, 전문상담인력을 배치하여 경기도 노인 자살률 감소를 위해 노력하고 있다.

* 이 장의 내용은 경기도 노인종합상담센터가 제공한 자료를 바탕으로 하고 있다.

표 15-1 경기도 노인종합상담센터 연혁

1998년	노인아동복지상담실 수탁협약 체결
1999년	노인복지상담실 수탁협약
2001년	사단법인 경기도노인복지시설연합회 설립허가 취득
2003년	부설 경기도노인종합상담센터서 노인집단상담 진행
	노동부 사회적 일자리, 2004년,2005년 경기도 지원
2004년	한국노인상담연구회 발족
2005년	전국공동모금회 제안기획사업 “노인문제 해결을 위한 노인상담 활성화사업” 진행
	노인전문상담사 양성교육 실시~2011년
2006년	경기도공동모금회 제안기획사업 “노인자살예방 통합 지원 사업” 진행
2008년	경기도노인복지상담실에서 경기도노인종합상담센터로 명칭 변경
	경기도공동모금회 배분신청사업 “고학력노인 진로탐색 및 맞춤형 사회 프로그램” 진행
	양성평등진흥원 “생애주기별 양성평등 교육”공모 및 진행 참여
2009년	경기도 노인자살예방시스템 구축사업 실시
	경기도노인자살예방센터 지정
	생명보험사회공헌재단 지원사업 “노인자살예방교육 시청각교재 개발 및 보급” 진행
2009년~ 2012년	경기도공동모금회 노인자살예방을 위한 “노인우울증 치료비” 지원사업
2009년	경기도 노인자살예방사업 실시
	31개 시 · 군 43개 노인자살예방센터 지정
	18개 시 · 군 노인상담전문가 파견 (파트타임)
	「경기도 노인자살예방을 위한 전문교육」 실시 (경기복지재단 주최)
	경기도 노인자살예방 지원 조례 제정
2010년	18개 시 · 군 노인자살전문상담원 배치 (전일제)
	「노인자살 위기개입 매뉴얼」교육 실시(경기복지재단 주최)
	노인자살예방을 위한 교육용 DVD 제작 및 보급
	「노인복지 우수프로그램」대통령상 수상
	저소득층 노인 우울증 치료비 지원사업 실시
2011년~	지역사회서비스투자사업 노인행복증진 서비스 진행
2012년	경기도 31개 시 · 군 42개 노인자살예방센터에 전문상담인력 배치(전일제)
2012년	450여 명의 생명사랑교육단(노인일자리사업)과 함께 노인자살예방사업 진행 중

1. 상담사업

우리 사회에서는 노인인구가 선입견이 강하고 자신의 가치 구조를 바꾸기 어렵다는 이유로 상담의 대상자로 제외되다시피 해 왔다. 그러나 이런 사회적 분위기와는 다르게 노인인구도 상담을 통해 정신건강의 유지는 물론 현재 경험하고 있는 정서적 갈등 및 불편감을 극복하고 보다 나은 삶의 질 향상에 기여할 수 있다고 판단하여 경기도노인종합상담센터는 1998년 설립 이래 집단상담을 시작으로 노인 개인상담 및 가족상담 등 여러 방면으로의 접근을 다양하게 모색해 오고 있다. 또한 노인인구의 특성을 고려하여 우울, 절망감 등의 정서 변화를 통한 개인의 변화뿐만 아니라 적절한 복지서비스 제공을 통한 외부 환경의 변화를 동시에 제공해 노인의 사회적 · 경제적 · 정서적 불편함을 단일 차원이 아닌 다차원적인 접근을 통해 개선하고자 노력하였다.

개인상담의 경우, 과거 노인인구가 포함된 가족의 구성원이 노인의 정서적 어려움에 대해 간접적인 상담이나 정보를 요청하는 경우가 많았던 반면, 최근에는 노인이 직접 내담자가 되어 적극적으로 자신의 정서적 불편함을 표현하는 경우가 증가하는 양상을 보이고 있다. 그 주제 또한 과거 경제적 지위의 하락을 통해서 경험하는 상실감 및 가족 내 구성원과의 관계 갈등에서 부부간의 성문제, 재산분할 관련 갈등, 이성교제 등 다양한 주제로 상담이 진행되는 특징을 보이고 있다.

집단상담의 경우, 2003년부터 노인을 대상으로 한 '자존감 향상 집단상담'을 시작으로 매년 다양한 주제로 집단상담을 진행해 왔으며 2011년 하반기 '한국노인을 위한 한국형 변증법적 행동 치료(Dialectical Behavior Therapy: DBT) 집단상담 프로그램' 개발에 착수, 2012년 상반기 완료를 목표로 연구 중에 있다.

1) 개인상담

- 이용 대상: 경기도 내 만 60세 이상 노인 및 가족
- 이용 방법: 내방상담, 전화상담, 온라인상담
- 이용 시간: 월~금요일 09:00~18:00
- 온라인 상담: 24시간 가능
- 상담 내용: 대인관계 및 가족갈등, 노인우울 · 자살, 노인치매, 성문제, 노인복지시설/복지정보 안내, 노인사회참여(자원봉사/일자리/취업 등) 등
- 심리검사: 치매검사(MMSE-KC), 우울검사(GDS-K), 자살생각척도, 노인진로적성검사, 성격검사(MMPI, MBTI, HTP, 애니어그램 등)

▲ 내방상담과 전화상담을 통해 개인상담이 진행된다.

2) 집단상담

- 이용 대상: 경기도 내 노인 관련 시설
- 이용 방법: 관련 기관에 노인집단상담사를 파견하여 집단상담 실시
- 주제: 부부관계 향상, 죽음 준비, 대인관계 향상, 동료상담, 우울 예

▲ 집단상담을 하는 모습

방, 긍정성 향상, 자아통합, 리더십 향상 등

3) 특강 지원

- 이용 대상: 서울 및 경기도 내 노인 관련 시설
- 이용 방법: 관련 기관에 특강 강사를 파견하여 노인 특강 진행
- 주제: 노인상담기법, 부부관계 향상, 죽음 준비, 대인관계 향상, 우울/자살 예방, 치매 예방, 긍정성 향상, 이미지메이킹, 노년기 자아통합 등

▲ 특강 지원 강의 모습

2. 교육사업

상담 관련 분야 종사자의 경우, 대부분 상담 관련 이론 교육 및 현장 경험을 가졌다 하더라도 노인상담 경험이 없는 경우가 많고, 노인상담의 경험이 있다고 하더라도 자원봉사 수준 이상의 의미 있는 사례로 분류될 만한 회기 수나 내용이 충족된 노인상담사례를 진행해 본 경우가 많지 않은 게 노인상담 인력의 현주소다. 이에 따라 경기도노인종합상담센터는 노인인구의 특성 및 노인상담의 이해를 도울 수 있는 추가 직무교육은 물론 직접 노인상담 전문가를 양성하는 교육을 진행하였다. 교육 자체가 목적이라기보다는 교육을 통해 현장에서의 상담의 질 제고를 목적으로 하였기 때문에 교육은 부정기적으로 이루어지는 경우가 많았으나, 이러한 교육을 통해 노인상담에 대한 이해를 돕고 현장에서 축적된 노하우를 관련 인력들에게 자연스럽게 전수할 수 있는 계기가 되었다. 상담 관련 전공자에게는 복지 서비스를 비롯한 노인복지 전반에 대한 이해를 돕고, 복지 관련 전공자에게는 상담 관련 이론 교육 및 실습을 제안하는 등 타 영역에 대한 추가 교육을 진행해 노인문제의 접근은 다방면으로 진행되어야 한다는 기관의 이념을 준수한 커리큘럼을 진행하고 있다. 그 밖에 현장에서 상담 업무를 진행하고 있는 전문상담 인력을 대상으로 최소 월 1회 이상, 상담전문가가 진행하는 상담사례 슈퍼비전을 진행하고 있어 현장에서 겪게 되는 다양한 노인문제 및 노인 클라이언트들의 특성에 맞는 새로운 접근법에 대한 재교육 및 상담 질 향상을 위한 노력도 지속적으로 이루어지고 있다.

3. 홍보사업

- 상담사업 홍보: 도 내 지역홍보지, 지역방송에 상담사업 홍보 요청 공문 발송 등
- 교육 홍보: 기관 홈페이지 및 관련 사이트를 통한 노인상담전문가 교육 과정 홍보
- 언론 취재 협조: 경기방송, Gnews 등 도 내 관용방송 및 KBS, MBC, SBS, EBS 등 각종 언론사 취재 협조 및 사업홍보

4. 연구 및 출판

경기도노인종합상담센터는 노인집단상담 매뉴얼 개발, 노인집단상담 이론 연구 등 노인상담 관련 연구를 지속적으로 시행해 오고 있으며, 한국 노인에게 적합한 새로운 상담 모형 개발에도 다양한 노력을 기울이고 있다. 특히 주요 사업으로 노인자살예방사업을 3여 년 이상 지속해 오고 있으며, 노인자살에 영향을 미치는 요인 연구, 노인자살에 대한 인식 조사 등을 통해 경기도 31개 시 · 군에 적합한 노인자살 예방 및 모형 개발을 위한 기초작업을 탄탄히 진행 중에 있다. 발간물로는 노인집단상담 프로그램 매뉴얼 출판, 『노인자살위기개입 매뉴얼』(경기복지재단, 2009), 『노인심리척도집』(학지사, 2009) 등을 출판했으며, 노인상담사례집을 부정기적으로 출간하고 있다. 또한 『노인심리척도집』을 출판하는 과정에서 노인을 대상으로 한 관련 척도들의 부족을 지속적으로 느끼게 되어 한국형 노인인지평가척도(Cognitive Assessment for the Elerly-Korea: CASE-K)와 한국형 노인진로적성검사의 개발을 통해 노인 이해를 도울

수 있는 간접 척도의 개발에도 꾸준한 관심을 가지고 있다.

1) 노인자살예방사업 노인자살전문상담사, 생명사랑교육단 운영지침 출판

- 내용: 노인자살예방사업 노인자살전문상담사, 생명사랑교육단 운영지침, 사업 관련 서식, 심리검사 및 관련 척도, 연계기관 리스트 등
- 실적: 총 800부(노인자살전문상담사 운영지침 200부, 생명사랑교육단 운영지침 600부)

▲ 생명사랑교육단 운영지침

▲ 노인자살전문상담사 운영지침

2) 자살위기노인을 위한 상담기법 연구

- 내용: 자살위기노인을 위한 상담기법(변증법적 행동치료, Dialectical Behavior Therapy: DBT) 개발 연구
- 실적: 연구모임 20회, 참석 인원 연 120명

▲ 자살위기노인을 위한 상담기법 연구 모임

5. 노인자살예방사업

경기도노인종합상담센터는 노인 자살률 및 경기도 노인 자살률이 지속적으로 증가함에 따라 2009년 경기도노인자살예방센터로 지정되어 노인자살예방사업을 지속해 오고 있다. 이는 전국 최초의 시도이며, 현재까지도 도 단위의 자살예방사업을 진행하는 기관으로서는 유일하다. 2009년부터 시작된 노인자살예방사업은 전문상담인력의 근무 형태 및 파견 지역의 점차적인 확대를 통해 2012년 현재 경기도 31개 시 · 군, 42개 노인자살예방센터에 전일제 전문상담인력을 파견해 사업을 진행하고 있다. 또한 42개 노인자살예방센터에는 전문상담인력 이외에도 450여 명의 생명사랑교육단(노인일자리사업)이 노인자살예방 홍보 및 캠페인, 교육, 일반상담을 지원하고 있다. 노인자살전문상담인력은 유관기관과의 네트워크 구축을 통해 위험군 발생 시 원활한 구조 및 연계 활동을 위한 활동을 비롯하여 자살예방교육을 통한 노인자살 1차 예방사업(자살인식 제고 및 자살에 대한 부정적인 인식의 전환), 대규모 캠페인 및 잠정위험군 대상 홍보활동, 위기 클라이언트를 대상으로 한 위기상담, 복지서비스 제공, 상담 슈퍼비전 활동을 진행하고 있으며, 이를 통해 가시적인 효과를 거두는 시 · 군 또한 점차적으로 증가하고 있는 추세다. 또한 외부지원사업으로는 무한돌봄기금을 통한 노인우울증 치료비 지원사업을 진행하여 자살위험군에게 항우울제를 지원함으로써 정신보건 모델, 위기상담을 통한 상담 모델, 복지 서비스 제공을 통한 복지 모델 등 세 가지 모델을 통합하여 자살위험군의 자살위기 감소를 위한 노력을 계속하고 있다.

6. 노인우울증 치료비 지원사업

1) 내용: 1인 6개월 최대 45만 원

- 6개월 진료비 및 약제비 25만 원, 사전 · 사후 심리검사비 20만 원
- 진료비 및 약제비 1회 방문 최대 2만 원, 심리검사비 1회 10만 원(심리검사는 치매 선별을 위하여 필요하며, 노인 대다수가 검사를 선호)
- 경기도 내 정신과의원 (31개 시 · 군 247개소) 진료비만 원칙적 인정
- 노인의 경우 인근 내과, 한의원, 가정의학과 등에서 우울증 약을 처방받아 복용하는 사례가 많음
- 지역을 벗어나 타 시 · 군 정신과의료기관 진료도 허용되나 경기도를 벗어난 의료기관은 모두 제외

2) 대상

- 기초노령연금 수급대상에 해당하는 65세 이상의 노인으로 자살위험이 높아 우울증 치료가 필요하다고 인정되는 자
- 기타 시장 · 군수가 지원이 필요하다고 인정하는 대상자

• 60세 이상 저소득 노인으로 자살위험이 있어 우울증 치료가 필요하다고 인정되는 자
• 소득 기준을 초과하나 심각한 우울 증세로 잠재적 자살위험이 높아 우울증 진료비 지원이 시급히 필요하다고 판단되는 자
• 주민등록지상 거주지가 경기도인 자

7. 노인행복증진서비스: 지역사회서비스투자사업

1) 지역사회서비스투자사업 노인행복증진서비스

(1) 내용: 월 10회 이상의 개인상담 및 집단상담 서비스 제공
• 초기 상담 및 선별 검사
• 사례관리 : 월 4회 이상 대면상담 및 전화상담
• 맞춤형 프로그램 실시 : 서비스 연계 및 제공, 집단상담 진행
• 가족교육 및 상담, 여가활동 제공(부가서비스)

(2) 대상: 노령연금 수급대상자 또는 전국가구평균소득 120% 이하인 자

▲ 지역사회서비스투자사업 노인행복증진서비스 제공

제16장

노인종합복지관*

증가하는 노인들의 다양한 사회적 문제들을 해결하고 그들의 욕구를 해결하기 위해 노인종합복지관에서는 노인상담사업 · 사회교육사업 · 재가복지사업 · 주간보호사업 등 기본 사업과 특화 프로그램들을 진행하고 있다.

노인종합복지관에서의 노인상담은 이용 문의 상담을 비롯한 접수(intake) 상담이 주를 이루며, 복지관 실정에 따라 요일을 달리하여 가족관계 상담, 성 상담, 학대 상담 등 각기 다른 주제의 심층상담을 진행하고 있다. 자체 사회복지사가 상담을 하는 경우도 있지만 외부 전문상담기관의 전문상담원이 나와서 상담을 진행하는 경우도 있다.

---

* 이 장의 내용은 서대문구 노인종합복지관과 서울시 노인복지센터 내의 노인상담센터가 제공한 자료를 바탕으로 하고 있다.

1. 노인종합복지관의 상담 실태

1) 전문 상담 및 특화 프로그램의 부족

노인종합복지관에서 진행 중인 상담 사업의 70% 이상이 신규 회원 가입 상담 및 이용 상담, 회원관리, 취업 상담 등에 높은 비중을 차지하고 있다. 또한 전문 상담을 진행한다 하더라도 법률, 세무, 식이, 건강 상담 등 대부분의 사업 내용이 비슷하며, 노인들의 관심 또한 저조하여 전반적으로 활성화되지 못한 상태다. 이는 변호사 · 세무사 등 분야별 전문인들을 개발하고 관리하는 데 어려움을 겪고 있으며, 노인들의 상담에 대한 인식 부족과 적극적인 홍보의 부족 등이 이유가 될 수 있다.

노인들로 하여금 나만의 문제가 아님을 노출시킴으로써 자유로운 상담을 이끌어 나갈 수 있도록 집단 간의 상호작용을 통한 프로그램 개발이 필요하다고 판단된다.

지역의 특성과 노인문제에 대해 정확하게 파악하여 다양한 집단상담을 실시함으로써 노인상담의 전문화 및 노인문제에 대한 접근성을 높여야 할 것이다.

2) 사회복지사의 담당 업무

대부분의 상담사업을 진행하는 수행 인력을 살펴보면 사회복지사 1명과 유동적인 무급자원봉사자 1인으로 구성되어 있다. 노인종합복지관에서 실시되고 있는 상담사업의 기본적인 회원 가입 상담과 이용 상담은 항상 진행되는 것인데 자원봉사자가 없을 경우 사회복지사 1명이 계속 상담실에 있어야 하기에 다른 프로그램을 진행할 수 없다. 상담사업을 맡고 있는 사회복지사들의 업무를 살펴보면 상담사업 외의 자원봉사자 · 후원자 개발 및 관리, 홍보 · 출판사업 등 다른 업무가 과중되어 맡은 업무에 급급하여 노인상담에 대한 깊은 연구 및 새로운 프로그램 개발 · 진행에 많은 어려움을 가지고 있다. 이에 상담사업의 활성화를 위하여 재가복지 및 주간보호 팀 등과 연계하여 추진할 수 있는 방법을 모색해야 할 것이다.

3) 전문상담 교육기회의 부족

노인종합복지관에서 실시되고 있는 상담 내용 및 결과를 살펴보면 다른 분야에 비하여 실적은 높은 편이지만 대부분 1차적 상담, 즉 접수에 머무르고 있다. 노인 클라이언트에 대한 문제 파악 및 개입 목표 설정, 사례 분석 등 사례관리에 있어 체계적이지 못한 상태다. 상담의 개입과 접근에 있어서는 상담자의 기술과 방법이 매우 중요한데, 실제 상담사업을 담당하고 있는 사회복지사들에게 상담에 관련된 전문교육의 기회가 부족하여 새로운 문제에 접했을 경우 문제 해결을 위한 프로그램 기획 및 진행에 어려움을 겪고 있다. 보다 새로운 상담 기법 및 전문화 교육을 통해 노인상담에 대한 폭넓은 참여 및 서비스 제공이 필요하다.

4) 상담실의 공간적 문제

대부분의 노인종합복지관의 상담실은 1층에 위치해 있다. 신규 회원과 이용 노인들에 대한 정보 제공과 이용의 편리함이라는 장점을 가지고 있으나, 하루에도 50명 안팎의 이용자들이 오고가기 때문에 개인상담을 요청할 경우 어려움이 따른다.

상담실의 기본 조건은 조용하고 편안해야 하지만, 대부분 1층에 위치하여 누구에게나 노출되기 쉽고 상담실을 이용하는 유동 인구와 프로그램 진행 소리로 인하여 개인적인 상담 및 전문상담(법률/세무/건강상담 등)을 진행하기에는 부적합한 단점이 있어 전문상담실의 공간 확보가 시급하다.

2. 노인종합복지관 상담 사례: 청각장애를 가진 클라이언트의 사회적응을 위한 가족상담

1) 클라이언트의 인적 사항

- 성 명 : 변 ○ ○
- 성 별 : 남
- 연 령 : 63세
- 가족사항 : 부부

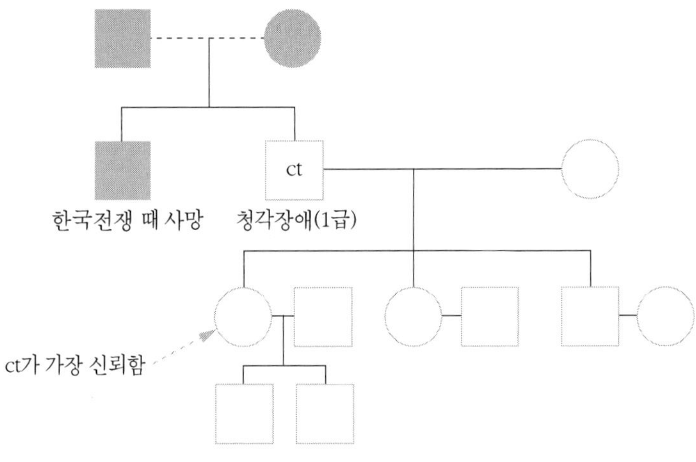

●그림 16-1● **가계도**

2) 상담 내용

(1) 1차 상담

이 상담은 클라이언트의 장녀가 아버지의 대인기피증 및 열등감 회복을 위해 직접 방문했다. 클라이언트는 1935년 서울 출생으로 2형제 중 막내로 태어나 어렸을 때부터 형에 대한 열등감이 많았다고 한다. 클라이언트의 형은 한국전쟁으로 사망하였으며, 그 후 외아들로 자란 클라이언트는 타인에 대하여 배려하는 마음이 많이 부족하다고 한다. 26세에 결혼하여 현재 1남 2녀를 두었다. 클라이언트는 동대문구에서 20년간 거주했으며 1992년 교통사고로 청각장애(1급)를 판정받은 후 영등포구로 이주하였다. 현재 보청기를 사용하나 다른 사람들과의 의사소통이 원만하지 않아 타인과의 만남을 피하려 하고 바깥출입을 기피하고 있다. 클라이언트는 사회적 활동이 거의 없고 가족들에 대한 애착감이 높아 출가한 자녀들은 주말마다 클라이언트의 집으로 모인다. 클라이언트의 자녀들은 클라이언트가 사회적 활동을 통해 우울증에 빠지지 않고, 소그룹의 친구들을 만나 대인관계를 형성할 수 있기를 희망하고 있다.

▶ 상담자 의견

클라이언트와의 지속적인 상담을 통해 청각장애로 인한 어려움을 극복할 수 있도록 지지하며, 자신의 문제 및 욕구를 표출하도록 유도하여 클라이언트에게 적합한 해결 방법을 모색하도록 한다. 클라이언트의 아내 및 가족 또한 클라이언트로 인한 욕구 및 갈등을 가지고 있기에 가족과의 상담을 실시함으로써 클라이언트의 문제를 이해하고 해결하는 데 적극적으로 협조할 수 있도록 유도한다.

(2) 2차 상담

클라이언트의 자녀와 상담 후, 클라이언트가 두 명의 딸과 함께 본 복지관을 방문했다. 첫 방문이라 어색해하고 대화를 하면서 손을 자주 만지며 시선을 마주치지 못했다. 클라이언트는 복지관이 거주지와 가깝지만 노인복지관이라 나이 든 할머니, 할아버지만 다니는 곳 같아서 오기 싫다고 하였다. 노인들의 프로그램 참여 및 설명을 통해 클라이언트가 관심을 가질 수 있는 매개체를 찾기 위해 복지관 라운딩을 실시했다. 클라이언트는 스포츠댄스를 보며 젊었을 때 음악과 춤에 관심이 많았다며 호응을 보였고, 장기를 더 배우고 싶어했다. 클라이언트는 주 2회 복지관 공개 프로그램(스포츠댄스)에 참여하기로 약속하고 지속적으로 상담실을 내방하기로 했다.

▶ **상담자 의견**

클라이언트가 관심을 가지고 있는 프로그램을 매개체로 하여 새로운 환경과 사람들에 대한 접근성을 높이도록 유도하고 장기를 통해 타인과의 의사소통 및 자기노출의 기회를 도모하도록 한다.

(3) 3차 상담

복지관 프로그램에 참여한 지 2달째로, 클라이언트는 복지관에 주 3회 이상 지속적으로 참여하고 장기를 두는 회원들과 친밀감이 형성되어 식사도 같이 한다고 했다. 공개 프로그램이 없을 때에는 장기를 두기도 하고 구경하며 한 수 배워 즐겁다고 하였다. 다른 노인들과의 의사소통에 있어 어려움은 없는지에 대하여, 처음에는 잘 못 들어도 알아듣는 척하며 넘어갔으나 다른 회원들도 귀가 잘 안 들린다고 클라이언트에게 크게 말하라고 한 뒤에는 자신도 예전같이 창피한 느낌은 많이 없어졌다고 했다. 복지관에서 친구들과 사귀게 되어 하루가 심심하지 않다고 하며 얼굴 표정이 밝아졌다.

▶ 상담자 의견

클라이언트가 청각장애에 대한 어려움을 극복할 수 있도록 더욱 지지하며, 클라이언트의 긍정적인 변화에 자신감을 갖고 활동할 수 있도록 적극적으로 표현한다. 또한 복지관에 참여하는 시간 이외의 사회활동의 범위를 조금씩 확대할 수 있도록 유도한다.

(4) 4차 상담

클라이언트는 복지관 게시판에 취업알선 공고를 보고 구직상담을 하고자 내방했다. 복지관에 나와서 여가를 보내는 것도 좋으나 몸이 아직 건강하기에 소일거리라도 했으면 좋겠다고 했다. 특별히 소지한 자격증은 없으나 경비직 · 청소직은 할 수 있다고 했다. 집에서 거의 시간을 보냈기에 서울 지리는 잘 몰라서 클라이언트의 거주지와 멀지 않은 곳으로 연결해 주길 희망했다. 클라이언트에게 고령자 취업자리가 많지 않음을 알려드리고 클라이언트의 조건이 부합하는 구인처 접수 시 알선해 주기로 했다.

▶ 상담자 의견

클라이언트에게 사회적 활동과 경제적인 활동을 함께 시작하려는 긍정적인 변화가 있어 대인관계의 유연성 및 사회성 훈련을 통해 취업을 알선하는 것이 좋다고 판단된다. 클라이언트 자신이 가족 중심의 생활범위에서 벗어나려고 노력하고 있기에 사회에 쉽게 적응할 수 있도록 지속적인 상담과 지지가 필요하다고 판단된다.

3. 노인종합복지관 상담사업의 과제

1) 노인상담 전문 프로그램 활성화

복지관에서 진행되고 있는 법률, 세무, 영양 상담 등 전문상담의 안정화를 위해 지역사회의 분야별 전문인을 개발하고, 전문자원봉사자 관리에 중점을 두어 지속적인 활동을 유도해야 한다.

또한 복지관을 이용하는 노인 중 우울증 및 정서불안 등 사회적응에 접근하기 힘든 노인을 대상으로 소규모 집단 모임을 구성하여 소시오드라마(사회극), 척도 검사, 회기별 프로그램 등을 진행하여 문제 해결을 도모하기 위해 폭넓은 상담 프로그램의 개발이 필요하다.

2) 상담에 대한 적극적인 홍보

노인들에게는 상담을 받는다고 하면 무엇인가 큰 문제가 있는 사람이라는 인식이 있어 노인들의 상담실 접근성이 낮다. 이에 노인들이 이해할 수 있도록 상담에 대한 구체적이며 지속적인 홍보를 통해 인지도를 높이고 분야별 전문가를 통한 신뢰감 있는 상담으로 누구나 쉽게 접근할 수 있도록 해야 한다.

3) 직원의 전문교육 기회 확보

현재 상담사업을 담당하고 있는 사회복지사의 대부분이 상담에 대한 전문적인 교육 없이 상담을 진행하고 있어 노인상담사업의 폭이 좁아지고, 전문성을 갖춘 프로그램 진행의 어려움을 겪고 있다. 이에 전문적 상담교육의 기회 제공과 노인기관 상담자들 간의 실무자 세미나 등의 다양한 교육 참여를 통해 새로운 정보와 기술을 습득함으로써 복지관 노인들의 특성에 맞는 전문상담 프로그램이 개발되어야 한다.

4) 상담자원봉사자 개발 및 교육

복지관 상담실의 업무에 비해 수행 인력이 많이 부족하여 분야별 상담자원봉사자의 개발과 확대가 중요하다.

상담전문교육을 받은 자원봉사자가 소수이기에 사회교육원 및 평생교육원에 노인복지전문과정을 이수 중인 학생을 대상으로 자원봉사자를 모집하여 집단상담 및 개별상담을 진행하도록 한다.

또 자원봉사자 개발의 한 부분으로 노인을 가장 잘 이해할 수 있는 복지관 노인들을 상담도우미로 활용함으로써 상담효과를 높여 노인 고급유휴 인력의 자원봉사활동을 유도하고 삶의 의미와 보람을 가질 수 있도록 지지한다.

또한 기존의 상담자원봉사자들의 활성화를 위하여 지속적으로 상담에 대한 이론적 · 실제적인 교육을 실시함으로써 상담사업의 효율성을 극대화해야 한다.

4. 관련 기관 소개

1) 서대문자살예방센터

서대문자살예방센터는 지역거점 노인자살예방센터 운영을 통한 위기개입과 상담 및 관리를 진행하며, 노인자살예방을 위한 지역사회 위기

지원 연계 시스템 안정화를 도모하고 있다. 또한 노인자살예방을 위한 게이트키퍼 교육 프로그램 확대를 통해 노인자살을 예방하는 사업을 수행하고 있다.

(1) 사업 대상

서울시 서대문구 거주 65세 이상 중 자살 위험이 높은 노인

(2) 직원 구성

팀장 1명, 사회복지사 2명, 상담심리사 1명

(3) 프로그램 내용

사례관리사업/지역사회연계사업/자살예방교육사업

표 16-1 서대문자살예방센터 프로그램 내용

프로그램명	세부 내용	이용 시기
마음의 건강도 평가	• 네트워크 기관으로부터 정신건강취약노인인구를 추천받아 우울증 및 자살 생각 스크리닝 -Beck의 자살생각척도(SSI-Beck) -무망감 척도 -한국형 노인우울증 척도 외	연중
대면상담	• 전문상담원이 정기적인 방문상담 실시 • 월 4회/회당 2시간	월 4회(주 1회), 회당 2시간
텔레체크	• 전문상담원 및 자원봉사원이 정기적인 전화상담을 실시하여 정서적 지원 • 월 8회/회당 30분	월 8회(주 2회) 회당 10~30분
의료지원	• 위급 및 긴급한 정신과적 진료 및 약물 복용이 필요한 대상자 지원	연중
서비스연계	• 대상자 욕구에 따라 필요한 서비스 연계 및 제공	연중

(계속)

자기치유 (self-help) 프로그램	• Beck의 자살생각척도(SSI-Beck 9점 이상 노인) • 자살생각 감소 관련 내용을 중심으로 집단 프로그램 마련(회당 10회기) • 연 2회/회당 2시간	9~10월
전문가 위원회 운영	• 사례관리, 네트워크, 정신보건 등 3개 분야 전문가로 구성하여 네트워크 운영, 사례관리 프로그램에 대한 전반적인 자문	6월, 12월
지역사례 관리위원회 운영	• 네트워크 단체 내 전문가 7명으로 구성 • 격월로 전문가위원회를 통해 사례자문 및 평가회를 실시	격월로 진행
게이트 키퍼 교육 (노인복지 종사자 자살예방 심화교육)	• 서대문구 내 노인종합복지관, 사회복지관 등의 관련 유관기관과 접촉하여 해당 지역 내 노인자살예방사업을 실천하고 있는 실무자를 중심으로 교육 실시	연중

(4) 위치

서울시 서대문구 천연동 117-3

(5) 연락처 및 홈페이지 주소

- 센터: 3633-119/www.i-snsp.or.kr
- 복지관: 363-9988/www.senior.or.kr

2) 서울시어르신상담센터

서울시어르신상담센터는 서울특별시의 신노인정책인 '9988어르신프로젝트'의 일환으로 2009년 설립한 노인 전용 상담기관이다. 60세 이상 노인과 그 가족에게 전문적인 상담 및 프로그램을 제공하여 건강한 노후, 행복한 가정생활을 지원하는 것을 목적으로 한다.

열린 상담, 전문적 상담으로 노인과 가족의 문제를 해결하고, 개별화, 위기개입을 통한 인권보호를 실천하며, 노인문제의 사회적 해결을 위한 인식 개선 활동 및 노인 이해와 지속적인 문제 해결을 위한 노인상담 연구를 진행하고 있다.

표 16-2 **서울시어르신상담센터 연혁**

2009. 06. 01.	서울시어르신상담센터 개소
2009. 07. 07.	제1기 동년배상담가 양성 과정 진행
2009. 08. 13. ~ 11. 04.	월남참전노인 비구조화집단활동 진행
2009. 08. 18.	서울시어르신상담센터 개소식 2009 한독국제 질적연구
2009. 09. 07.	workshop: Human Development and Understanding 「노인상담사업의 실태로 살펴본 서울시노인상담센터의 발전방안에 관한 연구」 보고서 발간
2009. 10. 22. ~ 23.	2009 死축제-사는기쁨 개최
2009. 12. 30.	「베트남 전쟁참전 노인들의 생애재구성」 연구보고서 발간
2010. 02. 26.	제1차 상담실천가 특강 진행(월 1회)
2010. 03. 24.	서울시노인종합복지관 상담실무자 간담회
2010. 03. 25.	솔루션회의 '노인학대 사례 컨퍼런스'(총 5회)
2010. 05.	「2009 서울시노인상담센터 이용자만족도 및 욕구조사」 보고서 발간
2010. 06. 24.	솔루션회의 '정신건강 사례 컨퍼런스'
2010. 08. 25.	개소 1주년 기념세미나 '노인복지상담의 전문성과 과제'
2010. 09. 01. ~ 10. 06.	제2기 동년배상담가 양성 과정 진행
2010. 11. 04. ~ 11. 25.	제1기 노인상담전문가 양성 과정 진행
2010. 12. 28.	제1차 정기세미나 '전문적 노인복지상담 실천을 위한 상담교육의 필요성'
2010. 12. 31.	「2010 노인상담종사자 교육욕구조사보고서」 발간 「2010 개별 · 집단상담 사례연구집」 발간
2011. 03. 16. ~ 25.	제3기 동년배상담가 양성 과정 진행
2011. 05. 26.	제1차 상담실천가 특강 진행(월 1회)
2011. 06. 01.	개소 2주년 기념세미나 '실천사례로 본 노인상담과 서울시어르신상담센터의 발전방향'

2011. 06. 01. ~ 06. 08.	2011 동년배상담가 보수교육
2011. 09. 01. ~ 02.	제2기 노인상담전문가 양성 과정 진행
2011. 10. 13. ~ 12. 15.	우울감호소노인을 위한 자아 · 신뢰 · 감싸안기 집단프로그램 "자신감" 진행
2011. 11. 10.	2011 서울시어르신상담센터 노인자살예방 세미나 「삶의 희망과 노년을 살아가는 힘」
2011. 11. 17. ~ 18.	2011 제2차 '노인상담전문가 양성 과정' 2011 노인상담실천가 특강
2011. 12. 13.	'노인자살생각을 극복하는 보호요인과 자살예방대책: 연구 결과보고 및 상담사례분석'
2011. 12. 22.	솔루션회의 '사례관리 대상자의 효과적인 개입'
2012. 02. 25. ~ 03. 17.	은퇴를 앞둔 직장인 남성을 위한 집단상담 "이 시대를 사는 '김부장'의 새로운 길 찾기" 진행
2012. 03. 02.	2012 서울시어르신상담센터 자문위원 위촉 및 자문위원회의 실시
2012. 03. 06.	2012 제1차 상담실천가 특강 '포커싱기법을 활용한 상담의 이해와 실천'
2012. 03. 16.	2012 서울시어르신상담센터 세미나 '노인의 성과 사랑' 「노인 성 실태 조사연구 및 상담사례 발표」
2012. 03. 28. ~ 04. 06.	2012 서울시어르신상담센터 노인상담 자원봉사자 양성 과정
2012. 04. 18.	2012 제2차 상담실천가 특강 '마음작용의 이해를 통한 자기치유'
2012. 04. 25. ~ 05. 23.	종로구 보건소 연계 종로구 관내 노인 성교육 및 노인 성상담 진행
2012. 05. 11.	2012 상담슈퍼비전 및 공개 솔루션회의 '가족상담을 중심으로'
2012. 05. 01 ~ 07. 03.	부부관계 개선을 위한 집단상담 "T(Thank) S(Sorry) L(Love)" 진행
2012. 06. 07 ~ 07. 26.	우울감 호소 노인을 위한 집단상담 "희망 톡Talk! 톡Talk!"
2012. 06. 21.	조계종사회복지재단 2012년 제4차 사회복지사 보수교육 위탁 진행 '노인상담과 인권 / 상담기록과 관리 / 상담의 기본 과정과 기술'

(1) 상담 현황

표 16-3 서울시어르신상담센터 상담 형태

상담 형태	상담 내용	
• 전화 • 내방 • 사이버 • 방문상담 (아웃리치, 가정방문, 동행상담) • 야간 및 주말 상담	• 검사 • 가족상담 • 고독정서 상담 • 무위 • 우울 및 자살 • 생활정보	• 노년 설계 • 성 • 경제 · 빈곤 • 치매 · 건강 • 학대 · 중독 • 법률 · 세무

(2) 직원 구성

상근 종사자 7명(관리자 2명, 전문상담사 5명)

(3) 프로그램 내용

표 16-4 서울시어르신상담센터 프로그램 내용

프로그램명	세부 내용
일반상담	• 사업 내용: 내담자의 욕구탐색 중심 상담서비스 제공 • 대상: 60세 이상 노인 및 가족 • 내용: 검사 / 일반상담 / 상담강좌 등
연계상담	• 사업 내용: 지역사회 전문 기관과 연계 사회복지상담 서비스 제공 • 대상: 60세 이상 노인 및 가족 • 내용: 연계전문상담(학대, 법률, 소비자, 재무, 성, 일자리상담) / 자원봉사자 관리
집단상담	• 사업 내용: 집단 내의 역동을 통한 주도적인 해결방안 모색 • 자원봉사자 이야기 모임 집단활동 -대상: 자원봉사 경험을 지닌 60세 이상 노인 -내용: 자원봉사 경험 공유 및 자아찾기(2개 집단, 총 4회, 3~4월)

(계속)

	• 긍정심리 집단상담 –대상: 자원봉사자 이야기 모임 참여 노인 –내용: 긍정적인 강화를 통한 문제 해결 능력 향상(총 8회, 4~6월) • 인지행동 집단상담 –대상: 자원봉사자 이야기 모임 참여 노인 –내용: 문제에 대한 인식을 통한 변화(총 8회, 4~6월) • 우울감 호소 노인을 위한 집단상담 –대상: 우울감 호소 60세 이상 노인 –내용: 포커싱기법을 활용한 집단상담(총 10회) • 추진 성과: 욕구 탐색과 집단역동의 과학적인 분석을 위한 진행 과정 평가 및 개별사례 분석
사례관리	• 사업 내용: 내담자의 문제 해결과 욕구해소를 위한 종합적인 원조서비스 제공 사례회의 및 사례관리, 지역사회 연계 등 • 추진 성과: 전문적, 과학적으로 내담자 이해를 위한 사회복지 사례관리 체계 형성
연구	• 사업 내용: 사례연구 및 자문회의 운영을 통한 상담서비스의 전문성 강화 • 연구 조사: 노인의 성 실태조사, 노인 자살 실태조사(총 2회) • 노인문제 관련 상담세미나 –대상: 노인상담 실무자, 사회복지 전공 대학생, 노인 등 –내용: 노인자살예방세미나 등(총 2회) • 연구보고서 발간: 개별, 집단상담 사례집, 이용자 만족도 조사, 노인 자살 예방세미나 등(총 4회) • 사례관련 연구: 자문회의, 솔루션회의, 사례연구 등 • 추진 성과: 분야별 전문 자문위원 구성을 통한 사업의 효과성 증대
교육	• 사업 내용: 노인상담종사자 역량 강화, 관련 교육생 맞춤형 교육 제공 • 상담실천가 특강 –대상: 노인상담 실무자 –내용: 노인상담 관련 주제별 심화 교육(총 7회) • 노인상담전문가 양성 과정 –대상: 노인상담 실무자, 사회복지 전공 대학생 등 –내용: 노인상담종사자 역량 강화(총 12회)

(계속)

	• 동년배상담가 교육 −대상: 노인상담에 관심이 있는 60세 이상 노인 −내용: 동년배 상담가 관련 노인상담 교육 및 봉사자 양성(총 10회) • 노인상담 전문 강사 파견 −대상: 노인복지관, 지역사회복지관 등 −내용: 노인상담 관련 주제 강사 파견(총 31회) • 추진 성과: 교육 욕구를 반영한 주제별 심화 교육 및 노인상담 실무자 역량 강화
인식 개선	• 사업 내용: 상담센터 인지도 향상, 노인상담에 대한 긍정적 인식 확산 −내용: 아웃리치, 캠페인, 사축제, 언론보도, 지역사회홍보, 내부홍보, 홈페이지 관리 • 찾아가는 상담 및 캠페인: 일반 시민 및 노인

(4) 위치

서울특별시 종로구 경운동 89−4 SK허브플라자 B동 104호

(5) 상담전화 및 홈페이지 주소

- 상담전화: 02−723−9988(24시간 연결)
- 홈페이지: www.seoulfriend.or.kr

제17장

노인보호전문기관*

노인보호전문기관은 「노인복지법」 제39조의5의 규정에 의거하여 설치된 기관으로 노인학대예방사업 및 노인인식개선사업을 실시함으로써, 학대피해노인에게 노인학대 상담 등 전문 서비스를 제공하고, 일반인에게 노인학대 예방교육 및 홍보를 실시하여 노인의 삶의 질 향상에 기여하고 있다. 2011년을 기준으로 서울 지역에 1개소가 증설되어 25개 노인보호전문기관이 운영 중에 있다.

* 이 장의 내용은 부산시 노인보호전문기관이 제공한 자료를 바탕으로 하고 있다.

1. 신고 접수

다양한 방법을 통해 접수된 신고 사례는 신고 내용에 따라 노인학대 의심사례와 일반사례로 분류한다. 여기서 노인학대 의심사례라 함은 신고를 받았을 당시 노인학대로 의심되는 사례를 의미하며, 일반사례는 노인학대 및 학대 위험요인이 드러나지 않는 경우, 신고자 및 학대피해노인의 신원을 확인할 수 없는 경우, 노인학대와는 관계없는 노인 관련 단순 문의 및 정보 제공 경우 등을 포함한다. 노인학대 의심사례는 현장조사와 상담 등을 통해 사례 판정을 한 후 응급, 비응급, 잠재, 일반사례로 다시 분류된다. 응급, 비응급, 잠재사례는 학대사례이며, 나머지는 일반사례로 분류된다.

〈표 17-1〉에서 보여 주듯이, 2011년 한 해 동안 전국 노인보호전문기관을 통해 신고 · 접수된 노인학대 총건수는 8,603건이며, 이 중 학대사례는 3,441건으로 전체의 40.0%를 차지하였고, 일반사례는 5,162건으로 전체의 60.0%를 차지하였다.

표 17-1 **2011년 노인학대 신고 접수 건수** (단위: 건, %)

구분	학대 사례	일반 사례	전체
건수	3,441 (40.0)	5,162 (60.0)	8,603 (100.0)

노인학대의 신고 · 접수 시 파악하여야 할 정보들은 〈표 17-2〉와 같다.

표 17-2 신고 · 접수 시 신고자에게 파악할 정보

신고자 관련 정보	• 신고자 인적사항 –이름, 현 거주지, 연락처 등 • 학대피해노인과의 관계 • 학대 사실을 알게 된 경위 • 신고자의 욕구 –노인보호에 대한 욕구, 정보 파악 혹은 상담을 위한 욕구, 노인학대 판정을 위해 현장조사 실시에 대한 욕구, 신고를 통해 원하는 결과 등
학대피해노인 관련 정보	• 학대피해노인의 현재 상황 –안전 여부, 긴급분리보호 여부, 노인의 심신 상태 등 • 학대피해노인 인적사항 –이름, 성별, 나이, 현 거주지, 연락처, 가족관계 등 • 학대 내용
학대행위자 관련 정보	• 학대행위자 인적사항 –이름, 성별, 나이, 현 거주지, 연락처, 직업 등 • 학대피해노인과의 관계 및 동거 여부
학대 관련 정보	• 학대 발생 여부 –학대 유형, 학대 정도 및 심각성, 학대 발생 일시, 학대 발생 장소, 학대 발생 빈도, 학대 지속 기간 등
시설 관련 정보	• 학대 내용 –시설 관리 · 운영상의 문제인지, 시설 종사자의 문제인지, 시설 내 이용자 간의 문제인지, 시설 내 자원봉사자 및 방문자의 문제인지 파악

2. 현장조사 및 사정

현장조사라 함은 신고 · 접수된 노인학대 의심사례의 학대 여부를 판단하기 위하여 학대피해노인 및 학대행위자로 신고된 자를 조사하기 위한 최초의 방문을 의미한다. 따라서 현장조사는 노인의 안전 및 응급성 여부를 확인하고, 학대피해노인에 대한 신변보장과 안전조치를 확인해야 한다. 또한 현장조사는 노인학대 의심사례로서의 적합성 판정에 필요한 충분한 자료 및 정보를 수집하고, 학대피해노인 보호에 필요한 지원체계를 확인하며 서비스 제공을 위한 계획 수립을 목적으로 한다.

현장조사가 시급히 요청되는 경우는 다음과 같다.

- 학대피해노인의 생명이 위급한 경우나 노인의 안전이 저해되고 있다고 판단되는 경우
- 노인학대사례 여부의 판정이 불분명한 경우
- 학대피해노인 본인 및 상담의뢰자가 방문해 주기를 원하는 경우
- 상담자가 판단하기에 현장조사가 필요하다고 사정되는 경우
- 기타 사례회의 등에서 추가 정보수집에 대한 필요가 확인된 경우

1) 현장조사 시 주의사항

(1) 방법적 측면

첫째, 현장조사 시에는 될 수 있는 대로 학대피해노인 및 학대행위자를 직접 대면하도록 해야 한다. 또한 학대피해노인과 대면 시 학대행위자가 상담 내용을 듣지 못하도록 다른 공간에서 독대하여 상담을 진행하도록 한다.

둘째, 학대피해노인 보호를 위하여 노인학대의 정황적 증거(신체적 · 물리적 증거 등) 및 증인 확보에 최대한 노력을 기울여야 한다.

셋째, 현장조사 시 상담원은 반드시 2인 이상 동행하며, 노인학대행위 조사원증을 제시함으로써 현장조사의 협조가 원활하도록 해야 한다.

넷째, 되도록 경찰관 혹은 관련 행정기관 담당자와 동행하도록 해야 한다. 이는 학대행위자가 폭행 · 협박 · 물리적 저항 등으로 상담원의 업무수행을 방해하거나 학대피해노인에게 학대행위를 하려는 등 기관 단

독으로 개입하는 것이 불가능할 경우에 대비하기 위함이다.

다섯째, 비밀 보장의 원칙이 준수되어야 한다.

(2) 내용적 측면

첫째, 상담원은 학대피해노인의 안전보호에 최선의 노력을 기울여야 한다.

둘째, 학대 발생에 영향을 미치는 가족적 · 사회적 요인을 파악해야 한다.

셋째, 학대행위자 및 가족구성원들이 상담원의 안전을 위협할 폭력의 역사, 정신장애, 알코올 및 약물 사용 장애 등을 가지고 있다고 판단되면 현장조사에 따르는 안전 확보에 각별한 주의를 기울여야 한다.

넷째, 필요에 따라 노인학대 사례판정위원회 또는 자체 사례회의 등의 전문가의 조언을 구한다.

다섯째, 지속적인 방임은 신체적 학대만큼 치명적일 수 있으므로 가볍게 다루지 않도록 주의해야 한다.

여섯째, 노인의 문제행동이 학대 사실을 정당화할 수 없음을 인지하고, 학대행위자의 분노조절 능력 문제를 파악하도록 한다.

일곱째, 학대행위자로 의심되는 자가 진술하는 학대 상황과 노인의 상처 및 정황 등이 일치하지 않는 경우, 징후가 심각하지 않을지라도 학대 발생의 가능성이 충분하므로 주의하여 살핀다.

여덟째, 학대피해노인뿐만 아니라 학대행위자의 인간존엄성도 보장해야 함을 유념한다.

아홉째, 방문으로 인해 학대노인에게 발생할 부정적 영향의 정도를 파악하고, 필요한 경우 이에 대한 조치를 취해야 한다.

열째, 특정한 사회경제적 집단, 성별 또는 문화 집단에서 노인학대가 발생한다는 선입견은 배제해야 한다.

2) 사정

사정 단계에서는 신고 · 접수 및 현장조사 등에서 포괄적으로 수집된 정보를 바탕으로 학대피해노인 특성에 따른 서비스제공 계획을 논의한다. 이때, 학대사례의 특성, 학대의 정도, 학대의 원인, 노인에게 미치는 영향, 학대행위자가 지닌 문제, 학대피해노인의 강점 및 자원 등을 포함한 총체적인 파악이 이루어져 한다. 또한 학대피해노인, 가족, 행위자의 욕구를 파악하고, 노인보호전문기관의 지속적인 개입 및 서비스 제공의 필요성을 판단한다(〈표 17-3〉 참고).

표 17-3 **사정 시 주요 확인 사항**

노인학대 관련 상황	노인의 안전	• 가정 내에서 노인의 안전이 보장될 수 없다면 일시적으로 가족으로부터 격리 보호하는 것이 타당한가? 또는 장기적으로 격리 보호할 필요가 있는가? • 노인의 안전보장을 위한 조치, 서비스 제공, 지역사회의 공동 대응 방안 등의 필요성 여부 확인 • 노인에게 자살 징후는 없는가?
	사례의 위급성	• 노인이 신체적으로 구타를 받거나 부양의무자로부터 의식주에 대한 적절한 보호가 제공되지 않아 생명의 위협을 느끼는 것과 같은 위급한 상황인가? • 노인이 학대 위험 요인에 지속적으로 노출되어 있는가?
	노인학대 적합성	• 노후생활 일반에 관련된 내용을 상담하는 것인가? 아니면 노인학대의심사례로서 의심이 갈 만한 내용이 있는가? • 신체적 학대의 경우 외상인지 아닌지 구분해야 하며, 신체적 학대로 인한 상처와 우발적인 사고(넘어짐, 부딪힘 등)에 의한 상처가 동시에 나타날 수 있음에 유의
학대피해노인과 학대행위자 혹은 가족의 욕구 및 특성		• 학대피해노인의 상황: 인생사, 신체적 · 심리적 상황과 생활환경, 학대 유형, 학대 발생 빈도, 학대 지속 기간, 학대 위험 정도, 학대 피해 심각성 정도, 학대가 학대피해노인에게 미치는 영향, 학대 발생 원인, 학대 위험 요인 감소 · 제거를 위해 변화될 수 있는 내용 • 학대피해노인 및 가족이 당면하고 있는 시급한 욕구

(계속)

	• 학대피해노인 및 가족이 지닌 개인적 · 가족적 장점 및 강점 확인 • 현재 제기된 문제들에 대한 학대피해노인 및 가족의 이해 • 학대행위자에 대한 학대피해노인과 가족의 인식, 감정, 태도 • 가족 안팎에서의 중요 인물
학대피해노인 보호 및 서비스 제공 관련 정보	• 학대피해노인 및 가족의 욕구를 해결해 줄 수 있는 지지체계 및 지역사회 자원 여부와 활용 가능성 • 노인보호서비스 대응 조치와 가족기능 회복과의 역학관계 • 조치 및 서비스 제공에 대한 학대피해노인, 보호자의 의향

3. 사례 판정: 학대 여부 판정

사례 판정은 신고 · 접수된 사례의 학대 여부를 판정하고, 심각성 정도, 응급성 여부를 결정하여 향후 해당 사례에 대한 적절한 조치 및 사례 개입 방법, 서비스 제공 계획 등을 결정하는 과정이다.

이를 위하여 충분한 자료를 통해 사례를 판정하고, 더불어 조치 사항도 반드시 전달하도록 해야 한다. 되도록 학대피해노인과 학대행위자 및 제3자의 상담 등을 통해 결정하도록 하며, 어느 한쪽의 의견만으로 학대 여부 및 그 심각성을 평가하지 않도록 주의한다. 또한 기관 내 상급자, 동료 상담자와 자체 사례회의를 통하여 사례를 판정하도록 하며, 판정하기 어려운 사례의 경우에는 자문위원회의 자문을 받거나 사례판정위원회를 소집하여 사례를 판정하도록 하고 있다.

각 사례는 판정에 따라 응급사례, 비응급사례, 잠재사례, 일반사례로 분류되며, 각 사례에 따른 판정기준 및 조치 방법은 〈표 17-4〉와 같다.

표 17-4 **사례별 판정 기준 및 조치 방법**

응급사례	판정 기준	• 노인학대가 현재 발생하고 있거나, 학대에 의해 즉각적인 의료조치가 필요한 경우 • 학대행위자로부터 즉시 격리가 요구되며, 노인의 생명 혹은 안전이 매우 위험하다고 판단되는 경우 • 유기 및 장기간 방임에 의해 노인의 영양 상태 불량 등으로 생명이 위급한 경우 • 학대행위자로부터 신체적 학대가 지속적으로 이루어지고 있다고 의심되며 노인의 상처가 심각한 경우
	조치 방법	• 상담자는 노인의 안전을 위한 응급조치를 우선적으로 제공해야 할 경우, 되도록 119를 통해 처리 • 현장조사는 특별한 사유가 없는 한 12시간 이내에 실시 • 학대피해노인을 학대행위자로부터 격리시켜야 한다고 판단되는 경우, 피해노인의 동의를 구해야 하며, 피해노인이 지적 · 심리적 능력이 떨어져 분리에 대한 동의가 어렵고, 학대행위자 이외 다른 가족이 없거나, 연락이 닿지 않는 등 학대피해노인 및 보호자의 동의를 받기 어려운 경우 각 분야 전문가들의 객관적이고 정당한 판단에 의해 격리 • 응급사례이나 학대피해노인이 기관의 개입 및 보호를 거부할 경우 자녀들을 연계, 독거노인일 경우 친족을 통한 개입 진행을 모색하며, 연락처가 파악이 되지 않을 시에는 노인보호전문기관 상담원, 담당공무원, 관할 경찰 등 각 분야 전문가들이 동행하여 학대 정황을 살핀 뒤 학대피해노인의 생명의 안전에 집중하여 개입을 진행 • 장기보호가 필요한 경우 이에 대한 정보를 노인과 가족에게 제공하도록 하며, 연결 가능한 시설이 있을 경우에는 이를 연계 • 응급 상태가 해결되면 '비응급 노인학대사례'에 준하여 필요한 서비스를 학대피해노인, 학대행위자 및 가족에게 지원
비응급사례	판정 기준	• 노인학대가 발생하였으나, 학대피해노인의 안전이 확보되어 응급이 아닌 경우 • 노인의 신체적 · 정신적 · 경제적 피해가 경미한 경우
	조치 방법	• 노인학대와 관련된 정보를 최대한 수집하도록 하며 이에 따른 정확한 서비스 계획을 수립

(계속)

		• 수립한 서비스 계획에 의하여 학대피해노인 및 학대행위자에게 서비스 제공 • 노인학대의 원인이 된 노인과 가족 간의 문제가 개선되는지 지속적으로 사후관리
잠재사례	판정 기준	• 학대가 발생하고 있지 않으나 노인부양, 노인과 가족 간의 의사소통 기술 부족이나 갈등 등 학대 위험요인이 있다고 판단되는 경우
	조치 방법	• 학대가 발생하지는 않았으나, 학대 위험요인이 드러난 관계, 학대 유형, 학대 발생 원인 등을 최대한 구체적으로 파악하여 이에 따른 정확한 서비스 계획을 수립 • 학대피해노인, 가족, 학대행위자에게 필요한 정보 및 서비스를 제공하며 추후 연락하거나 다시 방문하는 등 지속적인 사후관리
일반사례	판정 기준	• 신고 · 접수 시 노인학대가 의심되었으나 이후 상담, 사실 관계 확인 및 현장조사 등을 통하여 노인학대 및 학대 위험 요인이 드러나지 않은 경우 • 신고 · 접수 시 노인학대가 의심되었으나, 신고자 및 학대피해노인의 연락두절로 개입이 불가능한 경우 또는 정보(노인 및 기타 인적사항에 대한 정보 부족, 주소 불명확 등)가 부족한 경우 • 노인학대와는 관계없는 노후생활 관련 일반적인 정보 제공 등을 요구하는 경우 • 노인학대와는 관계없는 노인문제로서 다른 기관에서 처리하는 것이 더 효과적이라고 판단되는 경우
	조치 방법	• 사례의 내용이 타 기관(노인복지회관, 재가노인복지센터, 일반노인상담센터 등)에서 처리하는 것이 더욱 효과적이라고 판단될 경우 즉시 타 기관에 의뢰 • 노인학대 의심사례로 판정되지 않았으나, 신고 · 접수된 사례에 대해서는 노인보호전문사업의 목적에 따라 예방교육 및 홍보를 실시

4. 서비스 제공

서비스 제공은 학대 상황 및 학대 위험 요인을 제거하기 위해 학대피해노인, 학대행위자 등을 포함한 가족 전체를 위해 효과적이고 적절하게 진행되어야 한다. 또한, 학대를 유발하는 조건을 변화시키기 위한 전략 수립이 동시에 이루어져야 한다.

1) 서비스 제공 계획 시 고려 사항

서비스 제공 계획 시에는 노인학대의 다차원적인 측면을 고려해야 한다. 즉, 노인학대는 개인 내적, 개인 간 그리고 환경적인 요인들 간의 상호작용에서 기인하므로 서비스 제공 시 이에 대한 충분한 인식이 요구된다. 또한, 서비스 계획 과정에 가능한 가족 전체가 참여하도록 유도하고, 활용 가능한 자원, 학대피해노인 및 가족의 장점을 발견하여 최대한 활용하도록 한다. 그리고 지역사회의 다양한 서비스 기관과 연계할 수 있도록 연결망을 조직하고, 이용 가능한 자원을 충분히 활용하도록 한다. 〈표 17-5〉는 서비스 제공 계획 방법을 보여 준다.

표 17-5 **서비스 제공 계획 방법**

합리적인 목표 설정	• 학대를 유발하는 위험요인 제거 • 학대피해노인의 욕구 • 가족과 학대행위자의 욕구 • 학대피해노인과 관련된 이웃, 친지 및 지역사회기관의 욕구
학대피해노인 심리 상태	• 어떤 애착관계를 형성하고 있는가? • 학대피해노인이 학대행위자로부터의 학대를 어떻게 인식하고 있는가? • 학대피해노인이 학대로 인한 심리적 외상에 어떻게 대처하고 있는가?

(계속)

서비스 전달체계 계획	• 학대 유발 요인을 제거하거나 감소시키기 위한 학대피해노인, 학대행위자 및 가족의 당면 과제(단기 목표), 중장기 과제(중장기 목표)를 수립 • 설정된 목표 중 우선순위 결정

2) 제공 가능한 서비스의 내용

(1) 상담서비스

- 피해자 개인상담: 학대피해노인을 대상으로 하는 상담으로 심리적·정서적 안정감을 우선적으로 도모하며, 특히 초기에는 학대로 인한 분노와 슬픔을 환기하도록 하며, 기관에 대한 신뢰감과 상담자와의 관계 형성을 증진하는 데 초점을 맞춘다.
- 피해자 집단상담: 학대로 인한 심리적·정서적 피해를 치유하기 위한 하나의 방법으로 활용된다.
- 가족상담: 학대피해노인의 가족을 대상으로 한 상담으로 학대 상황 및 문제 해결을 위한 중재 상담이 주를 이룬다.
- 관련자 상담: 이웃주민, 직장동료, 지역사회복지관 및 해당 동사무소 직원 등 학대피해노인의 관련자 및 주변 인물들에 대한 상담을 진행한다.
- 심리 및 기타 검사: 표준화된 검사도구를 활용하여 검사하며, 이는 관련 근거 자료로 활용할 수 있다.

(2) 복지서비스

- 국민기초생활보장수급권 연결: 일선 행정기관 사회복지전담공무원과의 협조를 통해 국민기초생활보장, 경로연금 등 경제적 지원을 받을 수 있도록 연결한다.
- 긴급복지지원 연결: 위기상황이 발생하였을 때 긴급복지지원을 받

을 수 있도록 지원요청을 하거나 신고한다.

- 가족지원서비스 연결: 학대 및 학대 위험 요인을 제거하기 위해 학대피해노인 가족에게 지역사회자원을 활용한 다양한 서비스를 제공한다.
- 재가서비스 연결: 노인 가정에 방문함으로써 노인에 대한 학대가 지속되는지 관찰하여 노인이 더 심각한 상태에 이르지 않도록 사전에 예방한다(〈표 17-6〉 참고).
- 사회복지서비스 연결: 지역 내 사회복지서비스를 연결하여 학대피해노인에게 서비스를 제공하는 것이다. 사회복지 이용시설, 알코올상담센터, 정신보건센터, 가정폭력상담소, 여성긴급상담소, 시니어클럽, 자활후견기관, 정신장애인사회복귀시설 및 정신요양시설, 노

표 17-6 **노인보호전문기관의 재가서비스**

방문요양 서비스	• 신체활동지원서비스: 세면도움, 구강관리, 몸 청결, 머리감기기, 몸단장, 옷 갈아입히기, 목욕도움, 배설도움, 식사도움, 체위변경, 이동도움, 신체 기능의 유지 · 증진 등 • 가사활동지원서비스: 취사, 생활필수품 구매, 청소 · 세탁 · 주변 정돈 등 • 개인활동지원서비스: 외출 시 동행 · 부축 · 일상 업무 대행 등 • 정서지원서비스: 말벗, 격려 및 위로, 생활상담, 의사소통도움 등
주간 · 야간 보호서비스	• 생활지도 및 일상동작훈련 등 심신의 기능 회복을 위한 서비스: 일상생활 지원(취미 · 오락, 운동 등 여가생활서비스), 일상동작훈련(이동, 체위변경, 기능훈련 등)
단기보호 서비스	• 급식 및 목욕 서비스: 몸 청결, 머리감기, 얼굴 씻기, 손 씻기, 구강관리, 몸단장, 옷 갈아입히기, 배설도움, 식사도움 • 송영서비스 • 급식, 치료, 그 밖의 일상생활에 필요한 편의를 제공하는 서비스 • 학대피해노인 전용쉼터 입소: 일정기간 보호 조치 및 심신 치유 프로그램 제공
방문목욕서비스	• 목욕준비, 입욕 시 이동보조, 몸 씻기, 머리 말리기, 옷 갈아입히기 등

인일자리, 노노 홈케어 등 다양한 기관과 서비스를 연계 및 활용할 수 있다.

- 기타 자원 연결: 이웃사람 연결, 경찰서 연계, 각종 행정서류 대리 발급 등이 해당한다.
- 후원: 학대피해노인이 필요한 금전 또는 물품을 제공받을 수 있도록 후원기관 또는 후원자를 연결하거나, 후원기관에서 제공하는 금품을 지원하는 서비스다.

(3) 법률서비스

- 법률상담 연결: 노인학대 관련 기본 법률 정보를 숙지하고 직접 답변을 하는 것을 원칙으로 하되, 보다 자세한 상담이나 법률과 관련된 추가 정보가 필요한 경우 법률 자원 연계망을 통해 서비스를 제공한다.
- 법률소송 지원: 학대와 관련하여 학대행위자를 법적으로 처리하기를 원하는 경우, 모든 의도를 정확히 파악하여 결정하며, 이것이 법적으로 가능한지 정확히 사정하여 도움을 제공한다.
- 학대행위자 고소 · 고발: 학대피해노인이 학대행위자를 처벌하기를 원하는 경우, 학대피해노인의 고소 절차와 관련하여 지원하거나 학대행위자를 고발한다.

(4) 의료서비스

- 이송: 응급치료가 필요한 경우는 반드시 119 구급대 또는 의료기관에 지원을 요청한다.
- 의료기관 서비스 제공: 통원이나 입원 치료 또는 건강검진 등이 필요한 경우 지역사회 의료기관을 연계한다.
- 방문간호: 간호사 등이 의사, 한의사 또는 치과의사의 방문간호지시서에 따라 수급자의 가정 등을 방문하여 간호, 진료의 보조, 요양에

관한 상담 또는 구강위생 서비스 등을 제공한다. 이는 보건(지)소의 방문간호사를 통해 정기적인 가정방문을 실시할 수 있으며, 이를 통해 노인의 건강 상태 및 학대 상황을 점검할 수 있다.

- 이송 및 동행: 응급치료가 필요한 경우 상담원이 직접 병원으로 학대피해노인을 이송하거나, 병원치료가 필요한 경우에는 동행한다.
- 의료비 지급: 기관 예산으로 학대피해노인에게 의료비를 지급한다.

(5) 보호서비스

- 지킴이 연결: 지킴이 연결을 통해 학대피해노인을 지속적으로 관리하여 재학대를 예방한다.
- 시설보호: 응급사례인 경우 학대피해노인 및 보호자의 동의하에 장기요양기관의 보호 서비스를 제공한다. 이때 시설의 입소가 노인 부양 및 보호 책임 기피가 될 소지가 있는지 정확히 판단해야 하며, 보호 조치를 취한 뒤에도 가족에게 일시적 보호임을 상기시켜 이에 대한 조치를 학대행위자 외의 가족 및 보호자들이 책임질 수 있도록 해야 한다. 또한 시설보호는 지역사회 내 자원을 활용하며, 이와 관련된 시설 의뢰가 가능하도록 협조 관계를 미리 조성해 놓아야 한다. 시설에 입소한 경우 발생할 수 있는 여러 문제(예: 비용, 건강이 악화될 경우의 조치, 자체 규정)에 대해서도 세부적으로 협의해야 한다. 시설에 입소한 후 장기적 보호가 필요하다고 판단되는 경우, 가족이 이를 이용할 수 있는 정보를 최대한 제공하여 결정할 수 있도록 지원하고, 가능한 시설과 자원을 연계하는 역할까지 취할 수 있다.

(6) 정보제공서비스

- 정보제공: 학대피해노인의 생활을 향상하기 위한 관련 정보를 제공한다.

- 재학대 예방교육: 학대 재발생 시 안내, 학대 재발생 시 대처 요령, 자존감 향상 교육 등을 실시한다.

5. 사례 평가 및 종결

1) 사례 평가

사례 평가는 현장조사 및 사정을 통해 수립된 목표와 제공된 서비스에 대한 검토를 통해 학대 사례 개입의 효과성을 평가하는 것이며, 결과에 따라 사례의 지속 여부 및 종결 여부를 판단한다. 사례 평가 시 고려할 사항은 다음과 같다.

- 사례 개입 목표 달성 여부 확인
- 학대의 위험성, 재발 여부 확인
- 학대피해노인 및 가족의 욕구 충족 정도 파악
- 학대피해노인의 호소문제나 증상의 감소 및 제거 여부 파악
- 가족 또는 학대행위자가 보이는 변화 동기 확인
- 종결 후 사후조치 모색

2) 사례 종결

해당 사례의 상담자 및 기관의 관리자, 타 기관의 서비스 제공자 및 노인과 가족이 참여하여 평가한 사례에 기반을 두어 사례의 종결 여부를 결정한다. 따라서 이들은 사례 개입 목표 달성 여부를 확인하고, 학대의 위험성, 재발 여부를 검토하며, 피해자 및 가족의 욕구충족 정도를 파악

한다. 아울러 가족 또는 학대행위자가 보이는 변화 동기를 확인하여, 사례의 종결 여부 및 사후조치를 모색한다.

사례를 종결하는 경우는 학대행위가 소멸된 경우, 학대 재발 가능성이 희박하다고 평가된 경우, 불가피한 상황에 의하여 강제 종결되는 경우(예: 피해자의 사망) 등을 들 수 있다.

3) 사후관리

사후관리는 노인의 안전 유지 및 학대 재발 가능성 방지를 목적으로 종결된 사례를 일정 기간 정기적으로 관리하여 노인학대 문제의 재발 여부를 확인하는 것이다. 정기적(예: 3개월 동안 매월 1회)으로 직접 방문 또는 전화 등을 통하여 재발 여부를 확인하며, 노인 또는 가족이 도움을 필요로 할 때에는 언제든지 상담자를 통해 노인과 가족이 필요로 하는 도움과 서비스를 제공받을 수 있음을 상기시킨다.

참고문헌

강순화(1994). 집단상담에서의 언어반응 유형과 관련변인과의 관계 및 효과에 관한 연구: 상담자 교육에서 마라톤 형태의 집단을 중심으로. 이화여자대학교 대학원 박사학위논문.

고려대학교 부설 행동과학연구소(1999). 심리척도핸드북. 학지사.

고정자(2001). 노인복지학개론. 형설출판사.

권석만(1997). 인간관계 심리학. 학지사.

권육상(2002). 인간행동과 사회환경. 유풍출판사.

금명자(1994). 상담관계와 내담자 체험수준에 따른 상담자 개입패턴의 즉시적 성과. 서울대학교 대학원 박사학위논문.

김경숙 역(2006). 서드에이지: 마흔 이후 30년. 사이.

김계삼(1982). 노인복지론. 학문사.

김미순, 하춘광, 김효순(2011). 내세관과 죽음준비도 및 생활만족도에 관한 연구. 한국가족복지학, 16(1), 111-136.

김소진(2009). 황혼이혼 여성노인들에 대한 생애사 연구. 한국노년학, 29(3), 1087-1105.

김시업(1999). 결혼과 가정. 학지사.

김애순(2008). 장·노년 상담. 시그마프레스.

김은주, 윤가현(2010). 노인자살 예방을 위한 동료상담의 효과. 한국노년학연구,

19, 115-131. 한국노년학연구회.

김인수(1992). **가족치료: 해결 중심 접근법**. 중앙적성출판사.

김일태(2001). **알코올 중독 재가노인 사례연구**. 사회복지관 사례연구.

김정규(1997). **게슈탈트 심리치료**. 학지사.

김중원 역(1994). **만남, 대화 그리고 치유**. 하나의학사.

김태현(1985). 노인상담의 기초적 연구. **한국노년학회, 5**, 14-26.

나임순(2005). 고령화 사회의 노인 성문제와 대안에 관한 연구. **임상사회사업연구, 2**(1), 123-139.

민성길, 김진학(1986). 보길도에서의 홧병에 대한 연구. **신경정신의학, 25**(3), 459-466.

민성길, 이종섭, 한정옥(1997). 한에 대한 정신의학적 연구. **신경정신의학, 36**(4), 603-611.

박군석(2009). 은퇴 노인의 주관안녕과 신체건강에 영향을 미치는 요인들: 은퇴 전 직종에 따른 종단 연구. **한국심리학회지: 사회문제, 15**(2), 291-318.

박군석, 이주일(2005). **노인심리연구 실습**. 한림대학교 Nuri 사업단.

박지영(1997). 알코올 중독 노인의 특성에 관한 연구: 정신과 입원 환자를 중심으로. 이화여자대학교 대학원 석사학위논문.

박차상, 김옥희, 엄기욱, 이경남, 정상양(2002). **한국노인복지론**. 학지사.

박태수, 고기홍(2003). **개인상담의 실제**. 학지사.

보건복지가족부, 계명대학교 산학협력단(2009). 2008년도 전국노인생활실태 및 복지욕구조사보고서.

보건복지부(2012). 보다 안전하고 건강한 노인의 성(性). 전국노인의 성생활 실태조사 결과 보도자료.

성염 역(1969). **인간의 죽음**. 분도출판사.

성향숙(1997). 여성노인의 삶의 조건과 학대에 관한 연구. **여성연구논집, 제8집**, 19-39. 부산여자대학교 여성문제연구소.

양옥경, 김미옥, 최명민 공역(2002). **가족과 레질리언스**. 나남출판.

원호택, 박현순, 신경진, 이훈진, 조용래, 신현균, 김은정 공역(1997). **우울증 인지치료**. 학지사.

윤은경(2012). 노인의 우울과 삶의 질 관계에서 대처유형의 매개효과. 임상사회사업연구, 9(1), 43-61.

윤진, 김인경 공역(1992). 아동기와 사회: 인간발달 8단계. 중앙적성출판사.

이미진(2011). 노인의 가족을 말하다. 월간 복지동향, 151, 21-23.

이민아(2010). 결혼 상태에 따른 노인의 우울도와 성차. 한국사회학, 44(4), 32-62.

이소정(2009). 우리나라 중장년층의 노후준비에 관한 인식과 정책적 함의. 보건복지포럼, 147, 72-80.

이윤로(2000). 노인과 알코올중독. 노인복지연구, 10, 7-24.

이윤로, 유시순(2004). 노인 부부의 결혼만족도에 영향을 주는 요인에 관한 연구. 임상사회사업연구, 1(1), 1-21.

이은순(1991). 상담실습자 교육에서의 공감훈련 효과의 분석: 잠재력 개발 집단상담, 심리극 집단상담의 비교. 이화여자대학교 대학원 박사학위논문.

이장호(1982). 상담면접의 기초. 중앙적성출판사.

이장호(1995). 상담심리학. 박영사.

이장호(2004). 상담심리학 (3판). 박영사.

이장호, 금명자(1992). 상담연습교본. 법문사.

이장호, 김영경(2006). 노인상담. 시그마프레스.

이재훈 역(2000). 성숙 과정과 촉진적 환경. 한국심리치료연구소.

이정인, 김순이(2011). 노인의 죽음불안에 영향을 미치는 요인. 한국보건간호학회지, 25(1), 28-37.

이형득(1979). 집단상담의 실제. 중앙적성출판사.

이호선(2005). 노인상담. 학지사.

이호선(2010). 노인을 대상으로 하는 성매매 피해 여성-"박카스 아줌마" 실태 조사 및 노인상담적 접근을 중심으로-. 한국노인과학학술단체연합회 1998 학술대회 및 분과학회 추계 학술대회 자료집, 150-165.

임춘식(1991). 현대사회와 노인문제. 유풍출판사.

장혁표, 제석봉, 김정택 공역(1990). 가족치료. 중앙적성출판사.

정경희(2011). 노년기 가족의 변화전망과 정책과제. 보건사회포럼, 175, 35-44.

정문자(2001). **사티어 경험적 가독치료**. 학지사.

정문자, 정혜정, 이선혜, 전영주(2007). **가족치료의 이해**. 학지사.

정방자(1986). 정신역동적 상담과정에서의 상담자와 내담자의 언어반응변화 분석. 서울대학교 대학원 박사학위논문.

정순둘(1997). 사회사업에서의 체계망 분석법 적용. **연세사회복지연구, 4**, 211-232.

정순둘, 구미정(2011). 우울 영향요인: 베이비부머, 예비노인, 현재노인의 비교. **노인복지연구, 52**, 305-324.

정순둘, 김고은, 김정원(2011). 은퇴한 배우자를 둔 중고령 여성의 결혼만족에 관한 연구. **한국가족복지학, 16**(1), 137-155.

정순둘, 문진영, 김성원(2010). 고령은퇴자의 사회적 관계망과 은퇴만족도 관계 연구. **한국노년학, 30**(4), 1145-1161.

정순둘, 배은경, 최혜지(2012). 세대별 부양의식 및 성역할 인식 유형. **한국가족복지학, 17**(2), 5-23.

정인석 역(1999). **5세 이전 아이의 성본능이 평생을 좌우한다**. 열린책들.

정현숙, 윤계숙(2003). **가족관계**. 신정.

주영숙 역(1987). **노년을 즐기는 지혜**. 배영사.

최성재, 장인협(2002). **노인복지학**. 서울대학교출판부.

최성재, 장인협(2006). **노인복지학**. 서울대학교출판문화원.

최윤미(1987). 상담자의 반응의도와 상담회기의 효율성에 관한 분석적 연구. 이화여자대학교 대학원 박사학위논문.

통계청(2010). 2010 보건복지통계연보 '장래인구추계'. 통계청.

통계청(2010). 인구동향통계. 통계청.

표재명 역(1990). **나와 너**. 문예출판사.

현명호, 유제민 공역(2001). **상담 및 심리치료의 통합적 접근**. 시그마프레스.

현외성, 조추용, 이은희, 윤은경(2001). **한국노인복지학강론**. 유풍출판사.

현외성, 하정미 공역(2003). **노인상담연습**. 양서원.

호연심리센터 역(2000). **정신분석과 듣기 예술**. 범우사.

황경식 역(1979). **사회정의론(1): 원리론**. 서광사.

大阪府立老人總合センター(1986). 21世紀への 老年學. ミネルヴァ書房.

Ackerson, B. J., & Harrison, W. D. (2000). Practitioners' perceptions of empowerment. *Families in Society, 81*, 3.

Alter, C., & Hage, J. (1993). *Organizations Working Together.* Newbury Park: Sage.

Attneave, C. (1976). Social networks as the unit of intervention. In P. J. Guerin (Ed.), *Family therapy: Theory and practice.* New York: Gardner Press.

Bandura, A. (1986). *Social Foundations of Thought and Action: A Social Cognitive Theory.* Englewood Cliffs, NJ: Prentice-Hall.

Barrett-Lennard, G. T. (1962). Dimension of therapist response as casual factors in therapeutic change. *Psychological Monographs, 76*(43), 1-36.

Bateson, G. (1980). *Oekologie des Geistes.* Frankfurt am Main: Suhrkamp.

Bautsch, A., & Wiesinger, A. (1989). *Systemwissenschaftliche Integrationsversuche in der Psychotherapie, insbesondere in der Familientherapie.* Frankfurt am Main: IKO-Verl.

Beaver, M. L. (1983). *Human service practice with the eldery.* Englewood Cliffs, NJ: Practice-Hall.

Birren, J. E., & Perlmutter, M. A. (1990). Measuring our psychological performance. In R. N. Butter, M. Oberlink, & M. Schechter (Eds.), *The promise of productive aging: From Biology to social policy* (pp. 48-69). New York: Springer Publishing Co.

Boscolo, L., & Bertrando P. (2000). *Systemische Einzeltherapie.* Heidelberg: Carl-Auer-System Verlag.

Boscolo, L., Cecchin, G., Hoffman, L., & Penn, P. (1990). *Familientherapie-Systemtherapie.* Dortmund: Verlag moderns lernen.

Bowen, M. (1976). Theory in the practice of psychotherapy. In P. J. Guerin (Ed.), *Family therapy: Theory and practice.* New York: Gardner Press.

Boys, G. (1984). Linking service for the chronically mentally ill: A study of interorganizational relations. Unpublished doctoral dissertation. Case Western Reserve University.

Breen, L. B. (1960). Aging individual. In R. Boyd & D. McConatha (Eds.), *Handbook of Social Gerontology.* University of America.

Browne, C. V. (1995). Empowerment in Social Work Practice with Older Women. *Social Work, 40*(3), 358-364.

Bruner, J. S. (1969). *Beyond reductionism: New perspectives in the Life Sciences.* Boston: Beacon.

Burgess, E. (1950). Personal and social adjustment in old age. In M. Derber (Ed.), *The aged and the society* (pp. 138-156). Champaign, IL: Industrial Relation Research Association.

Butler, R. N. (1969). Ageism: Another form of bigotry. *The Gerontologist, 9,* 243-246.

Capuzzi, D., & Gross, D. R. (2001). *Introduction to the Counseling Profession* (3rd ed.). Needham Heights, MA: Allyn and Bacon.

Carkhuff, R. R. (1969). *Helping and human relations. Vols. I and II.* New York: Holt, Rinehart & Winston.

Chapin, R., & Cox, E. O. (2001). Changing the Paradigm: Strengths-Based and Empowerment-Oriented Social Work with Frail Elders. *Journal of Gerontological Social Work, 36*(3/4), 165-179.

Chung, S. (1996). A study of characteristics and relationship patterns in a network of elderly service organizations. Doctoral dissertation. The University of Texas at Austin.

Clark, P. G. (1989). The philosophical foundations of empowerment. *Journal of Health and Aging, 1*(3), 267-285.; some crucial distinctions, Gerontologist 28: 10-17.

Cloud, H. (1990). *Changes that Heal.* Grand Rapids, MI: Zondervan Publishing House.

Cowger, C. D. (1997). Assessing client strengths: Assessment for client empowerment. In D. Saleeby (Ed.), *The strengths perspective in social work practice*. New York: Longman.

Cox, C. B. (2002). Empowering African American Custodial Grandparents. *Social Work, 47*(1), 45-52.

Cox, E. O. (1999). Never Too Old: Empowerment-The concept and practice in work with frail elderly. In W. Shera & L. M. Wells (Eds.), *Empowerment practice in social work*. Toronto, Ontario: Canadian Scholars' Press Inc.

Cox, E. O., & Parsons, R. J. (1996). *Empowerment-oriented social work practice with the elderly*. Pacific Grove, CA: Brooks/Cole Publishing Company.

Cumming, E., & Henry, W. E. (1996). *Growing old: The process of disengagement*. New York: Basic Book.

DeJong, P., & Miller, S. (1995). How to Interview for Client Strengths. *Social Work, 40*(6), 729-736.

de Shazer, S. (1985). *Keys to Solution in Brief Therapy*. New York: W. W. Norton.

de Shazer, S. (1991). *Putting Difference to Work*. New York: W. W. Norton.

de Shazer, S. (1992). *Muster familientherapeutischer Kurzzeit-Therapie*. Paderborn: Junfermann.

Egan, G. (1994). *The Skilled Helper*. Pacific Grove, CA: Brooks/Cole Publishing Company.

Erikson, E. H. (1988). *Der vollständige Lebenszyklus*. Frankfurt a. M.: Suhrkamp.

Erikson, E. H., & Erikson, J. M. (1997). *The life cycle completed*(Extended version). New York: W. W. Norton & Co.

Fast, B., & Chapin, R. (2000). *Strengths-based care management for older adults*. Baltimore, Maryland: Health Professional Press.

Fromm, E. (1972). *Analytische Sozialpsychologie und Gesellschaftstheorie*. Frankfurt/M.: Suhrkamp.

Gibson, C. (1991). A Concept analysis of empowerment. *Journal of Advanced Nursing, 16*, 354-361.

Gillespie, D. F., Colignon, R. A., Banerjee, M. M., Murty, S. A., & Rogge, M. (1993). *Partnerships for community preparedness.* Colorado: Institute of Behavioral Science.

Glasser, W. (1976). *Positive addiction.* New York: Harper & Row.

Glicken, M. D. (2004). *Using the strengths perspective in social work practice.* Boston, MA: Allyn and Bacon.

Guntern, G. (1980). Die kopernikanische revolution in der psychotherapie. *Familiendynamik, 5,* 2-41.

Gutierrez, L. M., Parsons, R. J., & Cox, E. O. (1998). *Empowerment in social work practice: A sourcebook.* Pacific Grove, CA: Brooks/Cole Publishing Company.

Harbert, A. S., & Ginsberg, L. H. (1979). *Human services for older adults: Concepts & skills.* Balmont, Calif.: Wadsworth Pub. Co.

Hart, J. T., & Tomlinson, T. M. (1970). *New directions in client-centered therapy.* Boston: Houghton Mifflin.

Hartmann, H. (1972). *Die Grundlagen der Psychoanalyse.* Stuttgart: Ernst Klett.

Hoffman, L. (1984). *Grundlagen der Familientherapie.* Salzhausen: skopress.

Horvath, A. O., & Greenberg, L. S. (1986). The development of the working alliance inventory. In L. S. Greenberg & W. Pinsof (Eds.), *The Psychotherapeutic Process: A resource handbook.* New York: Guilford Press.

Horvath, A. O., & Greenberg, L. S. (1989). Development and validation of the working alliance inventory. *Journal of Counseling Psychology, 36,* 223-233.

Ingram, B. L. (1977). Defensive style and affective sensitivity. Doctoral Dissertation. University of Southern California, Ann Arbor, Michigan University Microfilm, No. 2499DM.

John, J. H., & Weakland, J. H. (1979). *Counseling elders and their families.* New York: Springer Publishing Company.

Johnson, J. H., Rasbury, W. C., & Siegel, L. J. (1986). *Approach to child treatment.* New York: Pergamon.

Johnson, L. C. (1995). *Social work practice: A generalist approach* (5th ed.). Boston: Allyn and Bacon.

Jones, E. (1995). *Systemische Familientherapie*. Dortmund: Verlag Modernes Lernen.

Kane, R. A., & Kane, R. L. (1987). *Long-term care: Principles, programs, and policies*. New York: Springer Publishing Co.

Lambert, M. J. (1992). Implications of outcome research for psychotherapy integration. In J. C. Norcross & M. R. Goldfield (Eds.), *Handbook of psychotherapy integration*. New York: Basic Books.

Laslett, P. (1989). *A fresh map of life*. London: Weidenfeld and Nicloson.

Lazarus, L. W. (1988). Self psychology. *Journal of Geriatric Psychiatry, 21*(2), 109-125.

Lee, C. C. (2000). Cybercounseling and empowerment: Bridging the digital divide. In J. W. Bloom & G. R. Walz (Eds.), *Cybercounseling and cyberlearning*. Alexandria, VA: American Counseling Association and Greensboro, NC: CAPS, Inc.

Lehr, U. (2003). *Psychologie des Alterns*. Wiebelsheim: Quelle & Meyer.

Levinson, D. J. (1986). A conception of adult development. *American Psychologist, 41*, 3-13.

Lewin, F. A. (2001). Gerotranscendence and different cultural settings. *Ageing and society, 21*(4), 395-415.

Lewin, K. (1951). *Field theory in social science*. New York: Harper & Row.

Loring, M. T., & Wimberley, E. T. (1993). The Time-Limited Hot Line. *Social Work, 38*(3), 344-347.

Losee, N., Auerbach, S. M., & Parham, I. (1988). Effectiveness of a peer counselor hotline for the elderly. *Journal of Community Psychology, 16*, 428-436.

Lukes, S. (1974). *Power: A radical view*. London: Macmillan.

Müller, Ch. (1967). *Alterspsychiatrie*. Stuttgart: Thieme.

Mahoney, M. J. (1991). *Human change processes.* New York: Basic Books.

Manion, U. V. (1976). Preretirement counseling: The need for a new approach. *Personnel and Guidance Journal, 55*, 119-121.

Maslow, A. H. (1972). *The farther reaches of human nature.* New York: Viking Press.

McDermott, C. J. (1989). Empowering the elderly nursing home residents: The resident rights campaign. *Social Work, 34*, 155-157.

Medley, M. L. (1976). Satisfaction with life among persons sixty-five years and older. *Journal of Gerontology, 31*, 448-455.

Mehrabian, A. (1972). *Nonverbal communication.* Chicago, IL: Aldine-Atherton.

Miley, K. K., & Dubois, B. L. (1999). Empowering Processes for Social Work Practice. In W. Shera & L. M. Wells (Eds.), *Empowering Practice in Social Work.* Toronto, Ontario: Canadian Scholars' Press.

Miley, K. K., O'Melia, M., & Dubois, B. L. (1995). *Generalist social work practice: an empowering approach.* Boston: Allyn & Bacon.

Miller, J. B. (1986). *Toward a new psychology of women* (2nd ed.). Boston: Beacon Press.

Minuchin, S. (1979). *Families & family therapy.* Cambridge, MA: Harvard University Press.

Minuchin, S. (1987). *Familie und Familientherapie.* Freiburg: Lambertus Verlag.

Neugarten, B. L. (1979). Time, age, and the life cycle. *American Journal of Psychiatry, 136,* 887-894.

Neugarten, B. L. (1994). The young-old and the age-irrelevant society. Reprinted from the proceedings of a conference entitled *The young-old: A new North American phenomenon* (pp. 1-12). Toronto, Canada: Couching Institute.

Parsons, R. J., & Cox, E. O. (1989). Family mediation in elder caregiving decisions: An empowerment intervention. *Social Work, 34*(2), 122-126.

Pease, B. (2002). Rethinking empowerment. *British Journal of Social Work, 32*,

135-147.

Peck, R. C. (1968). Psychological developments in the second half of life. In B. L. Neugarten (Ed.), *Middle age and aging*. Chicago: University of Chicago Press.

Perls, F. S. (1969). *Gestalt Therapy Verbatim*. Moab, UT: Vintage Books.

Perls, F. S. (1988). *Gestalt Therapy Verbatim*. Highland, NY: Gestalt Journal Press.

Petzold, H. (1979). Der Gestaltansatz in einer integrativen psychotherapeutischen, soziotherapeutischen und pädagogischen Arbeit mit alten Menschen. In H. G. Petzold & E. Bubolz (Eds.), *Psychotherapie mit älteren Menschen* (pp. 261-294). Paderborn: Junfermann.

Plitt, S. (2006). *Suizidalität im Alter*. Saarbruücken: Verlag Dr. Müller.

Pollock, G. H. (1986). The psychoanalytic treatment of older adults with special reference to the mourning-liberation process. *Curr Psychiatr Ther, 23*, 87-98.

Radebold, H. (1979). Der psychoanalytische Zugang zu dem älteren und alten Menschen. In H. G. Petzold & E. Bubolz (Eds.), *Psychotherapie mit älteren Menschen* (pp. 89-108). Paderborn: Junfermann.

Radebold, H. (1997). *Altern und Psychoanalyse*. Göttingen: Vandenhoeck & Ruprecht.

Raimy, V. C. (1948). Self-reference in counselling interviews. *Journal of Consulting Psychology, 12*, 153-163.

Rapp, C. A. (1998). *The strengthes model: Case management with people suffering from service and persistent mental illness*. New York: The Oxford University Press, Inc.

Reinecker, H. (1999). *Lehrbuch der Verhaltenstherapie*. Tuebingen: DGVT Verlag.

Richards, W. S., & Thorpe, G. L. (1978). Behavioral approaches to the problems of later life. In M. Storandt (Ed.), *The clinical psychology of aging* (pp. 253-276). New York: Plenum Press.

Roach, W. L. (1976). A comparative study of the two models of communication skills training. Doctoral dissertation. University of Mississippi.

Rogers, C. R. (1942). *Counseling and Psychotherapy*. Boston: Houghton Mifflin company.

Ruesch, J., & Bateson, G. (1968). *Communication: The social matrix of psychiatry*. New York: W. W. Norton.

Russell, J. A. (1978). Evidence of convergent validity on dimensions of affect. *Journal of Personality and Social Psychology, 36,* 1152-1168.

Russell, J. A. (1979). Affective space is bipola. *Journal of Personality and Social Psychology, 37,* 345-356.

Satir, V. (1975). *Selbstwert und Kommunikation*. München: J. Pfeiffer.

Satir, V. (1979). *Familienbehandlung*. Freiburg: Lambertus Verlag.

Selekman, M. D. (1993). *Pathway to Change*. New York: Guilford Press.

Shera, W., & Page, J. (1995). Creating more effective human service organizations through strategies of empowerment. *Administration in Social Work, 19*(4), 1-15.

Simon, F. B., Clement, U., & Stierlin, H. (1999). *Die Sprache der Familientherapie*. Stuttgart: Klett-Cotta.

Skovholt, T. M. (2001). *The Resilient Practitioner*. Boston, MA: Allyn & Bacon.

Specht, R. & Craig, G. J. (1982). Impotence is not always psychogenic. *Journal of the American Medical Association, 243,* 750-755.

Stiles, W. B., & Snow, J. S. (1984). Dimension of psychotherapy session impact across sessions and across clients. *British Journal of Clinical Psychology, 23,* 59-63.

Sullivan, H. S. (1953). *The interpersonal theory of psychiatry*. New York: W. W. Norton.

Tomm, K., & Leahey, M. (1980). Training in family assessment: A comparison of three teaching methods. *Journal of Marital and Family Therapy, 6*(4), 453-458.

Tornstam, L. (1994). Gerotranscendence-A Theoretical and Empirical Exploration. In L. E. Thomas & S. A. Eisenhandler (Eds.), *Aging and the religious dimension*. Westport: Greenwood Publishing Group.

Tornstam, L. (2005). *Gerotranscendence: A developmental theory of positive aging*. New York: Springer Publishing company.

von Bertalanffy, L. (1968). *General system theory*. New York: George Braziller.

von Schlippe, A., & Schweitzer, J. (1999). *Lehrbuch der systemischen Therapie und Beratung*. Göttingen: Vandenhoeck & Ruprecht.

Watson, J. B., & Rayner, R. (1920). Conditioned emotional reactions. *Journal of Experimental Psychology, 3*, 1-14.

Watson, W. L. (1992). Family therapy. In G. M. Bulechek & J. C. McCloskey (Eds.), *Nursing interventions* (pp. 379-391). Philadelphia: W. B. Saunders.

Watzlawick, P. (1966). A structured family interview. *Family Process, 5*(2), 256-271.

Wellman, B., & Berkowitz, S. D. (1991). *Social structures: a network approach*. Cambridge: Cambridge University Press.

Woodard, K. L., & Doreian, P. (1994). Utilizing and understanding community service provision networks: A report of three case studies having 583 participants. *Journal of Social Service Research, 18*(3), 1-41.

Young, I. M. (1990). *Justice and the politics of difference*. Princeton, NJ: Princeton University Press.

〈참고 사이트〉

www.longtermcare.or.kr

www.mt.co.kr

www.noinboho.org

www.noinmaum.or.kr

찾아보기

인 명

내 용

저자 소개

서혜경
이화여자대학교 보건교육학과 석사
이화여자대학교 사회복지학과 석사
미국 오하이오주립대학교 노인복지 전공 박사
현 한림대학교 사회복지대학원 주임교수

정순둘
이화여자대학교 사회복지학과 석사
미국 텍사스주립대학교 노인복지 전공 박사
현 이화여자대학교 사회과학대학 사회복지학전공 교수

최광현
연세대학교 상담학 석사
독일 본대학교 가족상담 전공 박사
현 한세대학교 상담대학원 교수
한국트라우마가족치료연구소 소장

노인상담 –기본 기술과 과정–

2013년 3월 15일 1판 1쇄 발행
2024년 8월 20일 1판 6쇄 발행

지은이 • 서혜경 · 정순둘 · 최광현
펴낸이 • 김 진 환
펴낸곳 • (주) 학지사
04031 서울특별시 마포구 양화로 15길 20 마인드월드빌딩 5층
대표전화 • 02) 330-5114 팩스 • 02) 324-2345
등록번호 • 제313-2006-000265호

홈페이지 • http://www.hakjisa.co.kr
인스타그램 • https://www.instagram.com/hakjisabook/

ISBN 978-89-997-0042-2 93330

정가 18,000원